深圳律师实务丛书

The Review of Shenzhen Lawyers'Affairs

深圳律师实务丛书

The Review of Shenzhen Lawyers'Affairs

坚持信念　精通法律

维护正义　恪守诚信

深圳律师实务丛书

专利保护攻防实战手册

A Practical Handbook for
Patent Protection-Attack and Defense Strategies

丁建春　张　丽／主编

法律出版社
LAW PRESS·CHINA

深圳律师实务丛书

本册编委会

主　编　丁建春　张　丽

编　委　陈亚萍　胡梦思　李　杰　李　骁　马守涛
彭燕妮　尚振东　史晓如　唐艾斯　朱　鹏
庄宇霖　张巍巍　张　馨　张　华　朱爱军

总　序

随着移动互联、万物互联时代的到来，法律服务行业的发展出现了更多的机遇和挑战，这也意味着，这个时代对法律服务的效率和质量提出了更高要求。法律服务的效率和质量问题，说到底是法律服务领域供给侧改革的问题，供给侧改革与创新将成为破解当前律师行业发展“瓶颈”的重要路径选择。

我注意到，深圳市律师协会九届理事会明确回归和聚焦律师专业化建设，着力供给侧改革与创新，并在统筹规划专业委员会的定位和职责、组织引导律师著书立说等方面做了许多实实在在的工作。目前，深圳律师在专业学习、专业研究和专业成果转化等方面已经卓有成就。在短短两年多的时间里，深圳市律师协会已经出版各类律师著作近二十部，部分专著再版，部分作者被邀请参与全国性的专业会议，可以说受到了业界广泛关注和高度肯定。深圳律师的专业化建设大大激发了深圳律师行业发展的内生动力。在此，我要对深圳市律师协会在行业发展和专业化建设中所发挥的积极作用点一个大大的“赞”。

律师的专业化既是社会分工的必然，也是法律服务业纵深发展的必然。律师当以专业为本，当以服务立命。深圳律师应当以追求极致的匠人精神夯实专业基础，从而以专业化的服务满足客户多样化、个性化、精细化的需求。只有这样孜孜不倦的追求，我们深圳律师才有可能在厚重积蓄后，形成并爆发出强大的发展后劲。

深圳律师是全国律师改革和创新的先行先试者，尤其是在房地产、金融证券、知识产权、国际贸易、法治政府等专业法律服务领域做出了许多开创性的贡献。2016年11月24日,深圳执业律师人数突破万人大关,整个行业的后续发展任重而道远。

从供给侧改革与创新的角度,深圳律师业需要继续加强法律服务需求端研发,努力推出更贴近各类主体需求的法律服务产品;需要继续加快专家型律师、领军型律师的培养,努力形成完备的法律服务人才结构;需要继续拓宽专业服务领域和行业发展路径,努力精准对接日新月异的经济社会发展的方方面面。如此,深圳律师才能呈现与深圳这座城市相匹配的活力与影响力,深圳才有望成长为中国南方实至名归的法律服务高地。

“骐骥一跃,不能十步;驽马十驾,功在不舍。”深圳律师业的光荣与梦想,离不开我们大家持之以恒的坚守和实践,更有赖于我们大家继续为之奋斗、艰苦奋斗、长期艰苦奋斗……

是为序。

蒋溪林

深圳市司法局局长

二〇一六年十一月二十六日

专业引领发展　积淀成就未来

专业化是律师行业发展的必然趋势之一。在互联网大数据、人工智能快速发展和社会分工不断细化的社会背景下，面对日趋激烈的竞争环境和不断更新的法律服务需求，专业化对律师们而言，不仅是发展问题，也是生存问题。

"君子务本，本立而道生。"专业是律师的立身之本，专业律师的成长离不开律师、律所及行业层面的共同努力。对于律师个人而言，不仅需要其在对基本业务领域通晓的基础上找准与自身能力、兴趣以及市场需求相结合的精准定位，做出适合自己的专业选择，也需要律师在做出选择之后有壮士断腕般舍弃其他案件的决心，以及甘于寂寞、潜心钻研、持之以恒的匠人精神。对于律所而言，需要其有相应的团队协作氛围、合理的人才培养及激励体制、科学的业务调配机制、强有力组织形式和执行机构。而对于协会而言，就需要加大投入，为律师的专业化发展提供支持和保障，搭建交流合作平台，鼓励律师、律所朝向专业化发展。同时，加强与社会各界的交流联系，开拓专业领域，注重法律需求的引导和法律服务市场的培育，为专业律师发展营造良好的外部环境。

深圳律协资助会员出版实务专著的初衷，就在于倡导律师专业化发展，引导深圳律师和律师事务所不断做精、做强；也希冀能借此推出行业专业领军人物，在全国专业化发展的浪潮中树立一批深圳律师的专业品牌。2012年至今，协会资助会员出版实务专著的工作已连续开展六年，累计出版律师实务专著二十余本，涵盖建设工程、婚姻家事、刑事、知识产权、投融资、劳动关系等多个专业领域；举办律师专著出版交流论坛两次，邀请律师作者、专业审稿人、出版社编辑三方人员共同探讨如何将律师丰富的实务经验和专业理念凝练成实务专著。这些工作的开展在调动深圳律师撰写专著积极性、提升深圳律师专著写作水准、提高深圳律师业内知名度和影响力等方面取得一定的成效。

“不积跬步，无以至千里；不积小流，无以成江海。”今后，深圳律协还将持续推动律师实务专著出版工作，引导深圳律师多总结、多思考、多研究，不断提升专业能力和专著水平；同时，还将在业内营造浓厚的专业研究和著书立说氛围，传承和发扬深圳精神，让深圳律师成为中国律师界一面亮丽的旗帜。

林昌炽

深圳市律师协会会长

二○一八年六月

回归专业　崇尚专业

律师专业化不仅仅源于社会分工的细化和知识结构的复杂化，也因为法律事务在多样化前提下逐渐呈现专门性趋势，需要律师专业技能的精细化以提供有针对性的解决方案，通才式解决某类案件或法律事务越来越困难。当事人合法利益的最大化有赖于律师能够游刃有余地运用法律的精深技艺，给出更专业的答案。

不少律师不太愿意在当事人或者同行面前坦言自己不懂某专业，也不愿意在专业细分方面做出改变的努力，这不仅不利于其自身专业领域知名度的打造，也失去了律师走专业化发展方向的机会。我们要放弃那种“博”即“精品”的认识和做法，直面自己的专业定位，在律师服务市场激烈竞争中打“差异化”“专业化”这张牌，努力将自身打造成所在专业领域的“精品”。

我们提倡的回归专业、崇尚专业并不是一句口号，它张扬的是一种职业思想、观念和意识，同时也要落实为执业过程中的行为准则和价值坚守，在形成行业共识的基础上引领律师行业发展，达到更高的水平。摆在读者面前的这套《深圳律师实务丛书》就是我们落实回归专业和崇尚专业的例证，并借此向全行业传递崇尚专业的精神。

经验应该被总结和传承。因地缘和政策优势，深圳律师在房地产、融资、科技创新、海商、国际贸易、破产清算、劳动等法律事务方面有着丰富的专业经验。深圳律师协会组编这套丛书，体现深圳律师在部分领域的执业状况和专业技能，希望成为丰富律师专业化的重要素材，并作为专业化样本能够对律师专业化水平提高有所帮助。

是为序。

高　树

时任深圳市律师协会会长

二〇一六年三月

专业化是律师行业发展的支柱

中国的律师行业经过30年的恢复与发展，已经初具规模，但是，与现代发达国家的律师行业相比，我们仍然处于“初级阶段”，与国家政治、经济、文化发展不能匹配。将律师行业“做强、做大”仍是业内最强的呼声。个人理解“做强、做大”，无外乎专业化、规模化、规范化、品牌化建设，而其中专业化实乃律师行业发展的支柱。

按照现代广泛运用的利伯曼“专业化”标准的定义解释，所谓“专业”，就应当满足以下基本条件：一是范围明确，垄断地从事于社会不可缺少的工作；二是运用高度的理智性技术；三是需要长期的专业教育；四是从事者个人、集体均具有广泛自律性；五是专业自律性范围内，直接负有作出判断、采取行为的责任；六是非营利性，以服务为动机；七是拥有应用方式具体化了的伦理纲领。

就律师行业而言，专业化应以专业律师为基础，即律师根据特长和优势，精通本专业的法律规定和法理精髓，专门或偏重某一项或某几项法律事务；律师专业化以专业化的律师事务所为标志，即律师事务所主要人员和业务是为某个或某几个法律服务领域提供专门法律服务，具有自己的专业品牌；律师专业化以实现全行业的专业化最终目标，即大多数执业律师符合律师的专业化，形成了自觉学习、研究法学理论与律师实务的风气和专业习惯，大多数律师事务所具有鲜明的专业品牌。

律师要实现专业化，首先要专业明确，确定适合自己的法律服务领域，之后针对该法律服务领域进行长期的专业研修，在该法律服务领域有自己的实务和理论研究成果，最终拥有业内公认能熟悉处理法律服务领域问题的专业技能。当然,专业化也是一个“舍得”过程,选择专业化就意味着舍弃某些自己熟悉且收入颇丰的业务,甚至要忍受短期内业务量下降的痛苦。只有专注才有专业,如果不舍弃已拥有的某些业务,心不能专,则难以在专业领域获得成就。此外,在长期执业过程中加入或组建一个强大的专业律师团队,也是律师成就专业之路不可或缺的途径。

律师专业化是一项艰巨、复杂的系统工程,除了律所在中长期发展目标上确定专业化方向,为律师和律师团队提供专业发展环境之外,律师协会也应为律师行业的专业化分工和发展提供完善的制度保障和政策支持,并且应该加大对律师专业化的培训力度,为律师的专业化发展提供坚强的智力支撑。

资助会员出版实务专著是深圳律协确定的一项具体工作和一项智力工程,目的有两个:一个是倡导律师的专业化发展,引导深圳律师和律师事务所普遍走上专业发展的道路;另一个是推出行业专业领军人物,在全国专业化发展的浪潮中树立一批深圳律师专业品牌。

深圳律协将每年资助出版一批律师实务专著,期许借此倡导专业发展之路,弘扬专业研究之风,发出业界深圳之声,更期许借此涌现一批律师专业领军人物。

余俊福

时任深圳市律师协会会长

二〇一二年一月

前　言

“对于一个专注于专利保护实践工作的律师事务所来说，能够将团队的实践经验总结出来并传诸业界，这将是工作中最值得骄傲的一份荣誉。”这是广东君龙律师团队伙伴们工作中的真实感受。尽管笔者团队的理论探讨可能不够深入，实践经验有待丰富，但这并不妨碍团队一如既往地在“专业主义”的道路上执着探索。

本书的目标读者群为对于专利维权、专利诉讼、专利无效、专利行政查处、专利海关查扣等专利纠纷类案件感兴趣的朋友。既是专利律师、企业法务从业人员及其他专利纠纷解决类从业人员的入门及进阶书，也是工具类参考书，更是企业法务从业人员专利风险预防及日常专利工作“强身健体”的工作指南。

本书的观点及建议提炼自最近几年里中国最高人民法院所审理的典型专利纠纷案例、中国专利纠纷热点地区（北京、上海、广东、湖北等）典型案例、专利复审和无效审理部典型案例、美国联邦最高法院提审的热点专利案例，以及广东君龙律师事务所承办过的800余件专利纠纷案件。

全书的主要内容立足于专利保护中的基础问题、常见问题、争议问题。笔者坚持站在读者的立场上，站在为专利纠纷当事人解决问题、创造价值的立场上提炼每一个中心论点，并通过系统的要点解读、相关案例阐明观点。每个中心论点最后的“律师提示”部分是本书的精华所在，笔者团队把自身的实战经验有体系地列举出来，真正为带着问题来寻找答案的读者提供实际操作建议。因此，从这个角度来说，此书是一本针对专利保护专项的企业法律顾问手册。

全书按照专利保护的各类具体场景来编排各章的顺序。比如,第一章主要站在权利人的角度展开说明,阐释了专利权属以及专利权运用的相关问题;第二章主要站在原告的立场展开说明,详细阐明了起诉及举证、保护范围及权利要求解释、侵权比对、侵权认定、侵权判赔等典型问题;第三章主要站在被告的立场展开说明,详细阐明了现有技术抗辩、合法来源抗辩、先用权抗辩以及被告举证等典型问题;第四章论述了专利行政保护的两个重要大类:专利侵权行政查处以及专利的海关保护;第五章主要论述了专利纠纷案件中的特有程序——专利无效宣告的典型问题;考虑到专利保护跨领域、跨国界的特点,以及中国企业走向海外过程中遇到越来越多的专利障碍,笔者在第六章专门安排了美国专利诉讼的典型案例分析,精选了美国联邦最高法院最近几年提审的典型案例,同时结合中国专利保护实践以及中国企业在海外知识产权诉讼中的常见问题,给出分析意见以及实际操作建议。

当然,笔者也真诚希望资深专利律师、资深企业法务从业人员以及从事本领域专门研究的专业人士能够阅读此书,并提出批评意见或与笔者探讨。

此书的出版凝聚了广东君龙律师事务所全体成员的辛勤劳动,也得益于深圳市司法局和深圳市律师协会的大力支持。笔者团队衷心希望通过本书能为律师服务的专业化和专利保护法律服务市场的进步尽绵薄之力。

丁建春　张　丽

目　录

第一章 专利权属与专利侵权警告

第一节　专利权属与专利权运用

一、职务发明创造的发明人离职一年后仍不得将原单位职务发明以技术拆分方式申请专利

(一)要点解读

职务发明创造是指执行本单位的任务或者主要是利用本单位的物质技术条件所完成的发明创造。对于职务发明的专利申请权归属问题,我国《专利法》第6条第1款作出如下规定:"执行本单位的任务或者主要是利用本单位的物质技术条件所完成的发明创造为职务发明创造。职务发明创造申请专利的权利属于该单位;申请被批准后,该单位为专利权人。"根据该项规定可得出结论:将发明认定为职务发明之后,单位则拥有了申请专利的权利,而个人则无法再次获得申请权。

职务发明主要的两个分类:一是完成单位的任务,二是主要利用单位的物质技术条件完成的发明创造。我国《专利法实施细则》对完成单位任务有更具体的限定,该细则第12条第1款规定:"专利法第六条所称执行本单位的任务所完成的职务发明创造,是指:(一)在本职工作中作出的发明创造;(二)履行本单位交付的本职工作之外的任务所作出的发明创造;(三)退休、调离原单位后或者劳动、人事关系终止后1年内作出的,与其在原单位承担的本职工作或者原单位分配的任务有关的发明创造。"根据上述规定,员工

离职后一年内作出与其在原单位本职工作有关的发明创造属于职务发明创造,发明专利的申请权归单位所有。那么离职员工一年后以技术拆分方式申请专利是否仍侵犯单位的专利申请权呢?

离职后作出的发明创造专利申请权归属的认定,关乎发明人、企业与社会公众三方,应当切实贯彻知识产权平衡保护的理念,除了在现行法律框架限定"离职后一年内"这一要件的基础上,合理界定"本职工作"范围之外,还要全面把握诉争专利与职工在原单位承担的本职工作以及原单位已有技术的关联性,并综合考量发明人的技术背景和技术能力等其他案件事实和证据。在司法审判实践中,职务发明人离职一年后将原职务发明以技术拆分方式申请专利的,仍被认定为侵权。

(二)相关案例

武汉巨正环保科技有限公司、武汉工程大学与雷某、武汉微纳传感技术有限公司专利申请权权属纠纷案〔1〕

武汉巨正环保科技有限公司(以下简称巨正公司)与武汉工程大学签订微型气敏传感器研发合同,并于2013年8月招聘雷某为研发工程师,负责开展MEMS气体传感器的研发,包括芯片设计及代工、敏感材料浆料配方与涂覆工艺研发和传感器的应用研究等。2015年4月17日,雷某从巨正公司辞职,同年4月30日雷某成立了武汉微纳传感技术有限公司(以下简称微纳公司),经营范围包括MEMS传感器及电子产品的研发、生产、销售等。2016年11月3日和2017年3月6日,微纳公司先后向国家知识产权局申请名称为"一种可挥发性有机物气体敏感材料及其制造方法"等三项发明专利。为此,巨正公司和武汉工程大学向法院起诉,请求判令雷某和微纳公司停止侵犯其专利申请权并撤回侵权的三项专利申请。

武汉市中级人民法院一审认为,雷某作为巨正公司的原研发人员,曾从事敏感气体传感器的研发工作,雷某申请的在先撤回专利与其在巨正公司的工作任务有关,并距离其离职不满一年,应认定为职务发明创造,判决微纳公司撤回三项诉争专利申请。一审宣判后,雷某和微纳公司不服判决,提

---

〔1〕 湖北省高级人民法院(2018)鄂民终714号民事判决书。

起上诉。

本案的争议焦点：雷某和微纳公司是否侵犯了巨正公司和武汉工程大学的专利申请权，是否应当撤回被诉三项发明专利的申请。

湖北省高级人民法院二审认为，认定被诉三项发明专利申请权由谁享有，应从被诉三项发明专利技术是否与雷某在巨正公司的工作任务相关，被诉三项发明专利技术与在先撤回专利申请技术的相关程度，以及雷某、微纳公司是否对被诉三项发明专利申请的技术进行自行研发等方面进行审查。

首先，根据被诉三项发明专利申请的说明书可知，无论是气体敏感材料的制备、微热盘的设计，还是气体传感器的电路应用技术，均属于 MEMS 气体传感器研发技术的组成部分。因此，被诉三项发明专利申请的内容与雷某在巨正公司的工作任务具有相关性。其次，微纳公司申请"一种可挥发性有机物气体敏感材料及其制造方法"发明专利时虽然超出了雷某从巨正公司离职后的一年期间，但该专利申请既与雷某在巨正公司的工作任务相关，也属于在先撤回专利申请技术的拆分，并且，雷某和微纳公司二审中提交的第二组证据也不能证明该专利申请的技术系其自行研发，微纳公司申请"一种可挥发性有机物气体敏感材料及其制造方法"发明专利，有违诚实信用原则，侵犯了巨正公司和武汉工程大学的专利申请权，应当予以撤回。对于另外两项，雷某和微纳公司提交的证据可以证明其进行了持续研发，对于专利申请的内容有实质性贡献，应当对其申请权予以保护，故判决微纳公司撤回"一种可挥发性有机物气体敏感材料及其制造方法"的发明专利申请，驳回巨正公司和武汉工程大学的其他诉讼请求。

（三）律师提示

对于企业的技术人员，尤其是核心技术的研发人员，应与其签订竞业限制协议、保密协议，并注重保留上述人员参与研发、设计的记录，比如要求其签字确认实验结果，保留研发人员开会纪要、试验用品的领取记录等，以备提起专利权属纠纷诉讼时作为证据使用。

二、技术合作开发期间产生的新技术专利权归属按当事人意思自治优先的原则认定

(一)要点解读

技术合作开发是企业间普遍采取的合作方式,是双方共赢的选择,是当事人就技术开发、转让、咨询或者服务订立的确立相互之间权利和义务的合同。一般企业在进行合作开发所签订的合作开发技术合同中,会对双方权利义务加以明确。实践中存在技术合同没有对合作开发过程中产生的新技术权属问题进行约定,或者约定不明确,导致专利权属纠纷。我国《合同法》第340条第1款规定:"合作开发完成的发明创造,除当事人另有约定外,申请专利的权利属于合作开发的当事人共有。当事人一方转让其共有的专利申请权的,其他各方享有以同等条件优先受让的权利。"根据此规定可推出,就技术合同开发合作模式下的专利权归属问题而言,法律尊重当事人之间的意思自治,允许合作各方通过合同进行约定,并规定这种约定具有优先性,在当事人没有约定的情况下则适用法律的规定。

(二)相关案例

东莞市骥发自动化设备有限公司与周口市三禾自控工程技术有限公司专利权权属纠纷案[1]

专利号为ZL201620955418.2,名称为"纠偏料架"的实用新型专利的发明人为张某斌、符某海、许某宇,专利权人为东莞市骥发自动化设备有限公司(以下简称骥发公司)。2017年6月9日,该专利的权利人由骥发公司变更为符某明。2015年6月3日,周口市三禾自控工程技术有限公司(以下简称三禾公司)(甲方)与骥发公司(乙方)经协商就"ZDC－50Ⅱ自动上袋包装系统"的加工、优化设计、生产制造等事宜签订了《OEM合作协议》,该协议第5条"知识产权归属"约定:生产及开发过程中所述技术创新、改进、完善等知识产权权利最终归甲方所有。之后因为专利权属发生诉讼。一审法院判决认定涉案专利归三禾公司所有。骥发公司不服提起上诉。骥发公司

[1] 广东省高级人民法院(2018)粤民终1269号民事判决书。

上诉称《OEM 合作协议》并未实际履行，三禾公司未交付该协议约定的“现有的整体系统的机械结构图纸、控制电器原理图及三维立体效果图等”，涉案专利为其自行独立研发的技术。

本案的争议焦点：涉案实用新型专利权的归属问题。

广东省高级人民法院经二审判决认定，双方签订的《OEM 合作协议》为有效合同且得到实际履行。

从本案来看，涉案专利技术方案属于《OEM 合作协议》约定的标的技术，不属于在合同标的技术基础上研究开发的新技术。合同中约定了骥发公司作为加工方，加工制造自动上袋包装系统产品，骥发公司作为理性经营者，应当能够衡量合同约定的加工制造义务与收取加工费权利以及前述技术归属合同条款之间的利益关系。该合同条款属于双方当事人意思自治的范围，不属于“要求一方将其自行改进的技术无偿提供给对方、非互惠性转让给对方、无偿独占或者共享该改进技术的知识产权”的情形。因此，三禾公司与骥发公司签订的《OEM 合作协议》系双方真实意思表示，不存在违反法律强制性规定的情形，应当认定为有效合同。

根据协议约定，受三禾公司委托，骥发公司按照要求进行改进和加工制造涉案产品，三禾公司支付相应对价。其后三禾公司委托中机美源公司代为实际履行合同，中机美源公司向骥发公司支付设备款项，骥发公司交付设备，且骥发公司确认其交付的 4 台设备均使用了涉案专利技术，应当认定该协议合法有效且得到实际履行。此外，《OEM 合作协议》明确约定了双方履行合同期间的知识产权归属。从协议第 5 条约定来看，该条不仅约定在基础技术上的改进和完善的技术方案归三禾公司所有，还明确约定了“生产及开发过程中所有的技术创新”也归三禾公司所有，即使三禾公司未提供相关技术方案和图纸，骥发公司在合作过程中亦是根据三禾公司的要求研发出涉案技术并制造涉案产品，按照该条约定，这种“生产及开发过程中的技术创新”应当归属于三禾公司所有。因此，骥发公司的上诉理由不能成立。广东省高级人民法院判决驳回上诉，维持原判。

（三）律师提示

为了避免争议，当事人应在签订合作开发或者委托开发合同时，就知识产权的归属进行约定。需要注意的是,仅在合同中对开发成果所有权归属进行约定并不意味着对相应的知识产权进行了约定,应当就知识产权进行单独、明确、具体的约定。比如,对开发过程中技术创新的专利申请权、合作中产生的图形与文字的版权归属进行约定等。

三、标准必要专利交叉许可谈判中符合业界惯例的报价和依据标准必要专利的实力给出的报价均符合 FRAND 原则

(一)要点解读

标准必要专利,是指为实施某一技术标准而必须使用的专利。FRAND 原则(fair,reasonable,and hon – discriminatory,即公平、合理、无歧视原则)是标准必要专利许可实践的重要原则,被标准化组织广泛采用,在司法实践中亦被普遍认可。FRAND 原则是指标准必要专利权人在进行专利许可的时候,要秉持公平、合理、无歧视的原则。在标准必要专利实施许可中,专利权人应遵守 FRAND 原则,不得违反其在标准制定中承诺的公平、合理、无歧视的许可义务。司法实践中认为,标准必要专利交叉许可谈判中符合业界惯例的报价和依据标准必要专利的实力给出的报价,均符合 FRAND 原则。

最高人民法院《关于审理侵犯专利权纠纷案件应用法律若干问题的解释(二)》(以下简称《专利权纠纷司法解释二》)第 24 条规定:"推荐性国家、行业或者地方标准明示所涉必要专利的信息,被诉侵权人以实施该标准无需专利权人许可为由抗辩不侵犯该专利权的,人民法院一般不予支持。推荐性国家、行业或者地方标准明示所涉必要专利的信息,专利权人、被诉侵权人协商该专利的实施许可条件时,专利权人故意违反其在标准制定中承诺的公平、合理、无歧视的许可义务,导致无法达成专利实施许可合同,且被诉侵权人在协商中无明显过错的,对于权利人请求停止标准实施行为的主张,人民法院一般不予支持。本条第二款所称实施许可条件,应当由专利权人、被诉侵权人协商确定。经充分协商,仍无法达成一致的,可以请求人民法院确定。人民法院在确定上述实施许可条件时,应当根据公平、合理、无歧视的原则,综合考虑专利的创新程度及其在标准中的作用、标准所属的技术领域、标准的性质、标准实施的范围和相关的许可条件等因素。法律、行政法规对实施标准中的专利另有规定的,从其规定。"根据上述规定,法院在

审理标准必要专利侵权案件时,对专利权人过错责任的审查依据公平、合理、无歧视的原则,对实施许可条件进行审查。专利权人违反该原则,且被诉侵权人在协商中没有明显过错的,权利人请求停止标准实施行为的主张一般不能得到人民法院的支持。

广东省高级人民法院《关于审理标准必要专利纠纷案件的工作指引(试行)》第6条规定:"审理标准必要专利纠纷案件,应考虑行业特点,结合商业惯例进行审查判断。"第10条规定:"标准必要专利权人提出停止实施标准必要专利请求的,依照公平、合理、无歧视原则和相关商业惯例,对标准必要专利权人和实施者的主观过错作出判断,以此决定是否支持停止实施标准必要专利的请求。"第13条列明:"下列行为可以认定标准必要专利权人违反公平、合理、无歧视义务,存在明显过错:(1)未向实施者发出谈判通知,或虽发出谈判通知,但未按照商业惯例和交易习惯列明所涉专利权的范围;(2)在实施者明确表达接受专利许可谈判的意愿后,未按商业惯例和交易习惯向实施者提供示例性专利清单、权利要求对照表等专利信息;(3)未向实施者提出具体许可条件及主张的许可费计算方式,或提出的许可条件明显不合理,导致无法达成专利实施许可合同;(4)未在合理期限内作出答复;(5)无正当理由阻碍或中断谈判;(6)其他明显过错行为。"根据上述审判指引,在标准必要专利纠纷案件审理中,商业惯例可以作为对标准必要专利权人和实施者的主观过错的审查判断标准。

(二)相关案例

华为技术有限公司与三星(中国)投资有限公司、惠州三星电子有限公司、深圳市南方韵和科技有限公司侵害发明专利权纠纷案[1]

华为技术有限公司(以下简称华为公司)拥有名为"载波聚合时反馈ACK/NACK信息的方法、基站和用户设备"、专利号为ZL201010137731.2的发明专利权,该专利于2014年6月25日获得授权。深圳市南方韵和科技有限公司(以下简称南方韵和公司)销售惠州三星电子有限公司(以下简称惠州三星公司)生产的手机产品,三星(中国)投资有限公司[以下简称三星

[1] 广东省深圳市中级人民法院(2016)粤03民初840号民事判决书。

(中国)公司]官网许诺销售的多款手机产品和智能平板产品均侵犯了上述专利权,三星(中国)公司、惠州三星公司、南方韵和公司被华为公司起诉。

深圳市中级人民法院认为,本案涉及双方在进行标准必要专利交叉许可谈判是否符合FRAND原则问题。

法院认为,从双方标准必要专利交叉许可报价方面看,华为公司没有明显违反FRAND原则。要判断双方向对方所提出的报价是否符合FRAND原则,应根据双方提交的证据来判断双方所拥有的标准必要专利的实力,然后在此基础上判断双方根据自己所拥有的标准必要专利的实力,向对方给出的报价是否符合FRAND原则。法院从双方在国际通信标准组织3GPP中被采纳的获批提案数这个视角来看双方所拥有的3GPP LTE通信标准必要专利的实力;从双方在欧洲电信标准化协会(以下简称ETSI)所声明的标准必要专利的数量和评估为标准必要专利的数量这个视角来看双方所拥有的3UMTS和4G/LTE标准必要专利的实力;从双方在法院互诉标准必要专利侵权案件的过程中,涉案专利被宣告无效的情况看双方标准必要专利的实力。

在本案中,法院认为包括华为公司与三星公司被3GPP所采纳的4G获批提案数,在ETSI声明的3G、4G标准必要专利的数量以及第三方对双方在ETSI声明的3G、4G标准必要专利的必要性所作评估等,能够印证华为公司关于"华为公司与三星公司在全球所拥有的标准必要专利实力相当,其在中国所拥有的标准必要专利的实力强于三星公司标准必要专利"的实力主张,法院予以采信,认为华为公司根据自己所拥有的标准必要专利的实力,向三星公司给出的报价符合FRAND原则。深圳市中级人民法院判决上述被告停止以制造、销售、许诺销售、使用的方式侵害华为公司的涉案专利权。

法院认为,华为公司向三星公司给出的报价符合FRAND原则,华为公司向三星公司给出的以4G标准必要专利许可为主,并包含3G标准必要专利许可的报价符合业界惯例。法院查明,涉及2G、3G、4G标准必要专利交叉许可谈判的业界惯例为,如果许可的标准必要专利及产品仅涉及2G标准,但不支持3G或4G标准,则按2G标准必要专利的实力收费。如果许可的标准必要专利及产品至少支持3G标准,但不支持4G标准,则按3G标准必要专利的实力收费。如果许可的标准必要专利及产品至少支持4G标准,则按4G标准必要专利的实力收费。该许可惯例认可无线通信技术标准的代际演进和当前主流标准的重要性，也有助于防止专利许可使用费的堆叠问题，法院予以支持。深圳市中级人民法院判决上述被告停止以制造、销售、许诺销售、使用的方式侵害华为公司的涉案专利权。

（三）律师提示

进行标准必要专利交叉许可谈判时，权利人可以通过举证在标准组织中获批的提案数量、声明的标准必要专利数量、双方被宣告无效的涉案专利情况、专利实力涉及的地域范围内被引用的数量来证明自己拥有的标准必要专利的实力，并依据标准必要专利的实力提出许可实施的报价。

标准必要专利许可的谈判双方应遵循行业商业惯例和交易习惯进行谈判。专利权人许可实施的报价应符合商业惯例，以书面形式按商业惯例列明许可条件、明确答复期限，列明专利权范围、提供示例性专利清单、权利要求对照表等专利信息。被许可实施人应按商业惯例积极答复，不得恶意拖延。

四、专利权人为推广专利产品向他人提供专利设计图纸并不等同于许可他人实施其专利

（一）要点解读

专利权人为推广自己的专利而向他人提供专利设计图纸的行为，是否会被认定为许可他人实施其专利？

被许可人实施他人专利应订立合同并支付相应的费用，详见我国《专利法》第 12 条："任何单位或者个人实施他人专利的，应当与专利权人订立实施许可合同，向专利权人支付专利使用费。被许可人无权允许合同规定以外的任何单位或者个人实施该专利。"此外，任何单位或者个人在没有获得专利权人许可，实施了制造、许诺销售、销售、进口等侵权行为，无论主观上是否具有过错，均需要承担相应的法律责任。

许可合同签订的前提是当事人意思表示有效成立且一致，且通常应包含许可费的对价支付。在专利权人没有明示表达许可专利的意思表示时，可以考量其是否以特定的行为或沉默间接作出意思表示，特定行为需符合交易常理，而沉默间接表示一般需要由法律另行规定，否则容易导致交易双

方错误理解的多发情形。在下述案例中，专利权人向他人提供专利设计图纸的行为不属于上述三种情形，不能被认定为许可他人实施其专利。因此，第三人依照设计图纸实施专利技术的行为构成侵权并承担赔偿责任。

（二）相关案例

范某杰与吉林市亿辰工贸有限公司侵害实用新型专利权纠纷案〔1〕

范某杰拥有名称为“棘齿防盗螺栓及紧固工具”的实用新型专利。范某杰以吉林市亿辰工贸有限公司（以下简称亿辰公司）向吉林宏运公路工程股份有限公司（以下简称宏运公司）销售的产品侵犯其前述专利权为由，向吉林省长春市中级人民法院（以下简称一审法院）提起诉讼。亿辰公司销售给宏运公司的产品，系按照宏运公司在《供货合同》中提供的设计图纸进行加工制作完成的，而宏运公司提供的设计图纸来自范某杰。亿辰公司辩称，范某杰已经同意他人使用涉案专利，其专利权用尽，亿辰公司不侵犯其专利权。一审法院不支持亿辰公司的抗辩，判定侵权成立。

亿辰公司不服该判决，向吉林省高级人民法院（以下简称二审法院）提起上诉。二审法院认为范某杰的行为属于许可使用行为，是无偿地将其专利技术提供给公路设计部门，故亿辰公司并不构成侵权。因此，撤销一审判决。

范某杰不服二审判决，向最高人民法院申请再审。最高人民法院总结本案争议焦点在于亿辰公司的行为是否侵害了涉案专利权。

最高人民法院认为，范某杰曾向设计院提供涉案专利图纸进行推广，但由于设计院本身并不涉及专利产品的制造、销售和使用，范某杰也未与设计院签订实施许可合同，未要求或者主张支付使用费，设计院甚至主张范某杰从未告知涉及专利技术，因此从范某杰的上述推广行为中并不能得出范某杰许可设计院实施其专利的意思表示，更无法得出范某杰许可设计方案的具体实施者宏运公司、亿辰公司实施涉案专利的意思表示。范某杰和设计院均认为范某杰的本意是希望设计院将其专利技术纳入设计方案中，然后通过设计方案具体实施者购买其专利产品或者依法获得其实施许可而获

---

〔1〕 最高人民法院（2013）民提字第223号民事判决书。

利。设计方案的实施者宏运公司、亿辰公司等仍需从专利权人或者经其许可的主体处购买专利产品，或者依法获得专利权人的实施许可。据此，认定亿辰公司的行为构成侵权。亿辰公司按照《供货合同》所附图纸的技术方案采购并向宏运公司提供了被诉侵权产品，由于所附图纸并未提示涉及专利技术，故亿辰公司可能并不知晓其购买、销售的产品落入涉案专利的保护范围。但是，《专利法》第 11 条第 1 款规定："发明和实用新型专利权被授予后，除本法另有规定的以外，任何单位或者个人未经专利权人许可，都不得实施其专利，即不得为生产经营目的制造、使用、许诺销售、销售、进口其专利产品，或者使用其专利方法以及使用、许诺销售、销售、进口依照该专利方法直接获得的产品。"可见，除了法律另有规定的以外，其他任何未经许可的制造、销售专利产品的行为均构成对专利权的侵害。本案中，亿辰公司未经范某杰的许可，销售了落入涉案专利权保护范围的被诉侵权产品，侵害了范某杰的专利权，依法应当承担相应的民事责任。最高人民法院撤销了二审法院判决，维持一审法院关于"吉林市亿辰工贸有限公司停止侵犯范某杰享有的专利号为 ZL200520068682.6、名称为'棘齿防盗螺栓及紧固工具'实用新型专利权的行为，驳回范某杰其他诉讼请求"的判决，改判亿辰公司赔偿范某杰经济损失 20 万元。

（三）律师提示

专利权人通过提供设计图纸的方式向他人推广自己的专利技术时，可在图纸下方注明："设计图纸仅用于推广宣传，若需要实际使用该技术方案需获得专利权人许可，并向专利权人支付专利使用费。否则将追究其专利侵权责任。"如此标识可以预防他人随意实施授权专利，并维护自己的合法权利。

五、以专利使用权投资入股不发生专利所有权的转移

（一）要点解读

专利权人为实现其专利权，既可以自己直接实施，也可以通过转让或许可他人实施的方式实现。企业投资人利用专利权出资入股的具体方式包括"转让"和"许可"两种方式，其中，以转让方式出资的应当符合法律关于专利

权转让的规定。出资方通过专利技术转让方式出资,是专利权整体的完全转让。出资方若以许可融资企业自主使用专利权的方式出资,则用作出资的专利权不发生全部权利的转移,企业对该专利权仅享有一定期限和一定范围的使用权。

我国《公司法》第27条第1款规定:“股东可以用货币出资,也可以用实物、知识产权、土地使用权等可以用货币估价并可以依法转让的非货币财产作价出资。”我国《专利法》第10条第3款规定:“转让专利申请权或者专利权的,当事人应当订立书面合同,并向国务院专利行政部门登记,由国务院专利行政部门予以公告。专利申请权或者专利权的转让自登记之日起生效。”我国《专利法实施细则》第14条规定:“除依照专利法第十条规定转让专利权外,专利权因其他事由发生转移的,当事人应当凭有关证明文件或者法律文书向国务院专利行政部门办理专利权转移手续。专利权人与他人订立的专利实施许可合同,应当自合同生效之日起3个月内向国务院专利行政部门备案。以专利权出质的,由出质人和质权人共同向国务院专利行政部门办理出质登记。”综合上述规定,专利权作为非货币财产出资,通过转让方式注入被投资企业,所有权最终由企业承受,成为公司承担亏损和风险的资本。出资人如果以转让其专利权方式出资,须承诺其用于出资的专利权无权利瑕疵,如出资前已将其专利权许可他人使用,那么在转让前,须按照许可合同的规定,处理好善后事宜,不得因出资行为损害被许可人的利益。出资人如果选择以其专利权“使用许可”的方式进行出资,接受专利权的企业应通过出资登记或备案,证明其拥有使用权的合法性及排除其他人不当使用的权利。

(二)相关案例

东莞分享电器科技有限公司与宁某杰、宁某专利权权属纠纷案〔1〕

宁某杰拥有的实用新型专利名称为“一种电动衣架”,专利号为ZL201120288993.9,授权公告日为2012年3月21日。宁某杰将该专利转让给宁某,权利变更登记生效日为2015年1月15日。东莞分享电器科技有限

〔1〕 广东省高级人民法院(2018)粤民终1405号民事判决书。

公司（以下简称分享公司）以宁某杰将上述专利权作为非货币财产出资入股为由，诉至法院，请求认定专利转让行为无效，要求宁某杰、宁某将上述专利权登记到分享公司名下。广州知识产权法院经一审认为宁某杰将其涉案实用新型专利转让给宁某，并因登记生效。因此，广州知识产权法院对分享公司关于宁某杰转让涉案专利行为无效的诉讼请求不予支持。《专利与授权事由证明》只能证明宁某杰曾将涉案专利的使用权投资到分享公司，实际上相当于宁某杰许可分享公司使用涉案专利，而不能证明宁某杰曾将涉案专利权作为非货币财产出资投入到分享公司。广州知识产权法院驳回上述诉讼请求。分享公司不服，提起上诉。

广东省高级人民法院认为，《合作协议》明确规定只有在宁某杰违反约定再将涉案专利授权给第三方使用时，涉案专利的所有权才归其余三方共同所有。此外，宁某杰与秀某签订的《专利许可使用协议》明确"本专利使用协议属于普通许可使用协议"。宁某杰在其出具的《专利与授权事由证明》中也明确是以"专利使用权"投资分享公司作为其应投入股金的一部分。上述证据能够相互印证，足以证明宁某杰是以专利的许可使用权作为出资方式，并不是以该专利的所有权作为出资方式。广东省高级人民法院判决驳回上诉，维持原判。

（三）律师提示

以专利权出资入股，应充分考虑不同出资方式的风险。在入股协议中明确出资方式和权利类型，作为非货币资产转让出资的应当及时办理产权转移登记；以使用权出资的应当及时办理备案登记，规避权利瑕疵引起的投资风险。

第二节　专利侵权警告

一、专利侵权警告发送不当将构成不正当竞争行为

（一）要点解读

专利侵权警告函是指以法律函件的形式，向侵权人指出侵权事实，说明

其侵权行为的法律后果，并依法向侵权人提出明确的停止侵权要求。根据我国《专利法》第 60 条第 1 款规定，“未经专利权人许可，实施其专利，即侵犯其专利权，引起纠纷的，由当事人协商解决”。可见，法律允许专利权人对专利侵权纠纷采取协商解决的方式。

专利权人发送专利侵权警告函是协商解决纠纷的环节，目的是让被诉侵权人认识到侵权行为的存在，以便与专利权人积极沟通，达成和解。专利侵权警告函的内容，必须以确定的具体侵权事实为依据，在发送侵权警告时应当对所警告的行为是否构成侵权尽审慎注意义务，对所涉侵权的具体事实进行充分考量和论证后进行；据以判断被警告行为涉嫌构成侵权的必要信息必须在专利侵权警告函中进行披露。此外，关于专利侵权警告函的发送对象，包括制造者、许诺销售者、销售者、使用者等。

根据我国《反不正当竞争法》第 2 条第 1 款的规定，“经营者在生产经营活动中，应当遵循自愿、平等、公平、诚信的原则，遵守法律和商业道德”。专利侵权警告函发送不当将会违反上述条款，构成不正当竞争行为。此外，向竞争对手发送专利侵权警告时，如果以编造、传播虚假信息或者误导性信息的方式损害对方的商誉，可能会构成商业诋毁行为，从而需要承担赔偿责任。依据我国《反不正当竞争法》第 11 条的规定，“经营者不得编造、传播虚假信息或者误导性信息，损害竞争对手的商业信誉、商品声誉”。

判断侵权警告是正当的维权行为，还是打压竞争对手的不正当竞争行为，要根据权利人的权利状况、警告内容及发送的意图、对象、方式、范围等多种因素，综合判断权利人发送侵权警告行为的属性及其正当性。在发送侵权警告时应当尽谨慎注意义务，充分披露据以判断涉嫌构成专利侵权的必要信息。

（二）相关案例

江门市金凯登装饰材料实业有限公司与阿洛伊斯·F. 多恩布拉赫特两合公司商业诋毁纠纷案〔1〕

2010 年 4 月 17 日，阿洛伊斯·F. 多恩布拉赫特两合公司（以下简称多

〔1〕 上海市第二中级人民法院（2010）沪二中民五（知）初字第 86、87 号民事判决书。

恩公司)授权北京市翔鲲律师事务所(以下简称翔鲲所)向上海红星美凯龙家具装饰市场经营管理有限公司(以下简称美凯龙公司)发出《警告函》,称江门市金凯登装饰材料实业有限公司(以下简称金凯登公司)生产、销售的型号为JT008101P11的水龙头产品(以下简称涉案产品1),侵害了多恩公司享有的名称为"水龙头"外观设计专利(以下简称涉案专利1)的专利权,金凯登公司生产、销售的型号为JT015100P11的水龙头产品(以下简称涉案产品2)侵害了多恩公司享有的名称为"水龙头"外观设计专利(以下简称涉案专利2)的专利权。多恩公司遂要求美凯龙公司停止在其经营的红星美凯龙商城(以下简称美凯龙商城)销售上述涉案产品,并要求美凯龙公司保证今后不再销售侵权产品。

2010年4月20日,多恩公司以金凯登公司生产、销售的上述涉案产品侵害多恩公司涉案专利权为由向上海市第二中级人民法院提起诉讼,案号分别为(2010)沪二中民五(知)初字第86号(以下简称86号案件)、(2010)沪二中民五(知)初字第87号(以下简称87号案件)。2010年8月16日,上海市第二中级人民法院分别作出86号案件、87号案件民事判决,驳回了多恩公司的诉讼请求。

金凯登公司认为,多恩公司出于打击竞争对手的不正当目的,在没有任何事实依据的情况下,通过上述发函警告的方式对金凯登公司进行商业诋毁,损害了金凯登公司的商业信誉。金凯登公司遂向法院起诉请求判令多恩公司在《中国卫浴报》上赔礼道歉并消除影响;赔偿金凯登公司包括合理费用在内的经济损失。

本案的争议焦点之一:多恩公司委托律所向金凯登公司的销售商出具侵权警告的行为是否构成对金凯登公司商业诋毁的不正当竞争行为。

上海市第二中级人民法院判决认定多恩公司的行为构成对金凯登公司商业诋毁的不正当竞争行为,依法应承担相应的民事责任。

上海市第二中级人民法院认为,金凯登公司和多恩公司系水龙头等卫浴产品生产、销售的同业竞争者。多恩公司发出涉案《警告函》时尚不能准确预见涉案产品1、涉案产品2是否属于侵犯多恩公司涉案专利1、涉案专利2外观设计专利权的侵权产品。在涉案产品1、涉案产品2是否属于侵犯多恩公司涉案专利1、涉案专利2外观设计专利权的侵权产品存在争议的情况下,多恩公司在《警告函》中宣称涉案产品1、涉案产品2属于侵犯多恩公司涉案专利1、涉案专利2外观设计专利权的侵权产品,实际上是对悬而未决的争议擅自作出结论,发布对金凯登公司不利的否定性评价,多恩公司的行为已经对金凯登公司的正常经营造成了实质性影响,足以损害金凯登公司的商业信誉。因此认定多恩公司的行为构成对金凯登公司商业诋毁的不正当竞争行为。

(三)律师提示

专利侵权警告作为权利人维护其合法权利的一种措施,使用不当也存在一定的法律风险。以警告函、敬告函、律师函、公开信等方式向侵权人或其交易相对人等发出警告时,均应注意:警告内容应属实、警告收发对象主体应恰当、警告内容应明确。警告函中应当明确告知被警告人涉嫌侵害的专利的名称、专利号等内容;应当将产品的特征予以简要归纳并与专利权利要求进行比对,明确指出侵权行为的具体行为(如制造、销售、许诺销售、使用等),指明涉嫌侵权产品的名称、型号等;同时还应当写明警告反馈的期限、反馈的联系方式以及相应援引的法律依据。若权利人为谋求市场竞争优势,滥用侵权警告,或警告内容审查不严格,损害竞争对手合法权益的,可能构成商业诋毁或其他不正当竞争行为,依法应承担相应的法律责任。

二、起诉专利侵权后撤诉的行为可视为侵权警告行为

(一)要点解读

诉前停止专利侵权警告通知系专利权利人维权的一种常见方式,通常以律师函、线上投诉或警告函等方式表现。为规避权利人滥用权利,最高人民法院《关于审理侵犯专利权纠纷案件应用法律若干问题的解释》(以下简称《专利权纠纷司法解释》)第18条规定:"权利人向他人发出侵犯专利权的警告,被警告人或者利害关系人经书面催告权利人行使诉权,自权利人收到该书面催告之日起一个月内或者自书面催告发出之日起二个月内,权利人不撤回警告也不提起诉讼,被警告人或者利害关系人向人民法院提起请求确认其行为不侵犯专利权的诉讼的,人民法院应当受理。"以上可见,权利人在发出警告后需在合理时间内行使诉权,若权利人怠于行使诉权,使被警告人难以对自己的行为是否合法做出准确判断,从而处于"进退两难"的情况

下，则被警告人可提起确认不侵权之诉。

提起诉讼后又撤回起诉亦是一种特殊的警告行为。该行为虽不同于直接向被诉侵权人发出警告，但其使被警告人实施专利的行为处于“不安”的状态，即已经处于“进退两难”的状态，长期处于这种状态势必干扰被警告人的正常经营。故通常情况下，被警告人可催告权利人行使诉权，在权利人怠于行使诉权时，被警告人便可提起确认不侵权之诉。

（二）相关案例

山东宏德新材料有限公司与北京太空板业股份有限公司确认不侵害专利权及损害赔偿纠纷案[1]

北京太空板业股份有限公司（以下简称太空公司）系名称为“一种发泡水泥复合板的生产制造方法”的发明专利的专利权人。太空公司曾以山东宏德新材料有限公司（以下简称宏德公司）侵犯其专利权为由向法院提起诉讼，在该案审理过程中，国家知识产权局依据宏德公司申请对涉案专利进行无效宣告审查后宣告该发明专利无效，太空公司申请撤诉。太空公司据此向北京知识产权法院提起行政诉讼。在此情况下，宏德公司认为太空公司提起诉讼后撤诉的行为系滥用诉权的行为，且其不构成侵害太空公司专利权的事实并未得到法院确认，故就涉案专利向浙江省宁波市中级人民法院提起确认不侵权之诉，要求太空公司赔偿其经济损失。

本案的争议焦点：宏德公司是否符合提起确认不侵权之诉的条件。

浙江省宁波市中级人民法院在一审中认为，太空公司在前案提起侵权之诉后，又撤回起诉，虽不同于权利人直接向被诉侵权人发出的警告，但已对被诉侵权人宏德公司的生产、销售带来了负面的影响，在某种程度上已干扰了被诉侵权人的合法经营，可视为一种警告行为。但本案中因该专利效力不稳定的现状，太空公司实际在该行政诉讼终审定论之前无法再依据该专利向宏德公司提起不侵权之诉。故认为，现阶段太空公司并非无正当理由延迟向法院起诉，其并不符合提起不侵权之诉的条件。

浙江省高级人民法院经二审认为，确认不侵害专利权案件中被诉侵权

---

〔1〕 浙江省高级人民法院（2017）浙民终31号民事裁定书。

人的起诉要件有：(1)权利人向他人发出侵权警告；(2)被警告人或者利害关系人书面催告权利人行使诉权；(3)权利人在一定期限内怠于行使权利；(4)明确的诉讼请求。本案中，因涉案专利已被宣告无效且正在行政诉讼过程中，太空公司撤诉后未再提起诉讼不属于权利人在一定期限内怠于行使权利的情形，故认为宏德公司的起诉不符合提起不侵权之诉的条件，驳回起诉。

(三)律师提示

实践中，被诉侵权人偶尔会遇到专利权人滥用诉权，在随意起诉他人后发现并不侵权又撤诉的情况，看似并不会对权利人有任何影响，但该诉讼案件已然对被诉侵权人的正常经营产生一定程度上的负面影响，比如会影响其业务合作方对被诉侵权人的信任。对此，被诉侵权人可通过要求权利人发出不侵权声明或向法院直接提起确认不侵权之诉，主动积极地维护自身利益。但这类案件均属于确认之诉，裁判结果倾向于是一种宣告性的判决，一般不存在判令承担民事责任的问题。

三、针对未经司法判定侵权的专利纠纷发表声明应基于客观事实

(一)要点解读

实践中，侵权纠纷发生之后，部分权利人为了及时止损，通常会发布声明披露侵权的状况。该声明通常会包含涉及的侵权产品、侵权者信息、案件处理进展，并附带警示标语，劝导消费者购买授权产品，避免侵权行为进一步扩展。我国《专利法》第60条第1款规定："未经专利权人许可，实施其专利，即侵犯其专利权，引起纠纷的，由当事人协商解决。"为保护知识产权而发送侵权警告，可视为当事人协商解决纠纷的重要途径和环节，有利于降低维权成本，提高纠纷解决效率和节约司法资源。

对于被诉侵权人而言，权利人发布声明的行为将降低其商业机会。在未经司法判决确认侵权事实情形下，发布声明的行为是否会构成商业诋毁？

我国《反不正当竞争法》第11条规定："经营者不得编造、传播虚假信息或者误导性信息，损害竞争对手的商业信誉、商品声誉。"此为不正当竞争行为中关于"商业诋毁"的规定。构成商业诋毁的关键在于相关经营者的行为

是否以误导方式对竞争对手的商业信誉或商品声誉造成了损害。

权利人作为熟知其知识产权的主体，在起诉前已经对侵权事实做了分析，在得出初步结论后才以此为依据展开维权行动。虽然侵权诉讼尚未结案，法律不能苛求侵权警告内容完全确定和毫无疑义，但权利人针对被诉侵权行为发布的声明内容需要与事实基本一致，否则有可能构成商业诋毁行为。不过，对于侵权警告内容的确定性程度的要求需要根据案件的具体情况把握。

（二）相关案例

深圳准芯微电子有限公司与苏州赛芯电子科技有限公司商业诋毁纠纷案[1]

苏州赛芯电子科技有限公司（以下简称苏州赛芯公司）为集成电路布局设计图专有权人，其认为深圳准芯微电子有限公司（以下简称深圳准芯公司）生产、销售的6008、5088锂电池保护产品侵犯其上述知识产权，遂委托广东某律师事务所的律师在深圳市中级人民法院提起侵权诉讼。该案立案后，苏州赛芯公司在官网发布声明，内容为："严正申明，现发现深圳准芯微电子有限公司生产与销售的锂电池保护产品6008、5088等侵犯我司诸多专利，我司已委托广东某律师事务所处理此侵权案。希望用户不要采购和使用准芯微锂电池保护芯片，以免因其产品侵权给自己带来不必要的麻烦和经济损失。"原告深圳准芯公司认为苏州赛芯公司发布的声明内容明显具有针对性，违背商业道德，构成不正当竞争，给其造成损失，遂提起诉讼，请求判令被告停止侵权、赔礼道歉、消除影响、赔偿损失50万元等。被告苏州赛芯公司则认为发布声明的行为属于正当维权，不构成商业诋毁。

本案的争议焦点：苏州赛芯公司发布的《严正申明》是否构成商业诋毁。

深圳市龙岗区人民法院认为："根据我国《反不正当竞争法》第11条规定，'经营者不得编造、传播虚假信息或者误导性信息，损害竞争对手的商业信誉、商品声誉'。要确定被告发布的《严正申明》是否构成商业诋毁，关键在于该申明的内容是否客观、真实。根据已查明的事实显示，2015年6月被告苏州赛芯公司以原告深圳准芯公司等侵犯其涉案产品JA5088芯片集成

---

〔1〕 广东省深圳市龙岗区人民法院(2016)粤0307民初1834号民事判决书。

电路布图设计专有权为由向深圳市中级人民法院提起诉讼,并委托了广东某律师事务所处理该案事宜。可以认定《严正申明》文字所传递的信息与查明的事实基本一致。原告提出被告言论未经司法认定应属不实言论,本院认为,被告作为集成电路布局设计专有权人,在发现原告产品可能侵犯其权利后提起诉讼并委托律所处理纠纷,其将这一信息向相关用户进行披露无可厚非。虽然申明上的上述文字在措辞方面并不十分准确和严谨,但鉴于双方之间存在的集成电路布局设计纠纷具有较强的专业性,相关公众亦不能准确区分专利侵权与集成电路布图设计专有权侵权纠纷之间的区别,故不能苛求被告对未决纠纷的描述完全准确和毫无疑义。”

最终,广东省深圳市龙岗区人民法院判决驳回原告深圳准芯公司的全部诉讼请求。

(三)律师提示

构成商业诋毁行为不要求行为人必须直接指明诋毁具体对象的名称,即并不要求诋毁行为人指名道姓,只要诋毁指向的对象是可辨别的就可以构成商业诋毁行为。另外《反不正当竞争法》并没有对商业诋毁的语言作出限制,诋毁语言并不一律要求有感情色彩,无论是包含诸如憎恨、羞辱、藐视的语言或者骂人的话,还是不带任何感情色彩的陈述,只要其中涉及的事实是虚假的,是无中生有的,并因此损害了他人的商业信誉和商品声誉,就属于商业诋毁行为。

四、网络服务提供者接到专利侵权通知后未及时采取必要措施的,对损害的扩大部分与网络用户承担连带责任

(一)要点解读

我国《侵权责任法》第 36 条第 2 款规定:“网络用户利用网络服务实施侵权行为的,被侵权人有权通知网络服务提供者采取删除、屏蔽、断开链接等必要措施。网络服务提供者接到通知后未及时采取必要措施的,对损害的扩大部分与该网络用户承担连带责任。”

我国《电子商务法》第 42 条第 1 款规定:“知识产权权利人认为其知识产权受到侵害的,有权通知电子商务平台经营者采取删除、屏蔽、断开链接、

终止交易和服务等必要措施。通知应当包括构成侵权的初步证据。”第2款规定：“电子商务平台经营者接到通知后，应当及时采取必要措施，并将该通知转送平台内经营者；未及时采取必要措施的，对损害的扩大部分与平台内经营者承担连带责任。”

法院将综合认定网络服务提供者是否及时采取必要措施，是否有合理的理由和证据支持其在收到通知前无法分辨被投诉行为构成侵权，是否“明知或者应知”的主观过错成立，是否有拒绝删除行为，是否产生了扩大损害，是否应当对扩大损害承担连带责任。

（二）相关案例

深圳市朗科科技有限公司与广州友拓数码科技有限公司、杭州阿里巴巴广告有限公司侵害发明专利权纠纷案[1]

深圳市朗科科技有限公司（以下简称朗科公司）系名称为“用于数据处理系统的快闪电子式外存储方法及其装置”、申请号为99117225.6的发明专利的专利权人。2016年5月，朗科公司通过杭州阿里巴巴广告有限公司（以下简称阿里巴巴公司）的阿里巴巴网站平台，在广州友拓数码科技有限公司（以下简称友拓公司）所经营的网店上公证购得“品牌：OEM，型号：YT－1238的新款龙纹金属U盘”产品，经对比分析，该闪存盘所采用的技术方案落入了本案专利所保护的范围，已构成侵权。友拓公司为生产经营目的，未经朗科公司允许的情况下，大肆生产、销售、许诺销售侵权产品，其行为违反了法律规定，严重损害了朗科公司的合法权益，依法应承担相应的法律责任，阿里巴巴公司作为网络平台的经营者，有义务制止侵权行为，配合删除其网站上与侵权内容相关的信息。2016年7月7日，广东某律师事务所受朗科公司委托向阿里巴巴公司发出《律师函》，主张在阿里巴巴公司的阿里巴巴网络平台上，注册名为“广州友拓数码科技有限公司”所销售的“新款龙纹金属U盘，型号：YT－1238”“礼品金属U盘，型号：YT－1247”“金属圆孔迷你旋转U盘，型号：YT－3284”“创意长方形带钥匙孔迷你金属U盘，型号：YT－3295－03”涉嫌侵犯朗科公司的专利权，请求阿里巴巴公司撤销前

[1] 广东省高级人民法院(2018)粤民终427号民事判决书。

述侵权产品链接并删除涉嫌侵权的网页内容。根据物流查询信息显示，前述律师函于2016年7月8日由单位收发章签收。

一审法院认为，本案中，根据增值电信业务经营许可证等相关证据，阿里巴巴公司属于网络服务提供者，根据朗科公司提交的《律师函》及快递查询信息可知，朗科公司于2016年7月7日就友拓公司的侵权行为向阿里巴巴公司发出《律师函》，2016年7月8日，阿里巴巴公司以公司收发章的形式签收了前述《律师函》，即朗科公司已经就友拓公司的侵权行为告知阿里巴巴公司，且一审法院于2016年8月10日向阿里巴巴公司送达了本案的应诉材料，而根据（2017）深证字第57646号《公证书》记载的内容，2017年4月6日，友拓公司的网店上仍有被诉侵权产品在展示，阿里巴巴公司作为网络服务提供者，在权利人已告知网络用户涉嫌侵权的情况下仍未采取删除、屏蔽或断开连接等必要措施，且未向朗科公司就此进行解释回应，导致被诉侵权产品继续在网络销售及朗科公司损害的扩大，故其应对该扩大部分的损失承担连带赔偿责任。鉴于现有证据无法证实因阿里巴巴公司未采取删除、屏蔽、断开链接等必要措施造成的扩大损失额，一审法院综合考虑侵权时长等因素，酌定阿里巴巴公司对友拓公司应承担的赔偿额中的20,000元承担连带赔偿责任。

阿里巴巴公司上诉称，其在收到侵权通知之后，已经及时回复朗科公司并转通知友拓公司；发明专利的专业性强、疑难复杂导致阿里巴巴公司无法判断，因而无法在收到朗科公司侵权通知后直接采取删除、屏蔽或断开链接措施；权利人仅仅有权以法院生效判决通知电商平台采取删除、屏蔽或断开链接等措施。

二审法院认为，如果服务商没有合理的理由解释和证据证明其不知道侵权行为已经发生在其提供的服务中，其明知或者应知的过错成立的，则其拒绝删除行为一定会导致侵权责任。也就是说，服务商自己选择不删除，一旦将来法庭认定其过错成立的，其没有任何依据抗辩这种不删除应予以免责。同时，由于过错取决于知道或者应当知道的“红旗原则”，以及与服务商身份匹配的“有效措施”，因而，所谓“以生效判决进行投诉才构成有效投诉”，毫无疑问是没有法律依据和合理理由的。在本案中，鉴于被诉侵权的闪存装置是否侵害他人发明方法，系一个具有高度专业性的问题。因此，阿里巴巴公司在日常经营中难以知道友拓公司的行为构成侵权。阿里巴巴公司对友拓公司在其电商平台上销售被诉产品的行为不构成帮助侵权。但是,在朗科公司通知阿里巴巴公司,明确告知其友拓公司侵害朗科公司专利权,要求其采取屏蔽、删除侵权产品销售信息等措施之后,阿里巴巴声称朗科公司必须以法院生效判决行使通知权,以及其仅仅需要将朗科公司的通知转送给友拓公司的行为,构成明知其平台上可能存在侵权行为而不采取有效的措施,放任侵权行为范围扩大,程度加重。其应当对权利人扩大的损失承担连带责任。一审法院据此判决其应当就权利人由此遭受的损失中的20,000 元承担连带责任,具有法律依据,二审法院予以维持。

(三)律师提示

当前网络服务商如天猫、京东等线上平台的投诉规则逐步规范化。专利权利人除可采用律师函通知网络服务商,还可采用线上投诉方式进行通知。线上投诉方式于权利人而言亦不失为一种较为便捷的维权方式。权利人在采用线上投诉方式进行维权时,应熟悉平台的投诉规则。在进行投诉的过程中,应保留好相应的证据;若出现经多次有效投诉后平台仍未采取进一步措施阻止侵权行为再次发生的情形时,可作为证据证明平台具有帮助侵权的故意,以此追究平台对扩大损失的连带责任。

五、网络投诉停止侵权后,又继续销售、许诺销售侵权产品的行为属于重复侵权

(一)要点解读

我国《专利法》第 65 条规定:“侵犯专利权的赔偿数额按照权利人因被侵权所受到的实际损失确定;实际损失难以确定的,可以按照侵权人因侵权所获得的利益确定。权利人的损失或者侵权人获得的利益难以确定的,参照该专利许可使用费的倍数合理确定。赔偿数额还应当包括权利人为制止侵权行为所支付的合理开支。权利人的损失、侵权人获得的利益和专利许可使用费均难以确定的,人民法院可以根据专利权的类型、侵权行为的性质和情节等因素,确定给予一万元以上一百万元以下的赔偿。”

重复侵权是侵权情节之一,将影响司法判赔的数额。在司法实践中,法院往往会对重复侵权的侵权人作出相对较高的判赔数额。上海市高级人民

法院《关于知识产权侵权纠纷中适用法定赔偿方法确定赔偿数额的若干问题的意见》(以下简称上海市高级人民法院《知产纠纷法定赔偿意见》)第9条列举了一些衡量侵权情节的因素,包括:(1)侵权行为方式,可区别直接侵权与间接侵权,生产过程中的侵权与销售过程中的侵权;(2)侵权产品生产与销售规模、侵权作品传播范围;(3)侵权行为持续时间;(4)侵权次数,初次侵权或重复侵权;(5)侵权行为的组织化程度;(6)权利人发出侵权警告后侵权人的行为表现;(7)其他可以衡量侵权情节的因素。

(二)相关案例

万魔声学科技有限公司与深圳市福田区龙胜手机市场米音特通讯行侵害外观设计专利权纠纷案[1]

原告万魔声学科技有限公司系名称为"耳机(一)"的外观设计专利的专利权人。原告曾于2015年3月3日就被告深圳市福田区龙胜手机市场米音特通讯行(以下简称米音特通讯行)生产、销售、许诺销售侵犯原告专利权的小米活塞耳机产品向法院提起诉讼[(2015)深中知民初第570号案]。后被告与原告和解,并承诺不再侵犯其专利权。2018年,原告发现被告继续制造"小米金属活塞耳机",并在其经营的同一个阿里巴巴网店上销售、许诺销售涉案侵权产品,且销量巨大。原告认为被告的行为构成恶意、重复侵权并诉至深圳市中级人民法院,请求判令被告赔偿原告经济损失及合理维权费用人民币10万元。

被告未在提交答辩状期间内向法院提交书面答辩状,亦未在举证期间内向法院提交证据材料。

深圳市中级人民法院认为,被告米音特通讯行未经原告同意,以经营为目的销售、许诺销售侵权产品,侵犯了原告的专利权,应当承担停止侵权、赔偿损失的民事责任。且被告经营者郑某某在2015年就涉案专利与本案原告达成过和解协议,承诺不再侵犯其专利权,此处属于重复侵权,性质恶劣,故应将该情节纳入赔偿数额的酌定考虑因素。

本案中原告未提交关于侵权实际损失、侵权获利及专利许可使用费的

---

[1] 广东省深圳市中级人民法院(2018)粤03民初1847号民事判决书。

相关证据，深圳市中级人民法院综合考虑涉案专利的类型、侵权产品的市场价值、被告存在侵权的主观恶意、存在重复侵权行为以及原告的维权费用等情节因素，酌情确定被告米音特通讯行赔偿原告经济损失及合理维权支出共计人民币8万元。

（三）律师提示

若在专利维权诉讼前，权利人已经采取过投诉、发函、行政查处等维权措施的，应当对此进行全面的梳理，甚至向法院申请调取相关资料，作为诉讼证据使用。该类证据往往是证明侵权人主观恶意、侵权时长、侵权获利等侵权情节的重要证据。专利诉讼过程中，同样需要监控侵权行为是否停止，必要时可以采取公证等方式继续保全侵权证据。

六、被警告人履行书面催告义务是提起确认专利不侵权诉讼的前置条件

（一）要点解读

确认不侵犯专利权诉讼是指行为人受到专利权利人的侵权警告，而专利权利人未在合理期限内向法院起诉要求解决专利纠纷，使行为人是否侵犯专利权处于不确定状态；进而行为人以该专利权利人为被告向法院起诉要求确认不侵犯专利权的诉讼。侵权警告的形式包括律师函、警告信、媒体发文，以及向证监会、海关、工商等行政机关投诉等。侵权警告通常会给被警告人带来一定负面影响，干扰其正常经营活动。

处理该类纠纷遵循的程序规则：权利人侵权警告—被警告人书面催告权利人行使诉权—权利人怠于行使诉权—被警告人提起确认不侵权诉讼。提起确认专利不侵权之诉要求被警告人先履行书面催告权利人行使诉权的程序。该程序的规定是为了引导当事人尽可能通过侵权诉讼解决专利纠纷。具体规定在《专利权纠纷司法解释》第18条，“权利人向他人发出侵犯专利权的警告，被警告人或者利害关系人经书面催告权利人行使诉权，自权利人收到该书面催告之日起一个月内或者自书面催告发出之日起二个月内，权利人不撤回警告也不提起诉讼，被警告人或者利害关系人向人民法院提起请求确认其行为不侵犯专利权的诉讼的，人民法院应当受理”。

（二）相关案例

徐某程与江苏磁能探伤机有限公司诉确认不侵害专利权纠纷案[1]

徐某程通过合同受让的方式取得了一项专利（专利号：ZL200310112725.1）的永久使用权。几年后江苏磁能探伤机有限公司（以下简称探伤机公司）分别向徐某程的客户以及徐某程本人发出侵权警告函，称前述专利权已转让给发函人，徐某程使用该专利技术生产和销售依据该专利技术获得的产品的行为对探伤机公司构成了严重侵权。徐某程的客户收到侵权警告函之后取消了其项目中标资格。徐某程于是向江苏省盐城市中级人民法院（以下简称一审法院）起诉，要求确认自己的生产和销售行为不侵犯探伤机公司的专利权，并要求探伤机公司赔偿损失40,000元并承担诉讼费用。

一审法院认定徐某程对涉案专利拥有使用权。徐某程已受到探伤机公司明确的侵权警告威胁，探伤机公司未在合理期限内提起侵权之诉，徐某程经营活动受到影响，徐某程有权依照法律规定提起确认不侵权之诉。探伤机公司的行为给徐某程的商誉造成了一定的损害，应承担相应的民事责任。因此一审判决支持了徐某程不侵权的诉求，判决探伤机公司赔偿徐某程10,000元损失并承担诉讼费。

探伤机公司提起上诉称："徐某程在起诉前没有采取法定的措施催告探伤机公司行使诉权，其起诉缺乏前置条件，应予驳回。"

二审法院江苏省高级人民法院认为，徐某程虽曾向探伤机公司发函，但函中并无催告探伤机公司提起专利侵权诉讼的内容，应认定其没有依法书面催告探伤机公司行使诉权，故其直接诉至法院请求确认不侵犯专利权，显然没有履行法律规定的前置程序。最后江苏省高级人民法院撤销了一审判决，驳回了徐某程的起诉。

（三）律师提示

被警告人收到专利侵权警告之后，应先自查并评估产品是否侵犯他人专利权。若自查评估不侵权，为消除侵权风险、稳定经营关系，应回函催告权利人行使诉权，否则须撤回警告函。权利人既不起诉也不撤回警告函的，

[1] 江苏省高级人民法院（2013）苏知民终字第0049号民事裁定书。

被警告人可提起确认专利不侵权之诉。要注意的是,确认不侵权之诉请求确认的范围不应超出权利人侵权警告的范围。超出范围的,不应纳入确认不侵权之诉的审理范围。

第二章 专利的司法保护

◇ 第一节 专利侵权诉讼之原告起诉

一、专利权独占许可第三人使用后，专利权人仍有独立诉权

（一）要点解读

专利权人将专利独占许可给他人后，是否还可以作为专利诉讼中适格的原告？

根据最高人民法院《关于审理技术合同纠纷案件适用法律若干问题的解释》第25条第1款第1项规定，“独占实施许可，是指让与人在约定许可实施专利的范围内，将该专利仅许可一个受让人实施，让与人依约定不得实施该专利”，专利权人将专利独占许可给第三方后，专利权人不得再实施该专利。专利侵权诉讼中，若专利被独占许可给他人，侵权人通常会以专利权人不再是适格的原告为由进行抗辩。理由是专利权人已经将专利独占许可给第三方，侵权人的行为损害的是独占被许可方的利益。

但法律规定，当专利权受到侵害时，专利权人可以向法院提起诉讼，详见我国《专利法》第60条规定，“未经专利权人许可，实施其专利，即侵犯其专利权，引起纠纷的，由当事人协商解决；不愿协商或者协商不成的，专利权人或者利害关系人可以向人民法院起诉，也可以请求管理专利工作的部门处理”。结合最高人民法院《关于对诉前停止侵犯专利权行为适用法律问题的若干规定》（以下简称《诉前停止侵犯专利权司法解释》）第1条第1款“根

据专利法第六十一条的规定，专利权人或者利害关系人可以向人民法院提出诉前责令被申请人停止侵犯专利权行为的申请”的规定，可见，独占许可合同的签订并不影响权利人对侵犯专利权的行为享有独立的诉权。独占许可合同的签订更多的是约束专利权人使用权的行为，专利权人的诉权与使用权存在本质上的区别，使用权的目的在于实现专利的价值，诉权的目的更多的是借助司法的方式达到保护专利的目的。故专利权人的诉权是法律赋予的，并不受其他因素的影响或制约，在法律无相反规定的前提下，专利权许可第三人使用后，专利权人仍有独立诉权。

（二）相关案例

张某廷与衡水子牙河建筑工程有限公司等侵害发明专利权纠纷案[1]

张某廷拥有名称为“预制复合承重墙结构的节点构造施工方法”的发明专利，并于2008年10月将前述专利独占许可给石家庄晶达建筑体系有限公司（以下简称晶达公司）使用。2009年6月，张某廷以衡水子牙河建筑工程有限公司（以下简称子牙河公司）在承建楼盘工程中采用的材料和施工方法侵犯其前述专利权为由，向河北省石家庄市中级人民法院提起诉讼。该案历经一审、二审，并向最高人民法院申请再审。且在再审程序中，子牙河公司认为：“张某廷虽然为涉案专利的专利权人，但其已将涉案专利独占许可给晶达公司使用，一审、二审法院未能查明该专利许可使用性质的情况下，以张某廷作为原告，诉讼主体不适格。”对于子牙河公司该项主张，最高人民法院归纳争议焦点为：张某廷是否为本案的适格原告。

最高人民法院认为，对于2009年10月1日以前的被诉侵害专利权行为，适用我国《专利法》第57条[2]的规定，即专利侵权诉讼的原告范围是专利权人或者利害关系人。且《诉前停止侵犯专利权司法解释》第1条第2款规定：“提出申请的利害关系人，包括专利实施许可合同的被许可人、专利财产权利的合法继承人等。专利实施许可合同被许可人中，独占实施许可合同的被许可人可以单独向人民法院提出申请；排他实施许可合同的

---

〔1〕 最高人民法院（2012）民提字第125号民事判决书。

〔2〕 此处为《专利法》2000年版，新版为2008年版第61条。

被许可人在专利权人不申请的情况下，可以提出申请。”因此，张某廷作为前述涉案专利的发明人、专利权人，与他人签订专利实施许可合同，并不影响其享有单独提起他人侵害专利权的诉权。即便晶达公司为涉案专利独占实施合同的被许可人，也仅在于晶达公司可以作为利害关系人提起侵害专利权之诉。最终，最高人民法院判决子牙河公司赔偿张某廷经济损失40万元。

(三)律师提示

专利权独占许可他人实施之后，专利权人通过收取许可使用费的方式获得了利益。当专利权人以第三人侵权为由主张权利并获得赔偿时，被许可人极有可能会向专利权人追索该赔偿款。

为避免专利权人和被许可人之间产生纠纷，专利权人与被许可人在签订专利独占实施许可合同时，可以明确约定专利权人的诉权以及维权收益。

二、临时保护期使用费纠纷及侵害发明专利权纠纷可合并起诉

(一)要点解读

我国《专利法》第11条第1款规定：“发明和实用新型专利权被授予后，除本法另有规定的以外，任何单位或者个人未经专利权人许可，都不得实施其专利，即不得为生产经营目的制造、使用、许诺销售、销售、进口其专利产品，或者使用其专利方法以及使用、许诺销售、销售、进口依照该专利方法直接获得的产品。”由此条规定可知，发明专利自被授予专利权之后专利权人才享有专利专有权。

《专利权纠纷司法解释二》第18条第1款规定：“权利人依据专利法第十三条诉请在发明专利申请公布日至授权公告日期间实施该发明的单位或者个人支付适当费用的，人民法院可以参照有关专利许可使用费合理确定。”可知，在申请公布日至授权公告日期间，该条款为发明专利人的合法权益提供了临时性保护。在发明申请临时保护期内实施该发明的技术方案虽然不构成侵犯专利权的行为，但该发明申请被授权后，专利权人有权主张临时保护期的利益或损失。临时保护期内实施发明所需支付的

费用，可以参照有关专利许可使用费合理确定；实践中，没有专利许可使用费可以参照的，可以综合考虑专利权的类型、实施发明的行为性质和情节以及查明的事实等，参照《专利法》第 65 条有关侵权赔偿的规定处理。

最高人民法院《关于适用〈中华人民共和国民事诉讼法〉的解释》（以下简称《民诉法司法解释》）第 221 条规定："基于同一事实发生的纠纷，当事人分别向同一人民法院起诉的，人民法院可以合并审理。"在专利纠纷案件中，若同一行为人自发明专利申请日到授权公告日之后的期间，一直存在实施某专利的行为，那么该行为具有连续性和同一性。虽以授权公告日为界限分为两个不同的法律关系，但是仍可以在同一诉讼中合并审理。

（二）相关案例

程某广与宁波高新区汇富科技有限公司侵害发明专利权纠纷案[1]

2013 年 4 月 25 日，程某广向国家知识产权局申请了名为"折叠电动滑板车"的发明专利，授权公告日为 2015 年 8 月 5 日，该专利至今有效。2015 年 5 月 14 日及 2016 年 10 月 11 日程某广的委托代理人邢某里分别在宁波高新区汇富科技有限公司（以下简称汇富公司）经营的涉案阿里巴巴店铺和其官网公证购买了相关产品。其阿里巴巴店铺显示其经营模式为生产加工，汇富公司的经营范围包括电动滑板车的制造、销售等，程某广诉请之一为支付程某广发明专利临时保护期使用费、经济损失及合理费用总计 35 万元（临时保护期使用费主张 77,130 元，经济损失主张 25 万元，合理费用主张 22,870 元）。汇富公司在庭审中也确认侵权产品系其制造并销售。

本案的争议焦点之一：临时保护期使用费纠纷及侵害发明专利权纠纷两个法律关系是否可以合并审理。

浙江省高级人民法院认为，本案程某广的诉讼请求既包括要求汇富公司支付涉案专利申请公开后、授权前的临时保护期使用费，也包括要求其对专利授权后实施的侵权行为承担民事责任。汇富公司实施的被诉行为跨越涉案专利授权公告日前后，其行为具有连续性、一致性，从方便当事人诉讼

---

〔1〕 浙江省高级人民法院（2017）浙民终 734 号民事判决书。

出发，应当允许权利人一并就发明专利临时保护期使用费和侵犯专利权行为同时提出权利主张。

（三）律师提示

发明专利的权利人对于在专利申请日到授权公告日之后连续存在的侵权行为，在专利维权程序中可以就发明专利临时保护期使用费和侵犯专利权行为同时提出权利主张。但是，该两项权利均需要独立进行主张。

因为临时保护期使用费是在临时保护期内，实施该发明的单位或者个人应支付给专利权人的一种适当的经济补偿，其与专利权被授予后未经专利权人许可实施其专利的侵权损害赔偿属于不同的法律关系。故专利权人不能基于侵权损害赔偿的诉因主张临时保护期使用费。

三、原专利权人可就专利转让前发生的侵权行为进行维权，现专利权人非必要共同原告

（一）要点解读

专利权经转让之后，权利由原专利权人变更到现专利权人手中，原专利权人便因此失去了对该专利享有的权利，包括生产、销售、许诺销售、使用、转让、许可等各项实体权利。倘若侵权行为发生在权利转让之前，原专利权人能否就该侵权行为提起诉讼？

《专利法》应当保护的是侵权行为发生时的专利权人权益。即侵权行为发生在专利转让前，则该侵权行为损害的是原专利权人的权益，并不会对现专利权人造成实质性的损失。此外，从该法第11条的立法目的来看，其主要保护专利权人的权益。原专利权人虽将专利权转让给了现专利权人，但其转让前的权利也应受到保护。权利人的实体基础应当以侵权行为发生的时间点为准，而不应以起诉时的时间点作为判断依据。故一般情况下，原专利权人可就专利转让前所发生的侵权行为进行维权。

（二）相关案例

周某仪、中山市沙溪镇佳能木工机械厂与东莞市野马机械有限公司、中山市东成家具有限公司侵害发明专利权纠纷案[1]

周某仪系名称为“一种全自动木头加工机”的发明专利的原专利权人，2017年3月9日，涉案专利的专利权人变更为耀都公司。变更前，中山市沙溪镇佳能木工机械厂（以下简称佳能机械厂）基于《专利实施许可合同》，享有普通实施涉案专利权利。2016年12月1日，中山市知识产权局受理了周某仪与佳能机械厂要求处理中山市东成家具有限公司（以下简称东成公司）侵犯涉案发明专利权事宜的请求。广州知识产权法院一审认定东成公司、东莞市野马机械有限公司（以下简称野马公司）共同制造的被诉侵权产品构成侵权。东成公司认为广州知识产权法院未追加涉案专利现权利人违背法定程序。

本案的争议焦点：专利权已经转让，原专利权人就发生在其专利权期内的被诉侵权行为提起诉讼，现权利人耀都公司是否为必要共同原告。

广东省高级人民法院二审认为，2017年3月9日周某仪将涉案专利权转让给耀都公司，而中山市知识产权局于2016年12月1日立案查处东成公司经营场所中的被诉侵权产品，即被诉侵权行为发生在涉案专利转让日之前，周某仪针对涉案专利权转让之前的侵权行为提起诉讼有其实体权利基础。故耀都公司并非本案必要共同原告。东成公司的该项上诉理由缺乏依据，故广东省高级人民法院不予支持。判决驳回上诉，维持一审原判。

（三）律师提示

专利权人在签订《专利权转让合同》时，应就转让前的侵权行为的维权事项作明确约定。即便法院认为原专利权人失去了实体基础，原专利权人亦可就该份合同，获得就对转让前的侵权行为起诉的权利。当然，专利受让人也可考虑通过合同约定获得对转让前的侵权行为起诉的权利。

---

[1] 广东省高级人民法院（2018）粤民终1612号民事判决书。

四、网购收货地通常不宜作为侵权行为发生地

(一)要点解读

专利侵权纠纷案件中,权利人通常采用网络公证购买的方式对侵权人的侵权行为进行证据保全,委托他人以网购邮寄方式向侵权人购买侵权产品并指定收货地址,进而确定收货地为侵权结果发生地向收货地所在法院提起诉讼。然而,收货地能否被认为是侵权结果发生地呢?我国《民事诉讼法》第28条规定:“因侵权行为提起的诉讼,由侵权行为地或者被告住所地人民法院管辖。”最高人民法院《关于审理专利纠纷案件适用法律问题的若干规定》(以下简称《专利纠纷适用法律问题规定》)第5条规定:“因侵犯专利权行为提起的诉讼,由侵权行为地或者被告住所地人民法院管辖。侵权行为地包括:被诉侵犯发明、实用新型专利权的产品的制造、使用、许诺销售、销售、进口等行为的实施地;专利方法使用行为的实施地,依照该专利方法直接获得的产品的使用、许诺销售、销售、进口等行为的实施地;外观设计专利产品的制造、许诺销售、销售、进口等行为的实施地;假冒他人专利的行为实施地;上述侵权行为的侵权结果发生地。”

关于“销售行为地”,最高人民法院认为,销售行为地原则上包括不以网络购买者的意志为转移的网络销售商主要经营地、被诉侵权产品储藏地、发货地或者查封扣押地等,但网络购买方可以随意选择的网络购物收货地通常不宜作为网络销售行为地。

从管辖权的立法目的来看,无论是“两便原则”还是“原告就被告”的原则,其目的都是方便诉讼和审判以及防止原告滥用诉权,同时保证原告、被告双方程序利益相对平衡。专利侵权纠纷案件中,若以收货点作为连接点确定管辖,并不一定能达到管辖的基本目的,反而鼓励了当事人随意挑选法院,进而造成双方当事人之间的利益失衡。再者,其易导致专利侵权纠纷案件中管辖制度的混乱。网络购物的方式具有由购买方选择收货地点的随意性。若以权利人指定的收货地作为侵权结果发生地,权利人则可任意创造连接点,从而可以将中国大陆的任意法院作为诉讼法院,导致管辖制度形同虚设,造成专利侵权纠纷案件管辖的混乱。

（二）相关案例

宁波奥克斯空调有限公司与珠海格力电器股份有限公司侵害实用新型专利权纠纷案[1]

珠海格力电器股份有限公司（以下简称格力公司）在广东省高级人民法院起诉宁波奥克斯空调有限公司（以下简称奥克斯公司）、广州晶东贸易有限公司（以下简称广州晶东公司）侵害实用新型专利权，奥克斯公司认为广东省高级人民法院不具有案件管辖权。因为格力公司购买奥克斯空调的实际行为发生在网络销售平台京东商城，格力公司并未提供运营该网络销售平台的公司的注册地或服务器所在地的证据，且格力公司的现有证据无法确定“发货”行为发生在广东省。

格力公司提交了记录其通过京东商城购买13款被诉侵权产品的公证书及另外2款被诉侵权产品的销售发票，用以证明广州晶东公司实施了销售本案被诉侵权产品的行为。

最高人民法院认为，广州晶东公司的被诉侵权行为是通过网络销售本案15款被诉侵权产品。被诉侵权产品系通过网络进行销售，依据网络销售商的被诉销售行为地确定案件管辖权时，被诉销售行为地的认定既要有利于管辖的确定性、避免当事人随意制造管辖连接点，又要便利权利人维权。在网络环境下，《专利纠纷适用法律问题规定》第5条规定的销售行为地原则上包括不以网络购买者的意志为转移的网络销售商主要经营地、被诉侵权产品储藏地、发货地或者查封扣押地等，但网络购买方可以随意选择的网络购物收货地通常不宜作为网络销售行为地。

具体到本案，首先，关于附有出库单的9款被诉侵权产品的销售地。从格力公司提交的证明其网络购买涉案13款被诉侵权产品的公证书看，其（2017）粤珠横琴第8191、8192、8193、8194、9195、8196、8197、8198、8199号公证书附有被诉侵权产品出库单，且出库单上均记载有“佛山2号库”字样。该记载表明，上述9份公证书涉及的被诉侵权产品的储藏地均在广东省，并可合理推定被诉侵权产品的发货地在广东省。由于上述被诉侵权产品储藏地和发货地均在广东省，因此可以认定广东省为上述被诉侵权产品的销售

[1] 最高人民法院（2018）最高法民辖终93号民事裁定书。

地。其次,关于未附出库单的其他6款被诉侵权产品的销售地。除上述9款被诉侵权产品外,其他6款被诉侵权产品包括4款公证购买的被诉侵权产品及2款仅有购买发票的被诉侵权产品均未附出库单。本案现有证据虽不能直接证明该6款被诉侵权产品的储藏地或者发货地位于广东省,但根据该6款产品与前述9款产品的销售主体均为广州晶东公司、购买过程均为通过京东商城网络购买等事实,在没有相反证据的情况下,可以合理推定该6款产品的储藏地或者发货地亦位于广东省。可见,基于本案现有证据,可以认定未附出库单的6款被诉侵权产品的销售地亦位于广东省。由于本案15款被诉侵权产品的销售地均位于广东省,广东省高级人民法院可以依据广州晶东公司的被诉销售行为地获得针对广州晶东公司本案纠纷的管辖权。由于本案被诉侵权产品的储藏地或者发货地均位于广东省,广东省高级人民法院可以据此获得针对广州晶东公司的本案纠纷管辖权。本案并非单纯依据网络购物收货地作为管辖依据的情形。

(三)律师提示

在专利侵权纠纷案件司法实践中,虽然最高人民法院已明示网购收货地一般不作为侵权行为地来确定管辖地。但部分地方法院依然适用相关法律将网购收货地认定为销售地或侵权结果发生地,进而确定地域管辖。基于此,专利权利人在起诉前可参考当地法院的生效案例对管辖权作出预判,并综合评估侵权信息确认管辖法院,避免因管辖权异议程序影响维权的进度。

五、专利侵权纠纷的诉讼时效为三年

(一)要点解读

诉讼时效,是指权利主体在法定期间内不行使诉讼权利,义务人便享有抗辩权,从而导致权利人无法胜诉的法律制度。

2009年10月1日起施行的我国《专利法》第68条第1款规定了"侵犯专利权的诉讼时效为二年,自专利权人或者利害关系人得知或者应当得知侵权行为之日起计算"。2017年10月1日起施行的我国《民法总则》第188条第1款规定:"向人民法院请求保护民事权利的诉讼时效期间为三年。法律另有规定的,依照其规定。"即我国《民法总则》将普通民商事的诉讼时效改为三年。

为确保新旧诉讼时效期间的平稳过渡和有效衔接，同年 12 月 20 日，北京市高级人民法院民一庭发布了《关于〈民法总则〉施行后适用诉讼时效制度的参考意见》（以下简称北京市高级人民法院《民法总则诉讼时效参考意见》），其中第 1 条第 3 款规定："《民法总则》第一百八十八条规定：法律对于诉讼时效期间另有规定的，依照其规定。《民法总则》有关诉讼时效期间的规定与民事单行法中有关诉讼时效期间的规定属于一般法与特别法的关系，按照特别法优于一般法的原则，在《民法总则》施行后仍应优先适用民事单行法中有关诉讼时效期间的规定。但 2017 年 9 月 30 日之前（本意见中'之前'、'之后'均包括本日）施行的民事单行法中规定的诉讼时效为二年的，其性质与《民法通则》规定的二年普通诉讼时效无异，故根据新法优于旧法的原则，在《民法总则》施行后应适用三年的诉讼时效期间。"

同时，北京市高级人民法院《民法总则诉讼时效参考意见》也对有关诉讼时效起算点规定的溯及力问题、有关诉讼时效期间的溯及力问题明示了法院的裁判倾向，该参考意见倾向于认为《民法总则》修改后，在诉讼时效起算点的确定上并无差别，因而不存在诉讼时效起算点的溯及力问题；关于诉讼时效条款的相关精神，按照"从旧兼从长"的原则确定《民法总则》有关诉讼时效期间的溯及力问题。

对于专利侵权诉讼案件，权利人之权利受到损害的事实发生在 2017 年 9 月 30 日之前，自权利人知道或者应当知道其权利受到损害以及义务人之日起至 2017 年 10 月 1 日超过二年的，诉讼时效期间已届满，不因《民法总则》的施行而变更；尚未超过二年的，其可以向人民法院请求保护民事权利的诉讼时效期间为三年。

（二）相关案例

源德盛塑胶电子（深圳）有限公司与南昌县大世界通讯器材经营部侵害实用新型专利权纠纷案[1]

源德盛塑胶电子（深圳）有限公司（以下简称源德盛公司）系名称为"一

---

〔1〕 江西省高级人民法院（2019）赣民终 28 号民事判决书。

种一体式自拍装置”的实用新型专利的专利权人,该专利于 2015 年 1 月 21 日公告授权,现行有效。源德盛公司向江西省南昌市洪城公证处申请证据保全,2016 年 4 月 15 日,公证机关就南昌县大世界通讯器材经营部(以下简称大世界经营部)销售的涉嫌侵权产品进行了公证保全。源德盛公司于 2018 年 8 月 27 日起诉,诉请判令大世界经营部立即停止制造、销售及许诺销售侵犯行为及赔偿损失等。

案件的争议焦点之一:案件是否超过诉讼时效。

二审法院认为,大世界经营部主张应依据《专利法》适用诉讼时效二年的规定,源德盛公司主张应依据《民法总则》适用诉讼时效三年的规定。《民法总则》已于 2017 年 10 月 1 日起施行,其关于诉讼时效的规定应视为全面取代了我国《民法通则》的相应规定。《民法总则》第 188 条第 1 款规定:“向人民法院请求保护民事权利的诉讼时效期间为三年。法律另有规定的,依照其规定。”《民法总则》有关诉讼时效期间的规定与《专利法》中相应规定属于一般法与特别法的关系,按照特别法优于一般法的原则,本应优先适用特别法;但 2017 年 9 月 30 日之前(包括本日)施行的《专利法》中关于诉讼时效为二年的规定,其性质与《民法通则》规定的二年普通诉讼时效无异,根据新法优于旧法的原则,在《民法总则》施行后应适用三年的诉讼时效期间。源德盛公司取证时间为 2016 年 4 月 15 日,起诉时间为 2018 年 8 月 27 日,期间未满三年,依据最高人民法院《关于适用〈中华人民共和国民法总则〉诉讼时效制度若干问题的解释》第 2 条关于“民法总则施行之日,诉讼时效期间尚未满民法通则规定的二年或者一年,当事人主张适用民法总则关于三年诉讼时效期间规定的,人民法院应予支持”。及第 5 条第 2 款中关于“本解释施行后,案件尚在一审或者二审阶段的,适用本解释”的规定,本案未超过诉讼时效。对大世界经营部关于本案已超过诉讼时效的主张,法院不予支持。

(三)律师提示

由于专利侵权具有持续性,在整个专利有效期内,只要侵权人在持续侵权,原则上权利人可以根据自身企业发展阶段、发展战略以及侵权人侵权规模等情况决定何时发起侵权诉讼,以实现权利人利益的最大化。根据现行法律规定,对于持续性的侵权行为,超过三年的,权利人可以请求自起诉之日起向前推算三年的侵权损害赔偿数额。

六、专利权评价报告仅是判断专利权是否稳定的初步依据,不是专利侵权诉讼立案的法定要件

(一)要点解读

我国《专利法》第61条第2款规定:“专利侵权纠纷涉及实用新型专利或者外观设计专利的,人民法院或者管理专利工作的部门可以要求专利权人或者利害关系人出具由国务院专利行政部门对相关实用新型或者外观设计进行检索、分析和评价后作出的专利权评价报告,作为审理、处理专利侵权纠纷的证据。”从该款规定可知,专利权评价报告可作为审理、处理专利侵权纠纷的证据,并非法定要件。

专利权评价报告由国家知识产权局依申请作出。对专利权评价报告结论不服的,不能申请行政复议或者提起行政诉讼。在侵权诉讼或者行政处理中,不能直接作为判断有关实用新型或者外观设计专利权有效或者无效的依据。无论专利权评价报告的结论如何,侵权诉讼的被告都可以请求宣告专利权无效。

(二)相关案例

邹某孟与慈溪市水之源净水设备有限公司专利权侵权纠纷案[1]

邹某孟为涉案专利“一种管道接头”实用新型专利的专利权人,专利号为ZL200820168393.7,专利申请日为2008年11月27日,授权公告日为2009年11月18日。2010年,邹某孟向浙江省宁波市中级人民法院(以下简称一审法院)起诉,称慈溪市水之源净水设备有限公司(以下简称水之源公司)自2009年下半年开始未经其许可生产、销售、许诺销售侵犯其专利权的产品。应邹某孟申请,一审法院于2010年7月19日到水之源公司进行证据保全,一审法院及二审法院浙江省高级人民法院均认定保全的被诉侵权产品与涉案专利权利要求1相比,全面覆盖了涉案专利权利要求1所记载的全

---

[1] 最高人民法院(2011)民提字第343号民事判决书。

部必要技术特征,落入涉案专利权的保护范围。水之源公司不服一审、二审判决,以一审、二审法院未予以审查就推定涉案专利合法有效属于适用法律错误为由提起再审申请。

水之源公司提出申请再审的理由是专利权人提起诉讼应该提交专利检索报告,涉案专利权人在一审、二审中均未提交涉案专利检索报告,一审、二审法院未予以审查就推定涉案专利合法有效,属于适用法律错误。

最高人民法院认为,专利权评价报告实为法院在审查判断是否应中止专利侵权案件诉讼时的一个考量依据,仅是判断专利权有效性的初步依据,不是提起专利侵权诉讼的法定要件。因此,水之源公司关于一审、二审法院未予以审查就推定涉案专利合法有效属于适用法律错误的理由不成立。事实上,设置实用新型专利检索报告制度的目的,在于防范专利权人利用实用新型专利的初步审查制度而滥用权利,对第三人的技术应用及开发带来极大难度。专利权人行使权利时,应有客观的判断资料,因此要求其提供检索报告,目的不是限制专利权人提起专利诉讼的权利。即使专利权人未提交检索报告,也并非不能提起民事诉讼。因此,最高人民法院判决撤销一审、二审判决,驳回邹某孟的诉讼请求。

(三)律师提示

虽然专利权评价报告只能作为实用新型或外观设计专利权稳定性的初步证据,但还是建议在专利侵权诉讼前向国家知识产权局申请出具专利权评价报告,并且在申请前最好能先自行委托专业人员初步评估。申请出具专利权评价报告一方面可以初步评估专利的稳定性,作为中止诉讼的抗辩依据;另一方面在专利诉讼中提交稳定的专利权评价报告也是专利价值的一种体现。在关于实用新型或外观设计专利的网络投诉中,稳定的专利权评价报告一般是必要条件。

七、采取诉前临时保护措施是及时制止专利侵权行为的有效救济途径

(一)要点解读

我国《民事诉讼法》第 101 条第 1 款规定:“利害关系人因情况紧急,不立即申请保全将会使其合法权益受到难以弥补的损害的,可以在提起诉讼

或者申请仲裁前向被保全财产所在地、被申请人住所地或者对案件有管辖权的人民法院申请采取保全措施。申请人应当提供担保，不提供担保的，裁定驳回申请。”我国《专利法》第 67 条第 1 款规定：“为了制止专利侵权行为，在证据可能灭失或者以后难以取得的情况下，专利权人或者利害关系人可以在起诉前向人民法院申请保全证据。”依据该规定，权利人或利害关系人为了制止侵权行为，在证据有可能会灭失或者之后很难收集的情况下可以在诉讼前向法院申请证据保全。最高人民法院《关于审查知识产权纠纷行为保全案件适用法律若干问题的规定》第 2 条规定：“知识产权纠纷的当事人在判决、裁定或者仲裁裁决生效前，依据民事诉讼法第一百条、第一百零一条规定申请行为保全的，人民法院应当受理。知识产权许可合同的被许可人申请诉前责令停止侵害知识产权行为的，独占许可合同的被许可人可以单独向人民法院提出申请；排他许可合同的被许可人在权利人不申请的情况下，可以单独提出申请；普通许可合同的被许可人经权利人明确授权以自己的名义起诉的，可以单独提出申请。”这些都是关于诉前临时措施的规定。

专利诉前临时措施，是指提起专利侵权诉讼前，权利人或利害关系人为防止专利权受到损害，申请启动的临时性保护专利权的措施。专利侵权诉前临时措施的主要内容包括：诉前停止侵权行为、诉前证据保全、诉前财产保全。专利侵权诉前停止侵权行为，是指专利权人或者利害关系人有证据证明他人正在侵害或即将侵犯其专利权的行为，同时如不及时制止将会使其合法权利受到难以弥补的损害的，可以在提起诉讼前向人民法院申请采取责令停止有关行为。诉前证据保全是指依据诉讼参加人的申请，人民法院对有可能灭失或者今后难以取得的证据，予以收集和固定保存的行为。而财产保全是为了保全被申请人财产，保证判决能够顺利执行。

诉前临时措施制度的建立，为专利侵权纠纷案件的权利人提供了较为有效的诉前救济途径，对于保护专利权人的合法权益，及时制止专利权侵权行为，具有重要的意义。

（二）相关案例

华某平与如东县丰利机械厂有限公司诉前责令停止侵犯专利权、诉前财产保全、诉前证据保全纠纷案〔1〕

2005年11月4日华某平向江苏省高级人民法院提起诉讼称，东县丰利机械厂有限公司（以下简称丰利公司）生产、销售哑铃套组手提箱涉嫌侵犯其专利权，给其造成直接损失2000万元以上，其向南通海关申请扣留被诉侵权产品，请求法院责令被申请人丰利公司停止专利侵权行为、对海关扣留的侵权产品进行诉前财产保全、对相关报关材料采取诉前证据保全措施等。

江苏省高级人民法院认为，申请人华某平提供的现有证据材料显示，涉案专利现处于有效状态；丰利公司存在侵权的可能性；申请人提供了合理、有效的担保；如不采取相应的临时措施，可能使申请人的合法权益受到难以弥补的损害。故申请人华某平的诉前禁令和诉前财产保全申请符合法律规定，予以准许。因申请人华某平对丰利公司在南通海关的报关资料难以取得，故其相关的诉前证据保全申请也符合法律规定。本案中，申请人华某平有证据证明被申请人丰利公司实施专利侵权行为且提供了一定的担保，加之相关的证据材料难以取得存在丢失的情况，故法院支持了其诉讼请求。

（三）律师提示

在专利维权诉讼中，法庭开始审理之前，如出现了证据将要灭失或以后难以取得的情况，当事人可以适时地申请证据保全。一旦将证据予以固定和保全，在诉讼中就有可能使其处于有利地位，更好地保障当事人的实体权利。某些特殊情况，诉讼保全需要的成本比日后再行取证的成本更低。例如，对大型仪器设备的保全。

司法实践中，法官对诉前禁令的考量主要在于两个方面：一方面是原告胜诉的可能性，另一方面是原告是否会遭受不可弥补的损害。其中，对胜诉可能性的判断是依据权利的稳定性及侵权的概率。因此，为确保法官同意对被告采取诉前禁令，原告应尽可能地向法院提交被维持有效的无效决定

---

〔1〕 江苏省高级人民法院（2005）苏禁字第0001号民事裁定书。

书、专利权评价报告、侵权比对意见以及以往判定侵权的判决书。不可弥补的损害一般指权利人因侵权行为将导致的不可挽回的市场份额损失。

第二节　专利侵权诉讼举证

一、"设饵钓鱼"一般不构成违法取证

（一）要点解读

在专利侵权案件中，有些侵权者为了逃避权利人的打击，往往采取比较隐蔽的方式销售侵权产品，只销售给特定的人群或熟客，使权利人很难通过正常的市场途径取得侵权产品。为此，权利人只好付出更大的代价，通过事先侦探式的摸底排查，确定好侵权对象，然后冒充特定的人群或熟客，取得侵权人的信任，购买到其货架上没有摆放的、指定的侵权产品，并以此提起维权诉讼。提到"钓鱼取证"，给人感觉好像就是违法取证，也有不少案件当事人以此为由进行抗辩。

在民事诉讼中，关于非法取证对应规定，《民诉法司法解释》第106条规定："对以严重侵害他人合法权益、违反法律禁止性规定或者严重违背公序良俗的方法形成或者获取的证据，不得作为认定案件事实的根据。"显然，专利权人通过"钓鱼取证"的方式获取侵权产品，不属于法律规定的非法证据的情形。专利权人取证是为了获取侵权产品用以维权，其目的并无不正当性，该行为也没有损害社会公共利益和他人合法权益；该种方式有利于解决取证难的问题，甚至起到威慑和遏制侵权行为的作用。

（二）相关案例

比肯灯饰国际有限公司与中山市古镇鑫柯照明门市部、中山市古镇鑫柯照明电器厂侵害发明专利权纠纷案[1]

比肯灯饰国际有限公司（以下简称比肯公司）系名称为"组合灯具和天花板风扇"发明专利的专利权人。该专利的申请日为2006年7月13日，授

[1] 广东省高级人民法院（2018）粤民终1351号民事判决书。

权公告日为2011年2月2日。2016年9月7日，比肯公司委托代理人吕某如向广东省中山市凤翔公证处申请保全证据公证。同日，该处指派公证员及工作人员随吕某如进入一间标识有“鑫柯照明”字样招牌的商铺，吕某如进入该商铺出示一张编号为NO.0000981“中山市古镇鑫柯照明电器厂（以下简称鑫柯电器厂）订货单”购买灯饰产品一箱并付款，获交易凭条及名片一张。购买结束后，公证人员将所购买的物品运回公证处，并在公证处将上述货物拆箱、拍照、再封装，交回吕某如。公证处对全过程出具了（2016）粤中凤翔第3994号公证书。公证书所附交易凭条显示“商户名称中山市古镇鑫柯照明电器厂”等信息。比肯公司遂以此作为证据向广州知识产权法院（以下简称一审法院）提起诉讼，一审法院经审理后判决中山市古镇鑫柯照明门市部（以下简称鑫柯门市部）、鑫柯电器厂停止销售侵权产品并承担相应的赔偿损失。鑫柯门市部、鑫柯电器厂不服一审判决，提起上诉。

两上诉人上诉理由：鑫柯门市部本来并无被诉侵权产品出售，在比肯公司较高价格诱导下，为赚取差价从第三方购进被诉侵权产品转售给比肯公司，比肯公司的行为属于钓鱼维权，不应得到法律支持。

本案的争议焦点之一：比肯公司取证方式是否符合法律规定。

广东省高级人民法院（以下简称二审法院）认为，本案中，比肯公司的代理人向鑫柯门市部发出要约购买其认为涉嫌侵权的产品，鑫柯门市部向比肯公司出售了被诉侵权产品，公证处根据比肯公司的申请对销售过程进行了证据保全公证。根据《民诉法司法解释》第106条的规定，比肯公司此种取证方式不属于以严重侵害他人合法权益、违反法律禁止性规定或者严重违背公序良俗的方法取得证据，应受法律保护，该项证据应作为本案的定案依据。故对于两上诉人关于钓鱼取证的上诉理由不予支持。判决驳回上诉，维持一审原判。

从本案来看，一方面，原告既不是政府机关，也不是司法机关，只是民事主体，而民事主体的法律行为的特点是法不禁止即可为，并没有法律规定原告作为企业不能去商铺里面购买被诉侵权产品，企业以这种方式打击侵权行为具有正面的社会效果，也有利于打击和遏制专利侵权的行为。另一方面，比肯公司向两上诉人发出要约的形式只是为了尽快生成证据，但并没有左右他们的思想意志和自由。两上诉人如果无销售意图，可以对比肯公司代理人的邀约不予回应。比肯公司此举仅是给被告提供了一个销售机会，意在将被告的侵权行为暴露出来。其取证行为未超过合理限度，也未对他人的合法权益造成侵害,所以以此方式获得的证据能够被采纳。两上诉人既可以实施销售行为也可以不实施,自身是具有一定的选择自由的,比肯公司的本意仅仅是为了获取证据并没有积极地、主动地去鼓动或是强制两上诉人实施销售被诉侵权产品的违法行为。因此,比肯公司此种方式不属于违法取证。

(三)律师提示

在侵权行为比较隐蔽、权利人取证难度加大的情况下,“设饵钓鱼”是专利侵权诉讼中收集证据的手段之一,但最好有公证人员对其取证行为进行全场公证。同时权利人还可以考虑向法院申请证据保全,向行政管理机关申请专利侵权行政查处,以此获得侵权证据。

二、公证机构超出执业区域公证的行为并不导致所作出的公证书必然无效

(一)要点解读

在专利权维权诉讼中,权利人为了防止被诉方对其侵权行为予以否认,不认可权利人私自购买的侵权产品为其销售,往往需要通过公证的方式购买涉嫌侵权产品,用以作为对方侵权的主要证据。公证机构的执业区域由司法行政机关根据相应的规则予以核定,由于权利人对此并不了解,而司法行政机关核定的执业区域有时也比较模糊,导致有些公证机构受理业务时跨了区域,从而给被诉方提供了一个抗辩的切入点,认为其公证行为违反了法律规定,其所证明的事实不应被法庭采纳。

我国《公证法》第 25 条第 1 款规定:“自然人、法人或者其他组织申请办理公证,可以向住所地、经常居住地、行为地或者事实发生地的公证机构提出。”《公证程序规则》第 13 条规定:“公证执业区域是指由省、自治区、直辖市司法行政机关,根据《公证法》第二十五条和《公证机构执业管理办法》第十条的规定以及当地公证机构设置方案,划定的公证机构受理公证业务的地域范围。公证机构的执业区域,由省、自治区、直辖市司法行政机关在办理该公证机构设立或者变更审批时予以核定。公证机构应当在核定的执业区域内受理公证业务。”

由于前述法律规定属于对公证机构的管理规范,并非判断公证书效力

的强制性规定，公证程序不符合相关管理规范，并非违反法律强制性规定。故公证机构超出执业区域公证的行为并不导致所作出的公证书无效，其所证明的事实仍然可以被法庭认定。

（二）相关案例

金某海与东莞市道滘荣华建筑材料配件经销部侵害发明专利权纠纷案〔1〕

金某海系名为“反向地面刨毛机”的发明专利的专利权人。该专利的申请日期是2001年8月10日，授权公告日是2003年12月17日。2016年5月10日，申请人李某炎向北京市国立公证处称东莞市道滘荣华建筑材料配件经销部（以下简称荣华经销部）的销售人员销售清灰机的行为涉嫌侵犯专利权人金某海的发明专利权，申请人受金某海的委托，向公证处申请对其购买涉嫌侵权产品的行为进行保全证据，并向公证处提交了专利证书和委托书等材料。2016年7月10日，北京市国立公证处作出（2016）京国立内证字第10487号《公证书》，对其购买过程予以公证。该公证书载明，金某海代理人在位于东莞市道滘镇公共法律服务中心旁、标识为“荣华建筑机械”的商店内购得被诉侵权产品，荣华经销部亦予以确认被诉侵权产品系其售出，广州知识产权法院（以下简称一审法院）认定荣华经销部销售的被诉侵权产品侵犯金某海涉案专利权，应承担停止侵权的法律责任。

荣华经销部上诉主张，由于作出（2016）京国立内证字第10487号《公证书》的公证机关北京国立公证处并非当事人住所地、经常居住地、侵权行为地或者事实发生地的公证机构，因此该公证书违反了《公证程序规则》等相关法律规定，不具有法律效力，一审法院不应采纳该证据并认定荣华经销部存在销售被诉侵权产品的行为。

广东省高级人民法院（以下简称二审法院）认为，首先，《公证法》第25条第1款规定：“自然人、法人或者其他组织申请办理公证，可以向住所地、经常居住地、行为地或者事实发生地的公证机构提出”，前述法律规定中的用语是“可以”，而并非“应当”或“必须”。由此可见，这并非强制性法律规范，而是选择性法律规范，本案中北京市国立公证处作出的公证活动并未违

---

〔1〕 广东省高级人民法院（2018）粤民终53号民事判决书。

反法律强制性禁止规范；其次，根据《公证法》第 25 条和《公证机构执业管理办法》第 10 条的规定可知，公证机构应当在核定的执业区域内受理公证业务。该项规定只属于对公证机构的管理规范，而并非判断公证书效力的强制性规定；最后，《公证法》第 36 条规定：“经公证的民事法律行为、有法律意义的事实和文书，应当作为认定事实的根据，但有相反证据足以推翻该项公证的除外。”目前没有证据证明本案公证书公证的内容不真实，荣华经销部并未否认被诉侵权产品是由其销售的事实。故一审法院采纳该证据并认定荣华经销部存在销售被诉侵权产品的行为并未违反程序，且认定事实正确。二审法院判决驳回上诉，维持原判。

（三）律师提示

在提出以公证书存在瑕疵作为抗辩理由时，如果公证活动没有违反法律禁止性规定，即使超出了执业区域，仍不影响公证内容的真实性。如果当事人只提出公证程序违法，并未提出相反证据推翻公证事实，在公证书未被依法撤销前，其合法性将被认可。

三、专利侵权制造行为的举证应达到高度盖然性标准

（一）要点解读

我国《专利法》第 11 条第 1 款规定：“发明和实用新型专利权被授予后，除本法另有规定的以外，任何单位或者个人未经专利权人许可，都不得实施其专利，即不得为生产经营目的制造、使用、许诺销售、销售、进口其专利产品，或者使用其专利方法以及使用、许诺销售、销售、进口依照该专利方法直接获得的产品。”同时在第 70 条规定：“为生产经营目的使用、许诺销售或者销售不知道是未经专利权人许可而制造并售出的专利侵权产品，能证明该产品合法来源的，不承担赔偿责任。”结合这两条规定不难看出：《专利法》对违法行为的制止是从源头即制造行为开始的，禁止他人制造专利产品一直是专利保护的核心。

但实践中，专利权人在举证他人实施制造行为时，往往面临举证不能。因为制造行为发生在侵权产品流入市场前，且制造行为本身也不像销售、许诺销售行为一样具备公开的特点。

《民诉法司法解释》第108条第1款规定："对负有举证证明责任的当事人提供的证据，人民法院经审查并结合相关事实，确信待证事实的存在具有高度可能性的，应当认定该事实存在。"这是关于高度盖然性的规定。所谓高度盖然性，是指事件的发生具备高度概率而不具备必然的性质。有学者认为，高度盖然性标准至少应达到75%的可能性，低于这一标准的，应认定没有实施制造侵权产品的行为。在证明侵权方实施制造行为的场合，权利人一方需要证明制造行为的发生达到高度盖然性，裁判者才会支持其主张。实践中，在没有相反证据的情况下，产品或者外包装上存在可以直接指明制造者信息证据的，裁判者一般将认定该证据已高度盖然性地证明该信息载明的制造者实施了制造行为；而在产品及外包装没有指明制造者信息的情况下，若其他证据能够彼此相互印证，形成较为完整的证据链时，也符合高度盖然性的证明标准，能够证明侵权者实施了制造行为。

（二）相关案例

比肯灯饰国际有限公司与中山市科蒙光电科技有限公司、汤某元侵害发明专利权纠纷案[1]

比肯灯饰国际有限公司（以下简称比肯灯饰公司）系名称为"组合的灯具和天花板风扇"的发明专利的权利人，中山市科蒙光电科技有限公司（以下简称科蒙公司）、汤某元经营的营销部销售的灯饰产品落入其发明专利的保护范围，比肯灯饰公司委托代理人对其公证保全后，起诉科蒙公司、汤某元并主张对方构成制造、销售侵权产品的行为。广州知识产权法院一审认定科蒙公司构成制造、销售侵害"组合的灯具和天花板风扇"发明专利权产品的行为，判令其赔偿比肯灯饰公司10万元。广东省高级人民法院判决驳回上诉，维持原判。

关于制造侵权产品的行为，二审法院广东省高级人民法院认为，被诉侵权产品及其外包装上均没有生产厂家的信息。比肯灯饰公司的代理人公证购买被诉侵权产品的涉案商铺招牌标识有科蒙公司商标，取得的订货单上显示品牌为科蒙、厂址为中山市古镇古二顺成工业区，上述品牌、厂址均与

---

[1] 广东省高级人民法院（2013）粤民终528号民事判决书。

科蒙公司名片上印制的品牌及生产基地相吻合，结合科蒙公司的经营范围包括研发、生产、加工、销售照明灯具，比肯灯饰公司提交的证据相互印证，可以高度盖然地证明科蒙公司制造了本案被诉侵权产品。

（三）律师提示

在专利侵权纠纷中，相对于其他类型的侵权者，侵权产品的制造者将承担更重的法律责任。裁判者在判断侵权者是否具备制造行为这一事实时，往往会采取更为谨慎的态度。权利人在举证时，应注重证据链的完整性，尽可能多地提供全面、能反映客观事实的证据来支持自己的主张。例如，调查涉案侵权产品的宣传文稿、合格证、产品说明书等信息，确认是否具有可指向制造侵权行为的线索。通常情况下，侵权产品外包装上使用的注册商标的权利人有制造能力，且无相反证据证明侵权产品的实际制造者并非商标权人本人时，可以合理地推定商标权人是侵权产品的制造者。此外，还可以查询侵权人的工商注册信息确认是否具有生产资质等。

四、网页宣传自己为生产厂家而无其他证据印证的不能认定制造行为

（一）要点解读

我国《专利法》第11条第1款规定："发明和实用新型专利权被授予后，除本法另有规定的以外，任何单位或者个人未经专利权人许可，都不得实施其专利，即不得为生产经营目的的制造、使用、许诺销售、销售、进口其专利产品，或者使用其专利方法以及使用、许诺销售、销售、进口依照该专利方法直接获得的产品。"制造行为一旦被认定，实施者将承担更严重的法律责任，且制造行为通常隐蔽性较高，这些因素给权利人维权举证带来了很大的挑战。

在专利侵权诉讼中，主流观点认为：涉案产品上标示的信息（如企业名称、商标、地址、电话等信息）为认定被告是否存在制造行为的主要证据，原则上裁判者可以依据该产品标示信息将其指向的对象认定为产品的制造者。但受限于市场的诸多因素，权利人取证获得产品，也会存在没有标示信息的情况。此时，依据其他证据能否认定产品的实际制造者则需要具体分析。

被告的企业经营范围是最易获取的证据之一，企业的经营范围通常能反映出它的业务活动和生产经营方向。当被告经营范围中包括制造涉诉产品时，法院通常会认为这仅能表示被告具备制造涉案产品的能力，在缺乏其他证据的佐证下，不将其认定为涉诉产品的实际制造者。

此外，企业在网店中宣传自己制造某类产品的信息（通常对象为自己的经营模式、厂房面积、月产量等）。于此场合，法院一般会认为这属于常见的营销手段，因为实践中大部分企业为了吸引客户、增强自身竞争力都会做此种宣传。这种宣传行为虽然不符合诚信（甚至其他法律规范），但不宜因此让其承担制造行为的责任。退一步讲，即使认可这种宣传信息的真实性，也仅能证明被告具备制造产品的能力，不能等同于侵权产品由被告生产。

（二）相关案例

深圳市乔威电源有限公司与广州索科电器有限公司、新索科电器（东莞）有限公司侵害发明专利权纠纷案[1]

深圳市乔威电源有限公司（以下简称乔威公司）因受让获得了原专利权人赖某于2009年10月20日向国家知识产权局申请名称为“万能充电器”的发明专利。2017年11月17日，乔威公司公证购买被诉侵权产品，并公证了广州索科电器有限公司（以下简称索科公司）经营的网店网页内容。其中，索科公司经营网站记载的“公司简介”中展示了新索科电器（东莞）有限公司（以下简称新索科公司）的具体介绍。乔威公司进一步举证了索科公司、新索科公司工商注册信息包括制造电子产品。索科公司为有限责任公司，注册资本为200万元，成立日期为2008年4月7日，股东为吴某元、梅某文，经营范围为电子产品批发；锂离子电池制造；镍氢电池制造；其他电池制造（光伏电池除外）；电器辅件、配电或控制设备的零件制造；家用电力器具专用配件制造；电力电子元器件制造等。新索科公司为有限责任公司（自然人投资或控股），注册资本为500万元，成立日期为2016年10月9日，股东为陈某洪、梅某东，经营范围为研发、生产、销售：家用电器及配件、电子产品及配件等。

---

[1] 广东省高级人民法院（2018）粤民终1492号民事判决书。

关于索科公司是否实施了制造被诉侵权产品的行为问题，广州知识产权法院一审认为，虽然索科公司在网店登记的信息显示其为生产厂家，但该事实只能证实索科公司对外宣称其具备生产能力，尚不足以证实索科公司实际实施了制造被诉侵权产品的行为。故此，乔威公司主张索科公司制造被诉侵权产品事实依据不足，广州知识产权法院一审不予支持。关于是否实施制造侵权行为，并未在二审案件中进行再次评述。

（三）律师提示

司法实践中，法院一般不能因侵权人的虚假宣传行为具有过错直接认定其具有实施制造侵权的行为，还需要结合其他信息进行判断。比如，被告是否在被诉侵权产品上使用了自己的商标；是否存在第三方认证；工商信息的经营范围是否包含生产；甚至被告提交的合法来源证据中是否体现出委托他人加工的事实。因此，权利人方需调查、收集、整理多维度的证据，形成相对完整的证据链，达到高度盖然性标准，才能达到证明目的。

五、新产品制造方法专利权人证明被诉产品与依照专利方法制造的产品为相同产品是举证责任倒置的前提之一

（一）要点解读

我国《专利法》第 61 条第 1 款规定："专利侵权纠纷涉及新产品制造方法的发明专利的，制造同样产品的单位或者个人应当提供其产品制造方法不同于专利方法的证明。"即在涉及新产品制造方法专利的侵权纠纷案件中，由被诉侵权人承担证明其产品制造方法不同于专利方法的举证责任需满足一定的前提条件，即权利人能够证明依照专利方法制造的产品属于新产品，并且被诉侵权人制造的产品与依照专利方法制造的产品属于同样的产品。

由于被保护的专利涉及"新产品"制造方法专利，专利权人可能无法获知被诉侵权产品是否使用了专利方法，存在不易举证的客观困难。因此，法律规定"新产品"制造方法专利的举证责任倒置，由被诉侵权人证明其技术方案未落入专利权的保护范围内。如何界定"新产品"？《专利权纠纷司法解释》第 17 条规定："产品或者制造产品的技术方案在专利申请

日以前为国内外公众所知的，人民法院应当认定该产品不属于专利法第六十一条第一款规定的新产品。”即产品本身或者制造产品的技术方案中有一项在方法专利的申请日之前已经为国内外公众所知的，该产品就不属于新产品。

现实中，被诉侵权人通常会拒绝举证，理由是举证会导致其商业秘密泄露。但如果被诉侵权人不举证，又会面临举证不利的后果。因此，法院允许被诉侵权人仅对个别特征进行比对，只要有一个技术特征不落入专利权保护范围即不构成侵权，不需要公布被诉侵权人的完整技术方案。应注意的是，被诉侵权产品应该是以专利方法直接获得的产品。

（二）相关案例

张某田与石家庄制药集团欧意药业有限公司、石家庄制药集团华盛制药有限公司、石药集团中奇制药技术（石家庄）有限公司、吉林省玉顺堂药业有限公司侵犯发明专利权纠纷案〔1〕

张某田系名称为“氨氯地平对映体的拆分”的发明专利的权利人，该专利的申请日期为2000年2月21日，于2003年1月29日被授予专利权。张某田向吉林省长春市中级人民法院（以下简称一审法院）起诉石家庄制药集团欧意药业有限公司（以下简称欧意公司）、石家庄制药集团华盛制药有限公司（以下简称华盛公司）、石药集团中奇制药技术（石家庄）有限公司（以下简称中奇公司）、吉林省玉顺堂药业有限公司（以下简称玉顺堂公司）侵犯其发明专利权，认为前三位被告分别研发、制造、销售了马来酸左旋氨氯地平和马来酸左旋氨氯地平片新药。

一审法院认为，涉案专利是制造左旋氨氯地平新产品的方法专利，举证责任发生倒置，但被告并未对其制造马来酸左旋氨氯地平及其片剂的方法不同于涉案专利方法进行举证，应当承担不利后果。一审法院判定被告侵权成立。

欧意公司、华盛公司、中奇公司不服该判决，提起上诉。二审法院吉林省高级人民法院维持原判。三被告向最高人民法院申请再审。最高人民

〔1〕 最高人民法院（2009）民提字第84号民事判决书。

法院总结该案件的争议焦点之一:原审法院对举证责任的分配是否正确。

最高人民法院认为,根据《专利法》第57条第2款[1]规定,由被诉侵权人承担证明其产品制造方法不同于专利方法的举证责任,需满足一定的前提条件,即权利人能够证明依照专利方法制造的产品属于新产品,并且被诉侵权人制造的产品与依照专利方法制造的产品属于同样的产品。在认定一项方法专利是否属于新产品制造方法专利时,应当以依照该专利方法直接获得的产品为依据。

从权利要求1记载的内容看,依照涉案专利方法直接获得的产品是"结合一个DMSO－d6的(S)－(－)－氨氯地平的D－酒石酸盐",或"结合一个DMSO－d6的(R)－(＋)－氨氯地平的L－酒石酸盐",其中前者为制造左旋氨氯地平的中间产物,而非左旋氨氯地平本身;而后者为制造右旋氨氯地平的中间产物,亦非右旋氨氯地平本身。

虽然涉案专利是一项新产品制造方法专利,但要由被诉侵权人中奇公司、华盛公司、欧意公司承担证明其产品制造方法不同于专利方法的举证责任,还须由权利人张某田证明被诉侵权人制造的产品与依照专利方法直接获得的产品属于同样的产品。如前所述,依照涉案专利权利要求1记载的方法,直接获得的产品是"结合一个DMSO－d6的(S)－(－)－氨氯地平的D－酒石酸盐",或"结合一个DMSO－d6的(R)－(＋)－氨氯地平的L－酒石酸盐",张某田提供的证据虽然能够证明华盛公司、欧意公司制造了马来酸左旋氨氯地平及其片剂,并且马来酸左旋氨氯地平的制造须以左旋氨氯地平为原料,但并没有提供证据证明华盛公司、欧意公司在制造马来酸左旋氨氯地平及其片剂时,也制造了"结合一个DM－SO－d6的(S)－(－)－氨氯地平的D－酒石酸盐"中间产物。因此,张某田提供的证据并不足以证明华盛公司、欧意公司制造的产品与依照涉案专利方法直接获得的产品属于同样的产品,不应由华盛公司、欧意公司承担证明其产品制造方法不同于专利方法的举证责任。

一审法院在张某田没有提供充分的证据证明华盛公司、欧意公司制造的产品与依照涉案专利方法直接获得的产品属于同样的产品的情况下,即

[1] 此处为《专利法》2000年版,新版为2008年版第61条第1款。

认定由华盛公司、欧意公司承担证明其产品制造方法不同于专利方法的举证责任,亦显然错误。故最高人民法院判决撤销一审、二审法院判决,驳回张某田的诉讼请求。

(三)律师提示

当新产品制造方法专利涉及的产品是一种中间产物时,被诉侵权人可视权利人的举证情况,考虑从被诉产品与依照专利方法制造的产品不是"同样产品"角度进行抗辩,从而免予承担举证责任倒置规定的举证义务。需要注意的是,举证责任倒置仅涉及新产品的制造方法专利,而不包括使用方法、工作方法专利。

第三节 专利的保护范围与权利要求解释

一、对被说明书界定的权利要求用语进行解释应以说明书内容为准

(一)要点解读

我国《专利法》第26条第3款规定:"说明书应当对发明或者实用新型作出清楚、完整的说明,以所属技术领域的技术人员能够实现为准,必要的时候,应当有附图。摘要应当简要说明发明或者实用新型的技术要点。"同时,《专利权纠纷司法解释》第3条第1款规定:"人民法院对于权利要求,可以运用说明书及附图、权利要求书中的相关权利要求、专利审查档案进行解释。说明书对权利要求用语有特别界定的,从其特别界定。"由以上法条及司法解释可知,当说明书中对权利要求书中出现的用语时有特别界定的,对该用语进行解释时,应当以说明书内容为准。北京市高级人民法院《专利侵权判定指南(2017)》第27条指出:"说明书对技术术语的解释与该技术术语的通用含义不同的,以说明书的解释为准。被诉侵权行为发生时,技术术语已经产生其他含义的,应当采用专利申请日时的含义解释该技术术语。"该指南第28条还指出:"对于专利权人在专利文件中的自定义词,应当依据说明书中的特定含义进行解释。如果说明书中没有明确定义的,应当根据说明书中与该自定义词相关的上下文加以理解,将其解释为最为符合发明目

的的含义。如果专利权人在说明书中未对其自定义词的含义作出定义,同时本领域普通技术人员结合权利要求、说明书的上下文也无法清楚解释,导致无法确定权利要求的保护范围的,可以判决驳回原告诉讼请求。”

不难看出,北京市高级人民法院要求对特别界定的用语进行解释时,首先结合说明书的内容进行解释,当说明书内容解释不清时再结合该用语的上下文以及本领域技术人员的通常理解综合判断该术语的具体含义。故在专利侵权判定中,专利中特别界定的用语应结合说明书内容,综合判断该侵权产品是否落入专利权的保护范围。

(二)相关案例

浙江绍兴苏泊尔生活电器有限公司与郑州市知识产权局专利行政处理决定纠纷案〔1〕

佛山市顺德区美的电热电器制造有限公司(以下简称美的公司)系专利名称“电压力锅的开盖装置和电压力锅”的实用新型专利权人,美的公司认为浙江绍兴苏泊尔生活电器有限公司(以下简称苏泊尔公司)制造、郑州丹尼斯百货有限公司(以下简称丹尼斯公司)销售的电压力锅侵犯其专利权,遂向郑州市知识产权局提出专利侵权处理请求。郑州市知识产权局最终对苏泊尔公司做出了行政处理的决定。苏泊尔公司不服该决定,向法院提起诉讼。

本案的争议焦点:如何解释权利要求1中记载的锅盖打开的“第一设定位置”和煲盖卡扣打开的“第二设定位置”的具体含义。

第三人美的公司认为,被诉侵权产品包含了涉案专利权利要求1的全部技术特征,包含专利的两个设定位置。被诉侵权产品逆时针转动开盖件至刚挨到煲盖卡扣、锅盖锅牙与煲体锅牙相分离的位置即“第一设定位置”,被诉侵权产品的外盖上用符号“锁”标示了该位置。从第一设定位置继续逆时针转动至能够带动煲盖卡扣的位置时,旋转凸轮与煲盖卡扣相连接,使煲盖卡扣与煲体分离的位置为“第二设定位置”。

一审郑州市中级人民法院认为,涉案专利记载的第一设定位置和第二设定位置具体含义,实质是指开合手柄带动开盖件旋转过程中对应实现锅

〔1〕 河南省郑州市中级人民法院(2016)豫01行初470号行政判决书。

牙分离、卡扣分离时所达到的位置。判断被诉侵权产品是否具备第一设定位置和第二设定位置,关键是看被诉侵权产品打开煲盖是否具有相同的开盖部件和采用相同的技术方案。被诉侵权产品解决开盖问题的技术方案,采用了与涉案专利相同的开盖组件,工作原理亦是通过开盖件的旋转先后实现锅牙分离与卡扣分离,必然存在与上述步骤相对应的位置,故被诉侵权产品解决开盖问题的技术方案与涉案专利相同,具备涉案专利权利要求1全部技术特征,并最终认定被控侵权产品落入涉案专利权的保护范围,驳回了苏泊尔公司的诉讼请求。

(三)律师提示

在专利侵权诉讼案件中,对于专利专有术语的解释,往往是双方争议的一个焦点,对某一个专有术语解释的不同,将会导致判决结果的不同。实务中常采用内部证据优于外部证据的解释原则,其中内部证据指"说明书及附图、权利要求书中的相关权利要求、专利审查档案";外部证据指"工具书、教科书等公知文献以及本领域普通技术人员的通常理解"。因此,申请人在撰写专利申请时,最好对权利要求中提到的重要术语在权利要求中进行充分具体的介绍,以避免在后续侵权比对中出现解释上的困扰。

二、无效决定的相关认定可以成为法院解释权利要求的依据

(一)要点解读

我国目前采取的是专利无效行政程序与侵权民事诉讼程序二元分立体制,专利无效请求和侵权民事诉讼案件分别由国家知识产权局专利局复审和无效审理部审查和人民法院审理。由于无效决定和侵权判断往往都涉及技术方案、技术特征的比对,为了避免生效的无效决定和侵权民事判决的相关认定出现明显矛盾,人民法院对无效决定中与侵权诉讼争议焦点有关的认定会予以充分考虑。这也意味着专利侵权诉讼中,被告通过对涉案专利提出无效请求进行抗辩异常重要。一方面,涉案专利经过国家知识产权局专利局复审和无效审理部审理,有可能全部或部分被宣告无效;另一方面,被告也可以通过专利无效程序来限制缩小专利权人的专利权利保护范围。这是被告在专利侵权诉讼案件中一种常见的抗辩方式。

（二）相关案例

广东日昭新技术应用有限公司、罗某昭与杭州华新高科新材料有限公司侵害实用新型专利权纠纷案〔1〕

罗某昭于2003年5月30日向国家知识产权局申请专利号为CN03226611.1、名称为“屏蔽绝缘电缆形导电管母线”的实用新型专利，于2004年12月22日被授予专利权。2004年12月27日，罗某昭与广东日昭新技术应用有限公司（以下简称广东日昭公司）签订《专利独占实施许可合同》，将涉案专利以独占许可的方式许可日昭公司使用。

2013年4月，罗某昭、广东日昭公司起诉称：杭州华新高科新材料有限公司（以下简称华新公司）未经许可在导电管连接器及母线产品（以下简称被诉侵权产品）使用涉案专利技术，侵害了涉案专利权。请求判令华新公司停止制造、销售、许诺销售侵犯涉案专利权的产品，赔偿原告经济损失等。罗某昭、广东日昭公司在一审中明确以权利要求1确定涉案专利权的保护范围。

本案的争议焦点之一在于如何理解权利要求1的保护范围：华新公司在上诉和申请再审时，均主张被诉侵权产品的用途和绝缘结构与权利要求1不相同。华新公司在二审中提交了在先生效的第19714号决定，该决定认定权利要求1相对于现有技术附件14至少具有两项区别：一是权利要求1的用途不同。权利要求1为“过电流用”，而附件14中为“电流传输”（以下简称区别1）。二是权利要求1的绝缘结构与附件14不同。权利要求1中为“最外绝缘层是导电屏蔽接地层”，而附件14为“多层结构，接地层外还有其他绝缘层”（以下简称区别2）。据此认定权利要求1具有创造性并维持其有效。

由于被诉侵权产品1的用途和绝缘结构亦与权利要求1有明显差异，并且所述差异分别与区别1、区别2相同或实质相同，因此，应当认定被诉侵权产品1与权利要求1既不相同，也不等同，没有落入权利要求1的保护范围。最高人民法院最终判决驳回原告的所有诉讼请求。

关于第19714号决定的相关认定及其对本案侵权判断的影响，最高人民

---

〔1〕 最高人民法院（2015）民提字第58号民事判决书。

法院认为，目前，我国采取的是专利无效行政程序与侵权民事诉讼程序二元分立体制。在这一体制下，专利无效请求和侵权民事诉讼案件分别由专利复审委员会审查和人民法院审理。由于无效决定和侵权判断往往都涉及技术方案、技术特征的比对，为了避免生效的无效决定和侵权民事判决的相关认定出现明显矛盾，人民法院应当对无效决定中与侵权诉讼争议焦点有关的认定予以充分考虑。如果无效决定中对权利要求与现有技术的区别进行了认定，并且该区别与被诉侵权技术方案与权利要求的差异相同或实质相同的，人民法院应当结合无效决定的相关认定，对权利要求进行解释，合理确定权利要求的保护范围。

（三）律师提示

在专利侵权诉讼中，被告除积极应诉外，还可以在对涉案专利进行分析后考虑提起专利无效宣告请求。对于稳定性存疑的专利，被告启动专利无效宣告程序，实体上可以借助无效宣告程序纠正不当授权的专利，无效过程中可以合理限制缩小涉案专利的保护范围，争取胜诉或和解的空间；程序上有导致诉讼程序中止的可能，为自身争取更多的时间。

三、专利权利要求中功能性特征的具体内容受说明书公开的具体实施方式限制

（一）要点解读

以功能或者效果进行表述的技术特征都是功能性特征吗？在侵权比对时，是否可将能够实现该功能或者效果的所有技术方案均纳入专利权利要求的保护范围？

《专利权纠纷司法解释二》第 8 条第 1 款规定："功能性特征，是指对于结构、组分、步骤、条件或其之间的关系等，通过其在发明创造中所起的功能或者效果进行限定的技术特征，但本领域普通技术人员仅通过阅读权利要求即可直接、明确地确定实现上述功能或者效果的具体实施方式的除外。"此外，北京市高级人民法院《专利侵权判定指南（2017）》第 18 条第 2 款规定了一般不宜认定为功能性技术特征的情形："功能性特征，是指对于结构、组分、材料、步骤、条件或其之间的关系等，通过其在发明创造中所起的功能或

者效果进行限定的技术特征。下列情形一般不宜认定为功能性特征：(1)以功能或效果性语言表述且已经成为本领域普通技术人员普遍知晓的技术术语，或以功能或效果性语言表达且仅通过阅读权利要求即可直接、明确地确定实现上述功能或者效果的具体实施方式的技术特征；(2)使用功能性或效果性语言表述，但同时也用相应的结构、材料、步骤等特征进行描述的技术特征。”因此，通过上述条款可知，仅由功能或效果进行限定的技术特征不均为功能性特征。此外，该指南第32条规定：“专利权利要求一般是在说明书或者附图公开的实施例的基础上进行的合理概括，实施例仅仅是权利要求范围内技术方案的示例，是专利申请人认为实现发明或者实用新型的优选方式。专利权的保护范围不应受说明书中公开的具体实施方式的限制，但下列情况除外：(1)权利要求实质上是实施方式所记载的技术方案的；(2)权利要求包括功能性特征的。”

功能性特征权利要求的保护范围受其说明书的具体实施例限制。《专利权纠纷司法解释》第4条规定：“对于权利要求中以功能或者效果表述的技术特征，人民法院应当结合说明书和附图描述的该功能或者效果的具体实施方式及其等同的实施方式，确定该技术特征的内容。”

(二)相关案例

肇庆市衡艺实业有限公司与深圳市美格电子科技有限公司侵害发明专利权纠纷案〔1〕

肇庆市衡艺实业有限公司(以下简称衡艺公司)拥有名为“磁斥型悬浮装置”的发明专利，该专利的申请日为2006年3月17日，授权公告日为2009年9月23日。该专利授权后，深圳市美格电子科技有限公司(以下简称美格公司)公开销售了被诉侵权产品。随后，衡艺公司起诉美格公司侵犯其发明专利权，并主张以权利要求1进行保护。一审法院判定美格公司侵权成立。美格公司不服，提出上诉。

广东省高级人民法院总结了本案的争议焦点，即被诉产品是否拥有涉案专利权1中“悬浮体水平运动控制装置”这一特征。

---

〔1〕 广东省高级人民法院(2018)粤民终572号民事判决书。

广东省高级人民法院认为，涉案专利仅描述了上述特征，但如何实现控制悬浮体在水平方向上运动这一功能，并未给出具体实现方式，该特征应为功能性特征。在确定该特征的保护范围时，应当结合说明书及附图描述的该功能或者效果的具体实施方式及其等同的实施方式，确定该技术特征的内容，同时应当将功能性特征限定为说明书及附图中所对应被诉侵权产品侵犯技术方案越多，赔偿额越高的为实现所述功能、效果不可缺少的结构特征。涉案专利说明书记载了关于该功能性特征的一个实施例。当拆开被诉侵权产品后，发现该产品与上述实施例相比，除传感器数量具有差异外，其他技术特征均相同。通过查看涉案专利的无效决定书（维持专利权有效），可知涉案专利与被诉侵权产品所解决的问题是一致的，即使传感器数量有差异，也能实现相同的效果。因此，被诉侵权产品的相应特征是以基本相同的手段，实现相同的功能，达到相同的效果，且本领域普通技术人员在被诉侵权行为发生时无须经过创造性劳动就能够联想到，应当认定被诉侵权产品与涉案专利的功能性技术特征等同。最终，广东省高级人民法院维持了原判。

（三）律师提示

如果说明书中对权利要求中所述的功能性限定特征也仅仅作了功能性的描述，没有公开任何实现该功能的具体实现方式时，可以认定该权利要求没有清楚地表述请求保护的范围。被诉侵权人可据此依据《专利法》第 26 条第 3 款、第 4 款的规定请求宣告该专利权无效。亦可考虑请求法院驳回起诉，具体参考北京市高级人民法院《专利侵权判定指南（2017）》第 16 条，“权利要求与专利说明书出现不一致或者相互矛盾，明显违反专利法第二十六条第三款、第四款导致说明书无法用于解释权利要求的，告知当事人通过专利无效宣告程序解决。当事人据此启动专利无效宣告程序并申请中止本案审理的，可以裁定中止诉讼。当事人明确表示拒绝通过专利无效程序解决，或者未在合理期限内提起专利权无效宣告请求的，应当按照专利权有效原则，以权利要求的字面含义所确定的保护范围为准。但是本领域普通技术人员通过阅读权利要求书和说明书及附图，能够对实现要求保护的技术方案得出具体、确定、唯一的解释的，应当根据该解释来澄清或者修正权利要求中的错误表述。根据本条第二款仍然不能确定专利权的保护范围，可以判决驳回原告诉讼请求”。

四、在明确专利权利要求含义时，内部证据优先于外部证据

（一）要点解读

说明书及附图、权利要求书的权利要求都是专利授权文件的组成部分，其与权利要求的关系最为密切，专利审查档案虽然不是专利授权文件的组成部分，但公众可以查阅，对于权利要求也具有重要的解释作用。因此，说明书及附图、权利要求书中的相关权利要求、专利审查档案一般被称为“内部证据”，相对于上述“内部证据”，工具书、教科书等因不存在于专利局有关专利文件及档案中，一般称为“外部证据”。

关于专利权利的解释，我国《专利法》第 59 条第 1 款规定：“发明或者实用新型专利权的保护范围以其权利要求的内容为准，说明书及附图可以用于解释权利要求的内容。”进一步，《专利权纠纷司法解释》第 3 条规定：“人民法院对于权利要求，可以运用说明书及附图、权利要求书中的相关权利要求、专利审查档案进行解释。说明书对权利要求用语有特别界定的，从其特别界定。以上述方法仍不能明确权利要求含义的，可以结合工具书、教科书等公知文献以及本领域普通技术人员的通常理解进行解释。”依据上述规定，在对权利要求进行解释时，内部证据优先于外部证据。只有当内部证据不足以确定权利要求的含义时，才有必要求助于外部证据。

（二）相关案例

纳幕尔杜邦公司与国家知识产权局专利复审委员会行政行为纠纷案[1]

纳幕尔杜邦公司（以下简称杜邦公司）系专利号为 ZL200680040913. X、名称为“含 E－1,3,3,3－四氟丙烯和氟化氢的共沸组合物及其应用”的发明专利（以下简称涉案专利）的申请人，该专利申请日为 2006 年 11 月 1 日，优先权日为 2005 年 11 月 1 日，公开日为 2008 年 11 月 5 日。

国家知识产权局于 2012 年 10 月 10 日发出驳回决定，驳回了涉案专利

[1] 北京市高级人民法院（2016）京行终 5347 号行政判决书。

申请，理由是权利要求1－22不符合我国《专利法》第22条第3款的规定。杜邦公司不服驳回决定，向专利复审委员会提出复审请求，并提交了权利要求书的全文替换页（共22项），对权利要求9和17进行了修改。专利复审委员维持国家知识产权局作出的驳回决定。后经北京知识产权法院一审审理，北京市高级人民法院二审审理后，最终维持了驳回决定。

关于权利要求的解释，北京市高级人民法院认为，在解释权利要求的含义时，应当站在本领域技术人员的视角，首先从权利要求书、说明书等内部证据出发，而不是从所属领域的技术词典、教科书等外部证据出发，来理解权利要求并确定其真实的含义。亦即，解释权利要求应当始于内部证据，而不是始于外部证据，应当坚持内部证据优先于外部证据的规则。特别地，当根据内部证据和外部证据分别作出的解释相互冲突时，更应当坚持内部证据优先于外部证据的解释规则。进一步而言，当内部证据足以确定权利要求的含义时，实际上就没有必要求助于外部证据，只有当内部证据不足以确定权利要求的含义时，才有必要求助于外部证据。当然，内部证据优先于外部证据的规则，也不是绝对的。当内部证据不足以确定权利要求的含义时，就应当采用外部证据来进行解释。

（三）律师提示

专利申请人在撰写专利申请文件时，尽量做到公开充分。权利要求中的术语需要通过说明书及其附图进行详细的介绍，避免歧义。在权利要求解释方面，说明书乃权利要求之母。不参考说明书及其附图，仅仅通过阅读权利要求书即可正确理解权利要求及其用语的含义，在通常情况下是不可能的。权利要求的解释就是理解和确定权利要求含义的过程，在这个过程中，必须结合说明书及其附图才能正确解释权利要求。

五、方法专利权利要求中的步骤顺序对保护范围具有限定作用

（一）要点解读

《专利权纠纷司法解释二》第11条规定："方法权利要求未明确记载技术步骤的先后顺序，但本领域普通技术人员阅读权利要求书、说明书及附图后直接、明确地认为该技术步骤应当按照特定顺序实施的，人民法院应当认

定该步骤顺序对于专利权的保护范围具有限定作用。"这意味着,专利中涉及的技术特征包含具体步骤顺序的,权利要求的保护范围将受到该具体步骤的限制。具体可参见北京市高级人民法院《专利侵权判定指南(2017)》第20条,"方法专利权利要求对步骤顺序有明确限定的,步骤本身以及步骤之间的顺序均应对专利权的保护范围起到限定作用;方法专利权利要求对步骤顺序没有明确限定的,不应以此为由,不考虑步骤顺序对权利要求的限定作用,而应当结合说明书及附图、权利要求记载的整体技术方案、各个步骤之间的逻辑关系以及专利审查档案,从本领域普通技术人员的角度出发,确定各步骤是否应当按照特定的顺序实施"。

(二)相关案例

皇家KPN公司与宇龙计算机通信科技(深圳)有限公司、北京京东世纪信息技术有限公司、北京京东叁佰陆拾度电子商务有限公司侵害发明专利权纠纷再审案[1]

原告皇家KPN公司系"采用数据压缩转换一系列数据包的方法和设备"发明专利的权利人,原告主张被告制造、销售、许诺销售的酷派手机落入专利权利要求23的保护范围。

侵权比对中争议焦点之一为:涉案专利保护的技术方案中数据包的"压缩"及"缓存"是否具有先后顺序。

一审法院北京知识产权法院认为:本领域技术人员通常会认为"本发明的概述"部分与独立权利要求1及23具有对应关系。而图2虽然规定在实施例部分,但说明书中亦将其界定为"依据本发明大略给出压缩一组数据包的过程",因此,本领域技术人员亦会认为图2是对于涉案专利整体技术方案的介绍。在涉案专利说明书其他部分中并无相反记载的情况下,本领域技术人员在阅读上述内容后,会得出涉案专利为先压缩后缓存这一结论。

二审法院北京市高级人民法院认为,涉案专利说明书中的记载并不必然使得本领域技术人员唯一地得出涉案专利权利要求23中的"压缩"与"缓

[1] 最高人民法院(2019)最高法民申3984号民事裁判书。

存”步骤必然具有先后步骤。根据《专利权纠纷司法解释二》第10条的规定:“对于权利要求中以制备方法界定产品的技术特征,被诉侵权产品的制备方法与其不相同也不等同的,人民法院应当认定被诉侵权技术方案未落入专利权的保护范围。”故上述“压缩”“缓存”等步骤顺序显然属于确定涉案专利权利要求23的保护范围的必要考量因素。至于上述步骤顺序是否对权利要求具有相应的限定作用,可以参照相关方法权利要求的解释规则。《专利权纠纷司法解释二》第11条规定:“方法权利要求未明确记载技术步骤的先后顺序,但本领域普通技术人员阅读权利要求书、说明书及附图后直接、明确地认为该技术步骤应当按照特定顺序实施的,人民法院应当认定该步骤顺序对于专利权的保护范围具有限定作用。”即方法专利权利要求对步骤顺序有明确限定的,步骤本身以及步骤之间的顺序均应对专利权的保护范围起到限定作用;方法专利权利要求对步骤顺序没有明确限定的,不应以此为由,不考虑步骤顺序对权利要求的限定作用,而应当结合说明书及附图、权利要求记载的整体技术方案、各个步骤之间的逻辑关系以及专利审查档案,从本领域普通技术人员的角度出发,确定各步骤是否应当按照特定的顺序实施。本领域技术人员可以获知涉案专利权利要求23的技术方案在于:在第一组数据包转化为第二组数据包的过程中采用分信道处理的技术手段,进而实现每个第二组数据包不再需要包含子头段(即比较大量的补充信息)以及不再需要将子头段从有用的数据中分离出来,同时不再需要中间站等对第二组数据包进行解压缩的技术效果。而上述“压缩”“缓存”步骤的先后顺序对于上述发明目的的实现并无实质性影响。

因此,涉案专利记载并不必然使得本领域技术人员唯一地得出涉案专利权利要求23中的“压缩”与“缓存”步骤必然具有先后步骤。故原审判决依据上述记载对涉案专利权利要求23进行限缩解释,进而得出涉案标准不包含相关技术特征的理由不能成立,应予以纠正。但是,涉案标准中相当于涉案专利第一组数据包的N-PDU为单一的数据,其与涉案专利权利要求23限定的源于多信道的第一组数据包并未构成相同或等同的技术特征,故涉案标准中“压缩”“缓存”的对象与涉案专利权利要求23的“压缩”“缓存”对象存在不同,因此原审法院认定涉案专利不包含涉案专利权利要求23限定的相关具体特征的结论,并无不当,应予以确认。因此,北京市高级人民法院判决驳回上诉,维持一审原判。

再审中最高人民法院认为，本案中，涉案专利权利要求23中字面上对于“压缩”“缓存”的先后顺序并无明确的限定。依照司法解释的规定，人民法院可以运用与涉案专利存在分案申请关系的其他专利及其专利审查档案、生效的专利授权确权裁判文书解释涉案专利的权利要求。专利审查档案，包括专利审查、复审、无效程序中专利申请人或者专利权人提交的书面材料，国务院专利行政部门及其专利复审委员会制作的审查意见通知书、会晤记录、口头审理记录、生效的专利复审请求审查决定书和专利权无效宣告请求审查决定书等。KPN公司的相关陈述被生效的专利无效案件决定采纳，包括“即权利要求23中已经限定了当第一组数据段的数据要在压缩过程之后被提供给第二组的数据段时，这些数据将被分信道缓存。权利要求23的技术方案能够得到说明书的支持”的内容。根据新出现的事实，涉案标准与涉案专利在此项特征上并不相同，一审判决依据上述记载对涉案专利权利要求23进行限缩解释，进而得出涉案标准不包含相关技术特征的理由正确。二审法院认定涉案专利不包含涉案专利权利要求23限定的相关具体特征的结论并无不当，应予以确认。因此，最高人民法院判决驳回再审申请。

（三）律师提示

产品专利的权利要求中包含方法步骤会增加权利人维权的举证难度，因为不但需要举证被控产品的结构特征与专利一致，还要举证被控产品的制备方法与涉案专利权利要求中的制备方法相一致。因此，申请人在撰写专利申请文件中，应尽量避免在产品专利权利要求中出现制备方法步骤的技术特征。

六、专利权利要求中使用环境特征并非必然要求限定的技术特征在所限定的使用环境中使用

（一）要点解读

北京市高级人民法院《专利侵权判定指南（2017）》第24条第3款指出：“使用环境特征不同于主题名称，是指权利要求中用来描述发明或实用新型所使用的背景或者条件且与该技术方案存在连接或配合关系的技术特征。”

《专利权纠纷司法解释二》第9条规定：“被诉侵权技术方案不能适用于

权利要求中使用环境特征所限定的使用环境的,人民法院应当认定被诉侵权技术方案未落入专利权的保护范围。”但实践中,大多数人对于使用环境特征的理解存在疑惑和分歧,主要是关于使用环境特征对保护范围的限定程度的理解上不同。

关于使用环境特征对于保护范围的限定程度问题,需要根据个案情况具体确定。若本领域普通技术人员在阅读专利权利要求书、说明书以及专利审查档案后可以明确而合理地得知被保护对象必须用于该种使用环境,那么该使用环境特征应被理解为要求被保护对象必须使用于该特定环境。但在一般情况下,使用环境特征应该理解为要求被保护的主题对象可以使用于该种使用环境即可,不要求被保护的主题对象必须用于该种使用环境。总之,权利要求中使用环境特征的解释,应从本领域的普通技术人员角度,结合说明书以及专利审查档案去理解,其非必然要求限定的技术特征在所限定的使用环境中使用。

(二)相关案例

中国国际海运集装箱(集团)股份有限公司与青岛太平货柜有限公司侵害发明专利权纠纷案〔1〕

中国国际海运集装箱(集团)股份有限公司(以下简称中集集团公司)和南通中集特种运输设备制造有限公司(以下简称南通中集公司)共同拥有专利号为ZL200710063587、名称为“运输平台及运输单元”的发明专利,该专利申请日为2007年2月5日,授权公告日为2009年4月29日;中集集团公司与南通中集公司于2009年11月10日签订专利权共有协议,约定对于本案专利的维权和对外许可权由中集集团公司行使。2009年11月18日,中集集团公司与青岛中集公司签订专利实施许可协议,授权许可青岛中集公司使用本案专利。中集集团公司、青岛中集公司认为青岛太平货柜有限公司(以下简称太平货柜公司)制造、使用的用于运输非标准集装箱的运输平台和运输单元侵犯了中集集团公司、青岛中集公司的专利权,遂向山东省青岛市中级人民法院(以下简称一审法院)提起诉讼。

---

〔1〕 最高人民法院(2014)民提字第40号民事判决书。

一审法院认为太平货柜公司侵权,理由如下:被诉侵权产品使用时先堆码在标准集装箱上,然后再连接非标准集装箱。从被诉侵权产品上的“运输架摆放布置图”可明显看出,被诉侵权产品上面连接的是非标准集装箱,而不是太平货柜公司所辩称的标准集装箱;从使用角度讲,被诉侵权产品上面能够用于连接非标准集装箱,下面能够用于连接标准集装箱,且这样连接后能够实现非标准集装箱与标准集装箱的堆码。被诉侵权产品具备涉案专利权利要求的技术特征,落入了本案专利权的保护范围。太平货柜公司不服,向山东省高级人民法院(以下简称二审法院)提起上诉。

二审法院认为太平货柜公司侵权,理由如下:涉案专利权利要求并没有限定运输平台必须先堆码在标准集装箱上的内容,根据本案专利说明书记载,该专利的发明目的为能够使非标准集装箱利用该运输平台在标准集装箱上以及标准集装箱的运输设备上实现堆码,所以无论被诉侵权产品在使用时是堆码在标准集装箱上还是堆码在甲板上,均落入本案专利保护范围。并且从“运输架摆放布置图”可以看出,被诉侵权产品内横梁上顶角件的位置明显系为配合非标准集装箱的底角件而设置,一审法院根据该摆放布置图认定被诉侵权产品在使用中上连非标准集装箱并无不当。太平货柜公司不服,申请再审。

本案的争议焦点之一:涉案专利权利要求所限定的使用环境特征的解释。

最高人民法院认为,涉案专利权利要求对运输平台和特定顶角件的使用环境的文字描述为:“一种运输平台,用于堆码非标准集装箱”“至少一个顶角件,用于与非标准集装箱的底角件相配合”。根据本领域普通技术人员的理解,此处“用于”的通常含义是指“可以用于”或者“能够用于”,而不是“只能用于”或者“必须用于”。即该运输平台可以用于堆码非标准集装箱,该顶角件可以与非标准集装箱的底角件相配合。对于本案运输平台的使用环境特征而言,不能解释为该运输平台必须用于堆码非标准集装箱。最后,根据文本解释的一般原则,通常应当认为权利要求中使用的同一术语具有相同含义,不同术语具有不同含义。本案专利权利要求对运输平台和特定顶角件的使用环境特征均使用了“用于”的表述,在说明书未作出特殊限定的情况下,同一权利要求中使用的同一术语应认为具有相同的含义。由于本案运输平台使用环境特征中的“用于”已经不能解释为“必须用于”,对于上述特定顶角件使用环境特征亦不能作此解释。太平货柜公司关于本案专利运输平台的使用环境特征应解释为只能上连非标准集装箱的主张不能成立。如前所述,本案专利权利要求的使用环境特征应理解为所保护的运输平台可以或者能够上连非标准集装箱,除此之外,本案专利权利要求对该运输平台的使用环境未作出其他任何限定。同时,本案现有证据表明,被诉侵权产品可以用于上连非标准集装箱。因此,被诉侵权产品已经具备本案专利权利要求的使用环境特征,其实际使用状态如何对其是否具备上述使用环境特征并无影响。

最高人民法院维持山东省高级人民法院(2012)鲁民三终字第118号民事判决,驳回了青岛太平货柜有限公司的再审请求。

(三)律师提示

因权利要求的使用环境特征对权利要求构成限定作用,在解释时,很容易存在争议。因此,实务中,在撰写权利要求时,对使用环境特征的"使用"要认真斟酌。同时,为了避免维权时对使用环境特征用词的解释产生争议,撰写专利申请文件时,在说明书具体实施方式部分,建议对使用环境特征的含义作以解释,比如相关案例中"用于"一词的含义,可以在具体实施方式部分,定义其为"可以用于"或者"能够用于"。这样在维权时可避免陷入被动的局面。

七、阅读权利要求书、说明书及附图能得出唯一理解的专利文件歧义或者瑕疵可以允许纠正

(一)要点解读

为防止专利权人滥用权利,专利的保护范围以授权文本记载的权利要求书为准,但在实践中,专利申请人由于失误或局限性,在撰写专利申请文件权利要求时可能存在一些瑕疵,从鼓励发明、保护创新的角度出发,不宜排除所有表述存在瑕疵的专利权。因此《专利权纠纷司法解释二》第4条规定:"权利要求书、说明书及附图中的语法、文字、标点、图形、符号等存有歧义,但本领域普通技术人员通过阅读权利要求书、说明书及附图可以得出唯一理解的,人民法院应当根据该唯一理解予以认定。"结合这一规定,当专利

申请文件的记载或者附图存在歧义或瑕疵时，本领域普通技术人员针对该歧义或者瑕疵通过阅读权利要求书、说明书及附图的方式得出唯一理解时，可以允许专利权人纠正对应的明显瑕疵。可以参见北京市高级人民法院《专利侵权判定指南（2017）》第16条："权利要求与专利说明书出现不一致或者相互矛盾，明显违反专利法第二十六条第三款、第四款导致说明书无法用于解释权利要求的，告知当事人通过专利无效宣告程序解决。当事人据此启动专利无效宣告程序并申请中止本案审理的，可以裁定中止诉讼。当事人明确表示拒绝通过专利无效程序解决，或者未在合理期限内提起专利权无效宣告请求的，应当按照专利权有效原则，以权利要求的字面含义所确定的保护范围为准。但是本领域普通技术人员通过阅读权利要求书和说明书及附图，能够对实现要求保护的技术方案得出具体、确定、唯一的解释的，应当根据该解释来澄清或者修正权利要求中的错误表述。根据本条第二款仍然不能确定专利权的保护范围，可以判决驳回原告诉讼请求。"

（二）相关案例

无锡国威陶瓷电器有限公司、蒋某屏与常熟市林芝电热器件有限公司、苏宁云商集团股份有限公司侵害实用新型专利权纠纷案[1]

蒋某屏于2009年9月8日向国家知识产权局申请了"一种PTC发热器的导热铝管及PTC发热器"的实用新型专利，2010年6月2日，国家知识产权局授予了实用新型专利权。2010年6月23日，蒋某屏与无锡国威陶瓷电器有限公司（以下简称国威公司）签订许可协议，授权国威公司独占实施本案专利，合同有效期至该专利期限届满日，同时约定，在第三方侵害其权利时，国威公司有权单独或者与蒋某屏共同行使诉讼权利等。蒋某屏、国威公司认为常熟市林芝电热器件有限公司（以下简称林芝公司）制造、销售，苏宁公司销售的PTC发热器（涉案产品）侵犯其涉案专利，遂进行公证保全后提起诉讼，主张：（1）停止侵权；（2）赔偿经济损失及合理维权费用等。

本案的争议焦点之一：国威公司、蒋某屏主张权利要求2中的"所述散热铝条（11）粘贴在发热芯（10）中导热铝管（1）的左右侧面上"中的"左右侧

---

〔1〕 最高人民法院（2018）最高法民再111号民事判决书。

面”系笔误能否成立。

最高人民法院提审后认为，可以纠正的明显错误需要两个条件：一是本领域普通技术人员能够认识到专利申请文件的记载或者附图存在歧义或者错误；二是本领域普通技术人员通过阅读权利要求书、说明书及附图可以得出唯一理解以解决该歧义或者错误。首先，根据权利要求2记载的技术方案，导热铝管压制后在左右侧面形成半圆形凹槽而不能形成一个平面。由于散热铝条的作用是将发热芯的热量传导出去，即便散热铝条能够在一个半圆形的凹槽内进行粘贴，这种粘贴方式明显不符合散热传导的基本原理，也无法很好地实现散热功能。因此，本领域普通技术人员可以认识到，散热铝条粘贴在导热铝管的左右侧面上存在错误。其次，本案专利说明书第0008段的记载进一步凸显了这一错误，并给出了解决错误的提示。本案专利说明书第0008段记载：“所述散热铝条粘贴在发热芯中导热铝管的左右侧面上；……为了满足安装空间较小的分体空调器的安全要求，优选使用一排波纹状散热铝条分别粘贴于发热芯中导热铝管的上下表面上。”上述记载在已经述及散热铝条粘贴在“发热芯中导热铝管的左右侧面上”的基础上，却在优选方案中将散热铝条的粘贴位置表述为“发热芯中导热铝管的上下表面上”。这一记载不仅提示了权利要求2关于散热铝条的粘贴位置存在错误，还给出了正确的解决方法提示。最后，本案专利说明书第0021段及其附图进一步给出了解决错误的唯一答案。本案专利说明书第0021段记载：“图4所示的发热器是在发热芯10在设有凹槽的上、下表面上粘接与该表面宽度一致的波纹状散热条构成。”同时，附图4和附图6显示，散热铝条粘贴在发热芯中导热铝管的上下表面上。因此，散热铝条显然应当粘贴在导热铝管的上下表面而非左右侧面，本案专利权利要求2中的“所述散热铝条（11）粘贴在发热芯（10）中导热铝管（1）的左右侧面上”中的“左右侧面”确系“上下表面”的笔误，属于可以纠正的明显错误。

（三）律师提示

专利申请阶段，申请人尽量撰写多组实施方式，并对应地提供完整、清楚的附图。如此，才可从不同角度全面记载用于充分解释、说明权利要求的实施方式。若文件中出现笔误或其他形式问题，申请人才有可能通过上下文解释获得纠正的机会。

八、对权利要求的限缩性修改并不当然适用禁止反悔原则

（一）要点解读

禁止反悔原则，即专利权人在授权或确权程序中，为获得授权或维持权利而对其保护范围进行限制，在专利侵权诉讼中不得再将自己所做的限制纳入专利权的保护范围。这个原则明确规定在《专利权纠纷司法解释》第6条："专利申请人、专利权人在专利授权或者无效宣告程序中，通过对权利要求、说明书的修改或者意见陈述而放弃的技术方案，权利人在侵犯专利权纠纷案件中又将其纳入专利权保护范围的，人民法院不予支持。"该条规定了禁止反悔原则的含义。专利权人在专利授权确权过程中通常会通过下面两种方式来修改权利要求从而限制缩小保护范围：(1)进一步限定权利要求中已存在的技术特征，结合说明书对权利要求的技术特征作限制说明和解释来限制缩小保护范围以获得授权；(2)在权利要求中增加新的技术特征。针对第二种情况，在原权利要求中增加新的技术特征，可以适用等同原则，不适用禁止反悔原则。

（二）相关案例

天津联力化工有限公司与浙江福瑞德化工有限公司侵害发明专利权纠纷案[1]

天津联力化工有限公司（以下简称联力公司）系名称为"放料装置"的发明专利的专利权人，该专利涉及一种"三乙基铝生产设备"。联力公司向北京知识产权法院起诉（以下简称一审法院），主张浙江福瑞德化工有限公司（以下简称福瑞德公司）侵犯其涉案专利的权利要求1至权利要求3。

一审法院认定福瑞德公司侵权成立，驳回联力公司的其他诉讼请求。福瑞德公司不服一审判决，向北京市高级人民法院（以下简称二审法院）提起上诉，二审法院驳回福瑞德公司的上诉，维持一审判决。

后福瑞德公司向最高人民法院申请再审，主张联力公司在专利授权阶段对权利要求的修改使得涉案专利被授权，应适用禁止反悔原则，不能在侵

---

[1] 最高人民法院(2018)最高法民再387号民事判决书。

权诉讼中再就技术特征“料位开关”适用等同原则，即不应将用压力检测来判断铝粉是否已经排空的技术特征等同于“料位开关”。

最高人民法院总结本案的争议焦点在于，福瑞德公司有关权利要求1中的“料位开关”应适用禁止反悔原则的主张能否成立。

最高人民法院认为，禁止反悔原则的法理是维护社会公众的信赖利益，防止专利权人在确权程序和侵权诉讼中“两头得利”。故此，专利权人在专利授权或者无效宣告程序中，通过对权利要求、说明书的修改或者意见陈述而放弃的技术方案，权利人在侵犯专利权纠纷案件中又将其纳入专利权保护范围的，法院不应支持。首先，在发明专利授权确权程序中，专利申请人有权依法提交意见陈述或修改权利要求。专利申请人在修改权利要求时增加新的技术特征，并主张修改后的技术方案是非显而易见的，是专利审查实践中的常见情形。虽然在权利要求中增加技术特征会进一步限定专利权的保护范围，导致权利要求的保护范围发生变化，但在没有其他证据证明权利人通过修改或者意见陈述“放弃”特定技术方案的情况下，不能仅仅由于在权利要求中增加技术特征，导致权利要求的保护范围进一步限制缩小，就认定权利人完全“放弃”了与该技术特征等同的其他所有技术特征，不能再就增加的技术特征主张适用等同原则。如此，会导致以增加技术特征的方式修改的权利要求的保护范围受到过度限制，被诉侵权人极易通过技术特征的修改、替换来规避侵权，导致权利人与社会公众的利益失衡。这样既与禁止反悔原则的目的不符，也与《专利法》保护专利权人的合法权益，鼓励发明创造的立法目的不相适应。其次，关于禁止反悔原则的举证责任问题。在权利人作出了限制缩小性修改或者陈述的情况下，在认定是否适用禁止反悔原则时，应当查明权利人是否通过“限制缩小性修改或者陈述”导致“放弃”了特定的技术方案，而不仅仅是考虑“限制缩小性修改或者陈述”是否对专利权的效力产生实质性影响。因此，被诉侵权人主张适用禁止反悔原则的，应举证证明权利人“限制缩小性修改或者陈述”的具体情形，以及权利人是否因此放弃了“被诉侵权技术方案”。而权利人主张“未导致技术方案的放弃”，不适用禁止反悔原则的，则应由权利人就“限制缩小性修改或者陈述被明确否定”承担举证责任。

最高人民法院认为一审、二审判决有关福瑞德公司侵犯涉案专利权的认定有误，福瑞德公司的部分再审申请理由成立，判决撤销一审、二审法院判决,驳回联力公司的诉讼请求。

(三)律师提示

通常,禁止反悔原则的适用严格限制于“限缩性修改或者陈述”导致“放弃”了特定的技术方案的情形,不能仅考虑修改对专利权的效力是否产生实质性影响。若专利权人在专利授权确权程序中对权利要求书、说明书及附图的限缩性修改或者陈述被明确否定,该修改或者陈述并未导致技术方案的放弃。专利权人可以将多种具体实施方案分别写入从属权利要求,充分利用从属权利的“兜底”保护效果。

第四节 专利侵权比对

一、专利侵权案件中专利权人应当明确其主张保护的权利要求

(一)要点解读

我国《专利法》第59条第1款规定:“发明或者实用新型专利权的保护范围以其权利要求的内容为准,说明书及附图可以用于解释权利要求的内容。”这一规定包括以下含义:一项发明创造专利权的保护范围,须以其权利要求的内容为准,即以由专利申请人提出的并经国务院专利行政主管部门批准的权利要求书中所记载的权利要求的内容为准,不得超出权利要求书中所记载的权利要求内容的范围。

《专利权纠纷司法解释二》第1条规定:“权利要求书有两项以上权利要求的,权利人应当在起诉状中载明据以起诉被诉侵权人侵犯其专利权的权利要求。起诉状对此未记载或者记载不明的,人民法院应当要求权利人明确。经释明,权利人仍不予明确的,人民法院可以裁定驳回起诉。”

一个专利权保护的权利要求往往有多项,在专利纠纷诉讼案件中,权利人应当明确自己要求保护的权利要求。如果权利人在起诉状中没有明确要求保护的具体权利要求,会有被驳回起诉的风险。因此,权利人在提起专利诉讼前,应当先针对侵权产品是否落入涉案专利的保护范围进行技术比对,做好侵权比对,做到心中有底,充分评估他方产品侵权的可能性,制定合理

的诉讼策略。一般来说，权利人需要在起诉状中具体明确被诉侵权产品具体落入了哪些具体的权利要求的保护范围。

（二）相关案例

百色市科学技术和知识产权局与三雷包装箱厂专利行政处理案[1]

杨某超拥有名为"圣女果用泡沫包装箱"的实用新型专利，专利申请日为2014年8月26日，授权公告日为2014年12月31日。2015年4月23日，杨某超向百色市科学技术和知识产权局提交《专利侵权纠纷处理请求书》，指控三雷包装箱厂侵犯了涉案专利，韦某飞长期代销三雷包装箱厂生产的侵权产品。百色市科学技术和知识产权局于2015年8月3日作出百知法处字〔2015〕1号《专利侵权纠纷案件处理决定书》，认定被诉侵权产品完全落入该专利权利要求书的保护范围，责令三雷包装箱厂停止生产销售被诉侵权产品。原审法院判决撤销百知法处字〔2015〕2号《专利侵权纠纷案件处理决定书》。百色市科学技术和知识产权局不服，提起上诉。

本案一个重要的争议焦点在于，上诉人百色市科学技术和知识产权局作出的百知法处字〔2015〕2号《专利侵权纠纷案件处理决定书》认定被上诉人三雷包装箱厂侵犯杨某超涉案实用新型专利权是否有事实和法律依据。

广西壮族自治区高级人民法院（以下简称二审法院）认为，首先，原审第三人杨某超在本案中提交的证据不足以证明被诉侵权产品系被上诉人三雷包装箱厂所生产和销售；其次，涉案专利已被国家知识产权局《无效宣告请求审查决定书》（第32080号）认定为部分无效；最后，涉案专利权利要求书有两项以上权利要求，杨某超在《专利侵权纠纷处理请求书》中未载明据以起诉被诉侵权人三雷包装箱厂侵犯其专利权的权利要求，上诉人百色市科学技术和知识产权局在未释明情况下即自行确定涉案实用新型专利权的保护范围，并作出三雷包装箱厂侵权成立行政处理的决定，其程序缺乏正当性、合法性。因此二审法院判决维持一审原判。

从本案来看，百色市科学技术和知识产权局在查处专利侵权纠纷时虽然对专利权人提交的证据进行核实，询问了当事人、证人，勘查了生产现场，

---

〔1〕 广西壮族自治区高级人民法院（2018）桂行终422号行政判决书。

但是未能依法制作询问笔录、现场勘验笔录等，致使主要事实不清、证据不足；本案涉案专利有两个以上权利要求，百色市科学技术和知识产权局既未进行口头审理，也未询问专利权人如何主张权利要求，即自行确定专利权的保护范围，自行判断被诉侵权技术方案是否落入专利权的保护范围，且涉案专利被认定部分无效，百色市科学技术和知识产权局的做法违反了《专利权纠纷司法解释二》第1条规定及《专利法》第59条第1款确定专利权的保护范围的规定，行政程序缺乏正当性、合法性。

（三）律师提示

在明确具体保护的权利要求时需要在举证难度和侵权胜算上做好平衡。例如，如果仅主张独立权利要求侵权时举证工作量较少，但是一旦独立权利要求无效，则将会被法院认定被控产品不侵权。因此，一般情况下应当尽可能地主张可能侵权的权利要求，以最大限度地确保胜算。

二、专利侵权比对应以被诉侵权产品实物与涉案专利权利要求进行比对

（一）要点解读

《专利权纠纷司法解释》第7条规定："人民法院判定被诉侵权技术方案是否落入专利权的保护范围，应当审查权利人主张的权利要求所记载的全部技术特征。被诉侵权技术方案包含与权利要求记载的全部技术特征相同或者等同的技术特征的，人民法院应当认定其落入专利权的保护范围；被诉侵权技术方案的技术特征与权利要求记载的全部技术特征相比，缺少权利要求记载的一个以上的技术特征，或者有一个以上技术特征不相同也不等同的，人民法院应当认定其没有落入专利权的保护范围。"由该规定可知，法院判定侵权是将被诉侵权技术方案与专利权利要求保护的技术特征进行比对，侵权比对的对象为被诉侵权技术方案。

被诉侵权产品是被诉侵权技术方案的载体。通常情况下，在无被诉侵权产品实物时，权利人很难举证证明被诉侵权技术方案落入其权利要求的保护范围；法院同样难以进行侵权比对工作，难以认定侵权人是否实施了侵权行为。因此，在多数诉讼中，权利人向法院提交被诉侵权产品实物，法院将被诉侵权产品实物与涉案专利权利要求进行比对。当然，在特殊情况下，

权利人无法获取涉嫌侵权产品实物,只能向法院提交涉嫌侵权产品图片和/或技术说明书,若该涉嫌侵权产品的图片和/或技术说明书可以清晰展现的技术特征包含与涉案专利权利要求记载的全部技术特征相同或者等同的技术特征的,法院可以认定被诉侵权产品落入涉案专利权利要求的保护范围。

(二)相关案例

广东日昭新技术应用有限公司、罗某昭与上海西邦电气有限公司专利权权属纠纷案[1]

罗某昭系名称为"屏蔽绝缘电缆形导电管母线"的实用新型专利的专利权人。广东日昭新技术应用有限公司(以下简称广东日昭公司)基于专利独占实施许可合同享有对本案专利的诉权。上海西邦电气有限公司(以下简称西邦公司)因涉嫌制造、销售、许诺销售侵犯涉案专利产品,被罗某昭和广东日昭公司诉至法院。本案二审期间,二审法院将西邦公司在华塑股份公司招标项目中提交的《35kv 全绝缘铜管母线技术协议》(简称技术协议)中表述的产品技术性能与涉案专利权利要求进行比对,并最终认定构成侵权。西邦公司不服二审判决,提起再审。

再审的争议焦点之一在于法院未进行现场勘验,能否仅将西邦公司的投标文件和技术协议中标书的产品技术特征与涉案专利要求进行比对?

最高人民法院再审认为,根据专利侵权比对的原则,应以被诉侵权产品实物与涉案专利侵权要求进行比对。因此,一审、二审法院仅以西邦公司的投标文件和技术协议中标书的产品技术特征与涉案专利要求进行比对,属于适用法律错误。故判决撤销一审、二审法院判决。驳回广东日昭公司、罗某昭的全部诉讼请求。

(三)律师提示

在启动专利侵权诉讼前,权利人通过公证手段获得涉嫌侵权产品的实物尤为重要。法院在判定侵权时,通常是以涉嫌侵权产品的实物与专利进行比对。公证取证时公证员可以通过拍摄视频记录涉嫌侵权产品或通过公

[1] 最高人民法院(2016)最高法民再56号民事判决书。

证封存体积较大的涉嫌侵权产品。若实在无法获得产品实物，可向法院申请调取涉嫌侵权的实物产品；或通过行政查处手段获取该实物；或者尝试提交产品技术说明书或清晰的产品图片，同时须证明上述文件与涉嫌侵权的产品为一一对应关系。

三、在权利要求的基础上增加其他技术特征一般不影响被诉侵权技术方案是否侵权的认定

（一）要点解读

全面覆盖原则是专利侵权判定的基本原则，指将被诉侵权技术方案与涉案专利技术特征进行一一比对，若被诉侵权技术方案包含了权利要求中所有的技术特征，即可认为被诉侵权技术方案落入了涉案专利权利要求的保护范围。相同侵权则指在被诉侵权产品或被诉侵权技术方案中找到与权利要求记载的每一个技术特征相同的、对应的技术特征。

实践中，不少侵权人通常会在原有专利权利要求的基础上增加一项或多项技术特征，以避免落入专利权的保护范围。该做法无疑存在误区。实质上，若在专利权利要求的基础上增加一项或多项技术特征，不论与增加的技术特征本身还是与其他技术特征相结合能够产生何种功能、效果，均应当得出相同侵权成立的结论。[1] 故在涉案专利权利要求的基础上增加了其他技术特征，不影响被诉侵权技术方案是否侵权的认定，被诉侵权产品依然落入涉案专利权利要求保护范围。但也存在例外的情况，当涉案专利的主张权利要求为封闭式权利要求，在权利要求的基础上增加技术特征，将不落入专利权的保护范围。实务中，封闭式权利要求的专利是少见的。

（二）相关案例

佛山市顺德区三春电器实业有限公司与广东顺德东木电子科技有限公司侵害发明专利权纠纷案[2]

邵某成系名称为"煮饮料水壶、电热水壶及无绳电热水壶"的发明专利

---

〔1〕 参见尹新天：《中国专利法详解》（缩编版），知识产权出版社2012年版，第465页。

〔2〕 广东省高级人民法院（2018）粤民终845号民事判决书。

的专利权人。佛山市顺德区三春电器实业有限公司(以下简称三春公司)基于《专利许可合同》有权就侵犯涉案专利行为提起诉讼。广东顺德东木电子科技有限公司(以下简称东木公司)因制造、销售、许诺销售被诉侵权产品被三春公司诉至法院。广州知识产权法院一审认定被诉侵权产品具备涉案专利权利要求的技术特征,落入涉案专利权利要求的保护范围。后东木公司不服一审判决,提出上诉。

东木公司主张被诉侵权产品上的塔形金属筒不是焊接在壶体内底面上,可拆卸连接,不需要时可以拆卸,同时也可以更换一般的过滤槽和壶盖,实现一壶多用功能,故被诉侵权技术方案不落入涉案专利保护范围。

本案的主要争议焦点之一:被诉侵权技术方案对比涉案专利技术方案还增加了可拆卸链接及可更换过滤槽和壶盖的技术特征,能否认定侵权。

广东省高级人民法院认为,塔形金属桶与其底座之间是否可拆卸,或者是否能与其他配件更换使用实现一壶多用功能,属于在涉案专利权利要求的基础上增加了其他技术特征,不影响被诉侵权技术方案是否侵权的认定,被诉侵权产品依然落入涉案专利权权利要求保护范围。

(三)律师提示

在启动专利维权诉讼前,权利人可对侵权产品预先进行比对,将侵权产品所采用的技术方案进行拆解,并与涉案专利的技术特征进行逐一比对,并预先确认涉案专利在本案中所要保护的权利要求的范围。在侵权比对的过程中,需要注意比对两者技术特征的区别点,一般情况下如果区别点是在权利要求的基础上增加的,则还是落入专利权的保护范围;如果区别点是缺少了涉案专利技术方案中的一项或者多项技术特征,则不落入专利权的保护范围。

四、权利要求包括两个独立的技术方案时,实施其中任一方案即落入专利的保护范围

(一)要点解读

我国《专利法》第 59 条第 1 款规定:“发明或者实用新型专利权的保护范围以其权利要求的内容为准,说明书及附图可以用于解释权利要求的内

容。”《专利权纠纷司法解释》第7条规定：“人民法院判定被起诉侵权技术方案是否落入专利权的保护范围，应当审查权利人主张的权利要求所记载的全部技术特征。被诉侵权技术方案包含与权利要求记载的全部技术特征相同或者等同的技术特征的，人民法院应当认定其落入专利权的保护范围；被诉侵权技术方案的技术特征与权利要求记载的全部技术特征相比，缺少权利要求记载的一个以上的技术特征，或者有一个以上技术特征不相同也不等同的，人民法院应当认定其没有落入专利权的保护范围。”

判断是否构成专利权侵权的行为，主要有以下两个步骤：一是确认专利权的保护范围，并进行技术特征分解。二是判断被诉侵权技术方案是否落入了专利权的保护范围，即技术特征比对。特别要注意的是，某些专利在一项权利要求中可能出现一个以上互相独立的技术方案，通常会以“或”的方式进行表示。此时在侵权比对时，被诉侵权产品采用的技术方案落入其中之一的保护范围即可认定侵权。

（二）相关案例

广州中达福瑞医疗科技有限公司与重庆尚业医疗器械有限公司侵害发明专利权纠纷案〔1〕

中达福瑞公司系名称为“套扎器中的弹力线设置方法及自动弹力线套扎器”的发明专利的专利权人。中达福瑞公司以尚业公司未经其许可制造、销售、许诺销售侵权产品，将尚业公司诉至法院。涉案专利权利要求2中记载：弹力线前端的孔径可调的环套，通过打活结形成，环套的打结点为抵住环套的着力部位；或弹力线前端的孔径可调的环套通过弹力线穿过一个固线珠形成，固线珠为抵住环套的着力部位。

本案的争议焦点之一：涉案专利权利要求2记载的技术特征与被诉侵权产品是否构成相同或等同。尚业公司认为，被诉侵权产品并不具备权利要求2中记载的以打结点或固线珠作为抵住环套的着力部位的技术特征。

二审法院广东省高级人民法院认为，权利要求2记载的两个技术方案是属于相互独立的、可选择的技术方案，而被诉侵权产品亦是通过弹力线前端

〔1〕 广东省高级人民法院（2018）粤民终1998号民事判决书。

活结的打结点作为着力点,同时向后抽拉弹力线尾端,从而实现环套孔径不断缩小的目的。该技术特征与涉案专利权利要求2记载的其中一个技术特征完全一致,尚业公司该主张与事实不符,不能成立。

(三)律师提示

权利要求书中多项独立权利要求之间因为满足单一性而可以作为一件专利被授权,属于一个总的发明构思两项以上的技术方案,其本身为相互独立的技术方案。当专利存在多项独立权利要求时,侵权产品采用的技术方案落入其中之一权利要求的保护范围即可认定为侵权。同理,某一项权利要求中包括几个并列的技术方案,落入其中之一权利要求的保护范围即可认定为侵权。

五、仅凭网页上展示的侵权产品图片一般不能证明产品使用涉案专利技术

(一)要点解读

在专利侵权案件中,许诺销售侵权行为的指控对象应是对侵权产品的宣传销售行为,如不能证明宣传销售的是专利侵权产品,则指控许诺销售侵权行为不成立。通常,网页上展示的产品图片可以显示产品外观,但不能揭示产品的具体技术。因此,仅凭网页上展示的侵权产品图片并不能证明产品使用涉案专利技术,不能形成指控许诺销售侵权行为完整的证据链条。

我国《专利法》第11条第1款规定:"发明和实用新型专利权被授予后,除本法另有规定的以外,任何单位或者个人未经专利权人许可,都不得实施其专利,即不得为生产经营目的制造、使用、许诺销售、销售、进口其专利产品,或者使用其专利方法以及使用、许诺销售、销售、进口依照该专利方法直接获得的产品。"根据上述规定,许诺销售侵权行为的指控对象应是对侵权产品的宣传销售行为。《专利纠纷适用法律问题规定》第24条规定:"专利法第十一条、第六十九条所称的许诺销售,是指以做广告、在商店橱窗中陈列或者在展销会上展出等方式作出销售商品的意思表示。"在商业活动中,商家通过网络平台进行宣传销售,即在网络销售平台上宣传并展示自己的产品,这是一种极为典型的许诺宣传行为,符合上述法律规定。《专利权纠纷司法解释》第7条规定:"人民法院判定被诉侵权技术方案是否落入专利

权的保护范围，应当审查权利人主张的权利要求所记载的全部技术特征。被诉侵权技术方案包含与权利要求记载的全部技术特征相同或者等同的技术特征的，人民法院应当认定其落入专利权的保护范围；被诉侵权技术方案的技术特征与权利要求记载的全部技术特征相比，缺少权利要求记载的一个以上的技术特征，或者有一个以上技术特征不相同也不等同的，人民法院应当认定其没有落入专利权的保护范围。"根据上述规定，在认定侵权产品时，需要分析是否侵犯了专利技术。在实践中，技术方案及技术特征通常不可能直接从产品外观图片显示出来，不能将网页上展示的产品图片与专利技术进行比较分析。因此仅凭网页上展示的产品图片并不能证明该产品使用了涉案专利技术。

（二）相关案例

东莞市华畅机电科技有限公司与广东月福汽车用品有限公司、郑某明侵害发明专利权纠纷案[1]

东莞市华畅机电科技有限公司（以下简称华畅公司）于2016年12月7日经国家知识产权局批准并公示获得本案专利的独占许可使用权。本案专利所有权人为郑某明，专利名称为"手持式空调蒸发箱可视清洗机"，申请日为2014年7月23日，授权公告日为2016年8月10日。华畅公司以广东月福汽车用品有限公司（以下简称月福公司）在官方网站宣传并通过代理商销售的"汽车空调移动可视护理机"产品侵犯上述专利权为由起诉月福公司。广州知识产权法院一审判决认定月福公司网站的图片不能证明与被诉侵权产品相同，华畅公司取得被诉产品的证据链不完整，其指控被诉产品由月福公司生产销售的证据没有达到高度盖然性的证明标准，对华畅公司的诉求，法院不予支持，驳回诉讼请求。华畅公司认为其提供的证据链完整，不服一审判决，提起上诉。

本案的争议焦点：被诉侵权产品是否被月福公司制造、销售和许诺销售。

广东省高级人民法院经二审认为，首先，月福公司与经销商签订的代理协议不能证明交易真实存在；其次，代理协议书与增值税发票和被诉侵权产

[1] 广东省高级人民法院（2018）粤民终83号民事判决书。

品上记载的产品名称、型号、价格等信息均不能一一对应;再次,被诉侵权产品未经公证购买、封存,被诉侵权产品型号与相关交易单据记载不符,不能证明侵权产品是月福公司制造并销售给代理商的;最后,月福公司的网页上展示的汽车空调移动可视护理机的图片不能证明产品使用了涉案专利技术。广东省高级人民法院驳回了华畅公司的上诉,维持原判。

(三)律师提示

发明和实用新型的权利人指控被诉侵权人的许诺销售侵犯其专利权时,需要证明许诺销售的产品落入了专利权的保护范围。通常,仅通过宣传图片不能反映产品是否落入权利人主张的权利要求的所有技术特征,因此,当图片不能反映产品的技术特征时,权利人应首先尝试通过市场渠道购买实物产品,其次尝试收集能够反映产品技术的说明书或其他技术说明资料。

六、涉案侵权产品与外观设计产品的类型相同或者相近是构成外观设计专利权侵权的前提

(一)要点解读

当被诉侵权产品名称与涉案专利涉及的产品名称不一致时,专利权应该如何获得保护?

《专利权纠纷司法解释》第8条规定:“在与外观设计专利权产品相同或相近种类产品上,采用与授权外观设计相同或者近似的外观设计的,人民法院应当认定被诉侵权设计落入专利法第五十九条第二款规定的外观设计专利权的保护范围。”第9条规定:“人民法院应当根据外观设计产品的用途,认定产品种类是否相同或者相近。确定产品的用途,可以参考外观设计的简要说明、国际外观设计分类表、产品的功能以及产品销售、实际使用的情况等因素。”

依据上述司法解释,可得出外观设计侵权判定步骤:第一步,判断被诉侵权产品与外观设计专利权产品是否属于相同或相近种类的产品;第二步,判断被诉侵权产品的外观设计是否与授权外观设计相同或者相近似。

北京市高级人民法院《专利侵权判定指南(2017)》第77条第1款规定:

“进行外观设计侵权判定，应当首先审查被诉侵权产品与外观设计产品是否属于相同或者相近种类产品。”第78条规定：“认定产品种类是否相同或者相近，应当以外观设计产品的功能、用途、使用环境为依据。确定产品的用途时，可以按照下列顺序参考相关因素综合确定：外观设计的简要说明、国际外观设计分类表、产品的功能以及产品销售、实际使用情况等因素。如果外观设计产品与被诉侵权外观设计产品的功能、用途、使用环境没有重叠，则外观设计产品与被诉侵权产品不属于相同或者相近类别产品。”该指南明确指明外观设计侵权判定首要解决的问题为涉案侵权产品在产品类型和外观设计产品是否相同或相似。

司法实践中，我国法院在审理外观设计专利权侵权纠纷案件时，首先需要确认被诉侵权产品与涉案外观设计专利权产品是否在产品类型上相同或者近似。若产品类型上不相同也不相似，即不符合外观设计专利权侵权的构成要件，无须再对是否侵权进行认定。其次再去判断是否构成相同或近似。综上所述，外观设计专利侵权判定首要判定被诉侵权产品与涉案专利产品是否属于同类或相近似种类产品，这是构成外观设计侵权的前提。

（二）相关案例

张某勇与白山市江源区宏成瓦业有限公司等侵害外观设计专利权纠纷案[1]

张某勇系名称为“蓄热板”的外观设计的专利权人，该专利的申请日是2006年6月14日，授权公告日是2007年3月21日。张某勇在双城市天祥日杂商店购买了8块炕面板，该产品印有“吉林省白山市江源区宏成瓦业有限公司制造”等字样。随后，张某勇向法院起诉白山市江源区宏成瓦业有限公司（以下简称宏成瓦业公司）侵犯其外观设计专利权。一审法院判定宏成瓦业公司侵权成立，赔偿张某勇45万元。张某勇与宏成瓦业公司均不服一审判决，向黑龙江省高级人民法院（以下简称二审法院）提起上诉。二审法院判定撤销一审判决，驳回张某勇的诉讼请求。张某勇不服二审判决，向最高人民法院申请再审。

最高人民法院总结该案的争议焦点之一：被诉侵权产品与涉案专利产

---

〔1〕　最高人民法院（2012）民提字第171号民事判决书。

品是否为相同或相近种类产品。

一审中，张某勇提交了一张购买被诉侵权产品的销售收据，上面记载产品名称为“炕面板”；另外，被诉侵权产品上刻有“页岩保温炕面板”字样。最高人民法院认为上述证据可以认定被诉侵权产品的名称为“炕面板”。从用途来看，“炕面板”与“蓄热板”均为具有保温功能的拼装式板状建材；从市场销售来看，双城市天祥日杂商店既销售过宏成瓦业公司制造的被诉侵权产品“炕面板”，也销售过张某勇所在的穆棱市兴源北山建材有限公司制造的“蓄热板”，故二者销售渠道相同；从实际使用情况来看，消费者购买“炕面板”或“蓄热板”均是用于搭建炕床。因此，被诉侵权产品与涉案专利产品虽名称不同，但两者在用途、功能、市场销售以及实际使用的情况等方面均相同，为相同种类产品。

（三）律师提示

我国现有法律对外观设计专利原则上不进行“跨类保护”。当被诉侵权产品与涉案外观设计的种类是否相近成为案件的争议焦点时，权利人可以充分运用本书提到的方法证明二者属于相同或相近似种类。如果无法通过专利诉讼维护自己的权利，还可以尝试借助版权进行保护。

七、产品正常使用状态下的可视整体外观才能作为外观专利侵权比对对象

（一）要点解读

在外观设计专利侵权诉讼中，如果涉案专利与被诉侵权产品的唯一区别是后者还有其他零部件，是否应先排除被诉侵权产品的零部件后再与涉案专利进行比对？

外观设计专利侵权判断采用整体观察，综合判断的标准，是指在产品正常使用状态下的可视整体外观。在侵权诉讼中，零部件是否应当参与侵权比对，需要先判断被诉侵权产品在正常使用状态下是否必须与零部件结合。若二者结合是产品使用时的正常状态，则侵权比对时需要将零部件和产品整体作为比对对象，不应当拆除分解后再进行比对。

（二）相关案例

本田技研工业株式会社与石家庄双环汽车股份有限公司、石家庄双环汽车有限公司等侵害外观设计专利权纠纷〔1〕

本田技研工业株式会社（以下简称本田株式会社）系名称为“汽车”的外观设计专利权人。本田株式会社在北京市亚运村汽车交易市场、丰台区北京旭阳恒兴经贸有限公司双环专卖店（以下简称旭阳恒兴公司）公证购买了两款被诉侵权产品。随后向法院起诉石家庄双环汽车股份有限公司（以下简称双环股份公司）、石家庄双环汽车有限公司（以下简称双环有限公司）、石家庄双环新能源汽车有限公司（以下简称双环新能源公司）侵犯其外观设计专利。

一审中，本田株式会社没有当庭展示被诉侵权产品，而是提交了该产品的照片，经双环股份公司确认该照片中的汽车正是双环有限公司实际生产销售的产品。一审法院判定被诉侵权产品不落入涉案专利权保护范围，不构成侵权。

本田株式会社不服该判决，上诉至最高人民法院。最高人民法院总结该案的争议焦点在于，侵权比对对象是否错误。

最高人民法院认为，外观设计专利侵权纠纷中用于对比判断的被诉侵权设计，是以生产、销售的被诉侵权产品为载体，见著于一般消费者，被一般消费者所可视的外观设计。外观设计专利侵权判断采用的整体观察，综合判断的标准，也是指在产品正常使用状态下的可视整体外观，不应当将产品整体予以拆分、改变原使用状态后，对产品的部分外观设计进行对比。不应认可本田株式会社的主张，首先，本田株式会社并没有证据证明，销售的被诉侵权产品中不包括汽车顶部的行李架横杆、导流板、前、后保险杠护板等所谓的选装件。其次，对上述所谓选装件的拆除会影响产品性能的正常使用。将导流板拆除后，会直接破坏其上连接的高位刹车灯，影响车辆的安全行驶。因此，将上述所谓的选装件进行拆除，不仅会改变产品销售时的外观形态，而且所呈现的外观不是一般消费者在购买后正常使用下所观察到的外观设计，而是在产品组装时呈现的外观状态。在进行外观设计专利侵权

〔1〕 最高人民法院（2014）民三终字第8号民事判决书。

认定的比对时，应当将实际生产销售的汽车产品的整体作为比对对象，不应当将行李架横杆、导流板及前、后保险杠护板等设计特征进行拆除分解后再进行比对。

(三)律师提示

知识产权部门应与产品设计部、市场部门充分沟通，预判同一设计风格的产品在产业链上下游流通环节的呈现形式；预判竞争对手所有可能使用的设计形式；预判产品在各种不同使用场景下的使用状态；预判产品零部件在市场流通环节的呈现形式。根据以上预判情况，全面布局外观专利申请，以确保全面性、有攻击性的保护范围。

八、被诉侵权产品不便在法庭展示时可将经公证的侵权产品实物图作为比对对象

(一)要点解读

当被诉侵权产品体积过大，或被诉侵权人仅有许诺销售行为时，是否可以使用被诉侵权产品的照片作为侵权比对对象?

对于外观设计，我国《专利法》第 2 条第 4 款给出了明确定义，“外观设计，是指对产品的形状、图案或者其结合以及色彩与形状、图案的结合所作出的富有美感并适于工业应用的新设计”。

我国《专利法》第 59 条第 2 款也明确规定：“外观设计专利权的保护范围以表示在图片或者照片中的该产品的外观设计为准，简要说明可以用于解释图片或者照片所表示的该产品的外观设计。”

法院判定被诉侵权设计是否落入涉案专利的保护范围时，应以被诉侵权设计的设计特征为准，具体可参考《专利权纠纷司法解释》第 11 条第 1 款，“人民法院认定外观设计是否相同或者近似时，应当根据授权外观设计、被诉侵权设计的设计特征，以外观设计的整体视觉效果进行综合判断；对于主要由技术功能决定的设计特征以及对整体视觉效果不产生影响的产品的材料、内部结构等特征，应当不予考虑”。

因此，通过上述法律和司法解释可知，外观设计专利的侵权比对对象是指被诉侵权设计产品实物与涉案专利要求保护的图片或照片。在被诉侵权

产品实物无法当庭展示时，若其提供的被诉侵权产品照片能够清晰、客观地体现出其外观设计特征，不妨碍进行侵权比对的，法院一般同意将该被诉侵权产品照片中反映的外观设计与涉案专利的图片或者照片中的外观设计进行比对。

（二）相关案例

本田技研工业株式会社与石家庄双环汽车股份有限公司、石家庄双环汽车有限公司等侵害外观设计专利权纠纷案[1]

本田技研工业株式会社（以下简称本田株式会社）系名称为“汽车”的外观设计专利权人。本田株式会社在北京市亚运村汽车交易市场、丰台区北京旭阳恒兴经贸有限公司双环专卖店（以下简称旭阳恒兴公司）公证购买了两款被诉侵权产品。随后向法院起诉石家庄双环汽车股份有限公司（以下简称双环股份公司）、石家庄双环汽车有限公司（以下简称双环有限公司）、石家庄双环新能源汽车有限公司（以下简称双环新能源公司）侵犯其外观设计专利。

一审中，本田株式会社没有当庭展示被诉侵权产品，而是提交了该产品的照片，经双环股份公司确认该照片中的汽车正是双环有限公司实际生产销售的产品。一审法院判定被诉侵权产品不落入涉案专利权保护范围，不构成侵权。

本田株式会社不服该判决，上诉至最高人民法院。其主张其在一审期间所提交的照片不能作为比对对象，照片是中心投影图，存在反映的产品外观与实际产品有“近大远小”的透视变形效应，导致了图片反映的外观设计已变形。

最高人民法院总结该案的争议焦点：一审判决依据被诉侵权产品的照片与外观设计专利产品的图片进行二维比对，该对比方法是否错误。

最高人民法院认为，根据《专利法》的规定，外观设计专利权的保护范围以表示在图片或者照片中的该产品的外观设计为准。外观设计专利侵权的比对，应当以授权公告中表示该外观设计的图片或者照片与被诉侵权外观

[1] 最高人民法院（2014）民三终字第8号民事判决书。

设计的实物进行对比，判断两者的外观设计是否相同或近似。当实物的照片真实反映了物体的客观情况，将照片中反映的外观设计与授权专利的图片或者照片中的外观设计进行比对，是授权确权或者侵权纠纷中，认定在先设计或者被诉侵权产品外观设计常用的操作方法。并且，最高人民法院在对被诉侵权产品进行现场勘查后认为一审提交的产品照片与现场勘验的结果不存在明显的视觉差异。最终，最高人民法院不支持本田株式会社的上诉主张。

（三）律师提示

当被诉侵权产品因体积过大或其他原因无法当庭展示时，权利人可向法院提交经公证后的产品的实物照片，也可请求法院对被诉侵权产品进行现场勘验。其中，提交的实物照片应能够清晰地体现出被诉侵权设计的特征，如形状、图案和色彩等。此外，当权利人无法通过市场行为获得侵权产品时，可向法院申请调查取证，获取被诉侵权产品。

第五节 专利侵权认定

一、将产品公然陈列在企业大厅的行为可能构成许诺销售侵权

（一）要点解读

"许诺销售"一词来源于世界贸易组织《与贸易有关的知识产权协定》（Agreement on Trade – Related Aspects of Intellectual Property Rights）中的"offering for sale"，含义为作出销售的意思表示。我国《专利法》第 11 条规定："发明和实用新型专利权被授予后，除本法另有规定的以外，任何单位或者个人未经专利权人许可，都不得实施其专利，即不得为生产经营目的制造、使用、许诺销售、销售、进口其专利产品，或者使用其专利方法以及使用、许诺销售、销售、进口依照该专利方法直接获得的产品。外观设计专利权被授予后，任何单位或者个人未经专利权人许可，都不得实施其专利，即不得为生产经营目的制造、许诺销售、销售、进口其外观设计专利产品。"任何人未经许可许诺销售专利产品及许诺销售使用专利方法直接获得的产品都属

于侵害专利权的行为。关于许诺销售,《专利纠纷适用法律问题规定》第 24 条对其作了进一步限定:“专利法第十一条、第六十九条所称的许诺销售,是指以做广告、在商店橱窗中陈列或者在展销会上展出等方式作出销售商品的意思表示。”

将侵权产品公然陈列在企业大厅内的行为是否构成许诺销售?禁止他人实施许诺销售行为的意义,在于将侵权行为、损害后果“扼杀在摇篮之中”,带有明显的预防性质。企业大厅作为企业宣传、经营的场所,将产品公然陈列在企业大厅内的行为,会让参观者明显意会到企业主具有销售产品的意图,究其本质而言与做广告、在商店橱窗中陈列或者在展销会上展出商品的行为并无二致。因此,将产品公然陈列在企业大厅的行为将构成许诺销售侵权。

(二)相关案例

广东格兰仕集团有限公司与广东省知识产权局、方某崇专利行政管理(专利)纠纷案[1]

方某才于 2007 年 3 月 5 日申请了名称为“锅盖上有旋翻手的连体式电压力锅”的实用新型专利(以下简称涉案专利),并于 2008 年 2 月 13 日获得授权,2011 年 8 月 17 日,专利权人方某才变更为专利权人方某崇。方某崇以广东格兰仕集团有限公司生产的电压力锅侵犯其专利权为由请求被告广东省知识产权局处理。广东省知识产权局查明:2015 年 7 月 24 日,方某崇在广东省佛山市顺德区大良街道新宁北路“顺博”商铺购买了型号为“YB505A”的格兰仕牌电压力锅 1 台(以下简称被诉产品),该电压力锅由中山市格兰仕生活电器制造有限公司生产。2015 年 9 月 2 日,广东格兰仕集团有限公司产品展示大厅展示了型号为“YB507”的格兰仕牌电压力锅 1 台。上述两种型号的电压力锅的技术方案相同。广东格兰仕集团有限公司和中山市格兰仕生活电器制造有限公司主张的现有技术抗辩不成立。被诉侵权产品落入涉案专利的保护范围。广东省知识产权局作出粤知执处字〔2015〕第 12 号专利纠纷案件处理决定(以下简称被诉决定):广东格兰仕集

---

〔1〕 广东省高级人民法院(2016)粤行终 1448 号行政判决书。

团有限公司侵犯了涉案专利权,责令其立即停止许诺销售被诉产品。中山市格兰仕生活电器制造有限公司侵犯了涉案专利权,责令其立即停止制造被诉产品。

广东格兰仕集团有限公司不服该决定,提起诉讼,请求撤销被诉决定。并认为:勘验的现场,是下属公司提供样机给广东格兰仕集团有限公司进行项目评审、备案等工作的样品存放室,现场在办公楼内部不对外开放和展示,因而不构成许诺销售行为。该案经广州知识产权法院一审审理,广东省高级人民法院二审审理后,均认为广东格兰仕集团有限公司将产品公然陈列在企业大厅的行为构成许诺销售,驳回原告的全部诉讼请求。

关于原告的许诺销售行为,广东省高级人民法院二审认为,勘验被诉侵权产品的现场,是广东格兰仕集团有限公司产品展示大厅,该大厅有企业标识、接待前台,陈列了大量产品,且产品的陈列方式与商场陈列方式近似。根据商业惯例和常见的经营方式,企业往往会在自身营业场所内设立产品陈列室,以供客户挑选产品,洽谈合同。综合上述事实可以推定,广东格兰仕集团有限公司在该场所许诺销售被诉侵权产品的高度盖然性已经成立。相反广东格兰仕集团有限公司并未提交任何证据以证明其产品正处于对外保密的研发状况。广东格兰仕集团有限公司该项上诉主张缺乏事实与法律依据,广东省高级人民法院不予支持。判决驳回上诉,维持原判。

(三)律师提示

在部分行业(如电子产品行业)中,专利产品的销售高峰期普遍较短。在面临专利侵权时,比起向侵权厂商索要赔偿,尽快挽回被侵权产品抢占的市场份额以确保在销售高峰期内获得专利产品的商业利润是更为急切的需求。因此,对于权利人而言,在发现侵权线索时,利用法律赋予专利权人禁止他人许诺销售的权利,将侵害制止在实际损害发生之前,不失为一个值得考虑的策略。同时,这也为企业展示产品提出警示,企业通过企业内部展厅展示产品与参加全球各种展会展览产品均属于许诺销售行为。展览前,企业均应做好专利预警工作、排查风险,尤其是参加国际大型展会前,应针对企业自身及其他参展竞争者在展会国专利布局情况、展会国专利法规等做好预警分析,还应提前做好风险应对预案及维权预案,以便在短时间内快速反应，避免损失扩大。

二、将产品部件组装成专利产品的行为构成制造侵权

（一）要点解读

制造行为是专利侵权行为中最恶劣的一种，基于打击侵权源头的目的，权利人一般都会将制造者作为重点对象进行打击。将产品零部件进行组装的行为是否构成制造行为？北京市高级人民法院《专利侵权判定指南（2017）》第99条规定："制造发明或者实用新型专利产品，是指权利要求中所记载的产品技术方案被实现，产品的数量、质量不影响对制造行为的认定。以下行为应当认定为制造发明或者实用新型专利产品行为：（1）以不同制造方法制造产品的行为，但以方法限定的产品权利要求除外；（2）将部件组装成专利产品的行为。"第100条规定："制造外观设计专利产品，是指专利权人向国务院专利行政部门申请专利时提交的图片或者照片中的该外观专利产品被实现。"该指南认为，将部件组装成发明、实用新型专利产品的行为属于制造行为。外观设计专利产品被实现的行为也属于制造行为，其中存在使用部件进行组装的情形，因此组件组装后呈现出外观设计专利的组装行为属于制造行为。

（二）相关案例

陶某宝与谢某华、江某华侵害外观设计专利权纠纷案[1]

陶某宝系名称为"大理石茶几（t－909）"、专利号为ZL200930007281.3的外观设计专利的专利权人，陶某宝认为谢某华销售的"909"茶几侵害其专利权，故委托代理人以普通销售者的名义购买了涉案产品后，提起诉讼，要求谢某华停止生产、销售涉案与涉案专利相同或者相近似的侵权产品并赔偿经济损失6万元等。

广东省佛山市中级人民法院经审理认为，谢某华出售给陶某宝的侵权产品是一个完整的带大理石台面的茶几，其从江某华处购得茶几架，又从其他厂家购买大理石台面，将两者进行组装的行为亦是一种制造行为。谢某

〔1〕 最高人民法院（2013）民提字第186号民事判决书。

华既是侵权产品的制造者,也是侵权产品的销售者。谢某华实施了制造、销售侵权产品的行为。该案判决后,谢某华不服,上诉至广东省高级人民法院。广东省高级人民法院认为谢某华从江某华处购得茶几架,又从其他厂家购买大理石台面,将两者进行组装、制造本案的被诉侵权产品并销售,属于销售行为。陶某宝申请再审后,最高人民法院提审审理后最终认定谢某华的行为构成制造行为。

提审法院最高人民法院认为,《专利权纠纷司法解释》第12条第2款规定:"将侵犯外观设计专利权的产品作为零部件,制造另一产品并销售的,人民法院应当认定属于专利法第十一条规定的销售行为,但侵犯外观设计专利权的产品在该另一产品中仅具有技术功能的除外。"该规定中被诉侵权人并没有制造"侵犯外观设计专利权的产品",而是将其作为零部件制造另一产品。本案中,谢某华是被诉侵犯外观设计专利产品的制造者,故本案不符合《专利权纠纷司法解释》第12条第2款规定的适用条件,二审判决适用该规定将谢某华认定为被诉侵权茶几的销售者,明显错误。

最高人民法院裁判撤销广东省高级人民法院判决;维持广东省佛山市中级人民法院判决。

(三)律师提示

关于组装行为,还应当区分其与使用安装的区别:产品组装就是用产品的成套构件在生产场地组合成产品的行为,这种组装行为就是一种加工制造行为。产品使用安装是由于产品体积较大或形状不规则,为便于产品包装运输,将产品主要部件和附属配件设计成可拆卸结构进行包装,在产品售出后,使用时将其重新组合在一起的行为。产品组装一般需要使用专门的工具、设备在一定的生产场地进行;而产品使用安装只需简单的工具甚至不需要借助工具就可以就地组合安装。两者最大的区别:组装好的产品除非重大修理一般不可再拆分,而产品的使用安装其主要部件和附属配件随时可以拆分再重新组合安装,不影响其使用。使用安装不构成制造行为。

三、委托方提供技术方案及技术要求的产品定制行为构成共同制造侵权

(一)要点解读

专利纠纷中"是否实施制造侵权产品行为"是常见争议焦点。制造行为

是专利技术方案、图片中的产品被实现的一个过程。

鉴于市场分工的复杂多变,法律难以将具体的制造行为的表现方式一一规定。委托加工包括 OEM 模式生产加工和 ODM 模式生产加工。OEM 模式生产,俗称代工(生产),基本含义为品牌生产者(定制方)不直接生产产品,而是利用自己掌握的关键的核心技术负责设计和开发新产品,生产厂商按定制方的需求与授权,按照定制方特定的条件而生产,所有的设计图等都完全依照定制方的设计进行制造加工。OEM 模式生产中的定制方和生产厂商通常被认定为共同实施了制造行为,承担连带责任。ODM 模式生产,俗称定牌(生产),受托方拥有设计能力和技术水平,基于授权合同生产产品。在此种模式下,"鉴于定制方没有向生产厂家即专利实施被许可方提供技术方案或者提出技术要求,故定制方不宜被认定为是专利法意义上的制造者,除非专利权人能够证明定制方存在故意诱导、怂恿、教唆侵犯他人的专利权的情形,否则定制者的委托定制行为不应认定构成专利制造侵权行为"。[1]也就是说,如果定制方在加工过程中提供技术方案、技术要求,如具体的制造参数、设计图纸、产品样品等,将与生产厂商共同连带承担制造行为的侵权责任。提供技术方案、技术要求之所以被认定为制造行为,是因为这些行为对产品的实现起主导作用,直接决定了产品的实现成果或实现该成果过程中使用的技术方案。

(二)相关案例

周某仪、中山市沙溪镇佳能木工机械厂与东莞市野马机械有限公司、中山市东成家具有限公司侵害发明专利权纠纷案[2]

周某仪系名称为"一种全自动木头加工机"的发明专利的专利权人,于 2016 年 8 月 1 日将专利许可给中山市沙溪镇佳能木工机械厂(以下简称佳能机械厂)使用。周某仪、佳能机械厂向中山市知识产权局提出要求处理中山市东成家具有限公司(以下简称东成公司)侵犯其涉案专利事宜的请求,中山市知识产权局对东成公司的生产场所进行了勘验并进行取证。东成公

---

[1] 欧宏伟:《专利侵权审判实践中关于"制造者"认定的若干思考》,载知产力网:http://www.zhichanli.com/article/4523.html,2020 年 3 月 5 日最后访问。

[2] 广东省高级人民法院(2018)粤民终 1612 号民事判决书。

司辩称被诉产品是东成公司将工艺参数交给东莞市野马机械有限公司(以下简称野马公司),被诉侵权产品系野马公司制造,东成公司购买做测试使用,应认定合法来源成立。一审法院最终认为东成公司、野马公司共同制造被诉侵权产品。

二审法院广东省高级人民法院认为,在中山市知识产权局受理的案件中,东成公司的员工明确承认本案的被诉侵权产品系东成公司提供工艺参数交给野马公司,野马公司再生产出来的样机。诉讼中,野马公司亦确认该被查处的被诉侵权产品系由东成公司提供了技术参数之后由野马公司实际生产。结合东成公司和野马公司的经营范围分析,野马公司是从事机械制造的企业,而东成公司是从事家具制造的企业,既然本案被诉侵权产品是东成公司用于生产测试的,必然涉及相关家具所需技术参数等具体要求,故野马公司的上述解释具有合理性,同时亦与东成公司员工在行政查处程序中自述的事实相互印证。因此,一审法院认定东成公司、野马公司共同制造被诉侵权产品,并无不当。鉴于东成公司具有制造侵权行为,其合法来源抗辩主张缺乏理据,广东省高级人民法院不予支持,判决驳回上诉,维持一审原判。

(三)律师提示

当委托方委托他人生产产品时,一旦该产品被有权机关认定为侵权产品,委托方与受托方需对外共同承担侵权责任。因此,建议委托方根据双方对产品技术参数的贡献度与受托方约定专利侵权的责任分配,并保留双方往来的记录如电子邮件或微信聊天记录,以便在被认定侵权后进行内部责任分配。

四、关联公司的混同经营行为可能构成专利侵权中的共同侵权

(一)要点解读

公司具有独立的法律人格,依法在各自的民事权利范围内独立地承担责任。公司的混同经营行为主要指两家或多家关联公司之间在人员和生产经营等方面存在高度重合的现象。

共同侵权,是指多个行为人主观上有侵权的意思联络,客观上进行分工

协作或共同实施某一行为，各行为人各自实施的行为结合成为具有内在联系的侵权行为并导致损害结果的发生。共同侵权应该具备以下要件：行为人为两人或者两人以上；各行为人主观上具有共同意思；各行为人彼此行为之间客观上存在相互利用、配合或者支持；各行为人行为造成的损害后果在其共同意思的范围内。若关联公司之一存在专利侵权行为，因关联公司存在混同经营行为，易认定其他关联公司主观上与其存在侵权的意思联络，客观上关联公司之间“分工协作”实施专利侵权行为。因关联公司之间为生产经营目的所实施的分工行为共同造成了权利人的损失，若关联公司之一被认定为专利侵权，其他与其混同经营的关联公司易被认定与其构成专利侵权中的共同侵权。

（二）相关案例

比肯灯饰国际有限公司与佛山市南海区东南灯饰照明有限公司、佛山市禅城区东南灯饰电器经营部侵害发明专利权纠纷案〔1〕

乔某系名称为“组合的灯具和天花板风扇”的发明专利的专利权人，后专利权人变更为比肯灯饰国际有限公司（以下简称比肯公司）。东南公司、东南经营部、东南展销部因生产、销售、许诺销售涉案专利侵权产品，被比肯公司诉至一审法院。东南公司、东南经营部、东南展销部之间相互分工协作，由东南公司制造被诉侵权产品，并由东南经营部和东南展销部负责销售。本案经广州知识产权法院一审、广东省高级人民法院二审，均认为东南公司、东南经营部、东南展销部构成侵权，应承担连带赔偿责任。

本案的争议焦点：东南公司、东南经营部、东南展销部是否构成共同侵权。

广州知识产权法院、广东省高级人民法院均认为，东南经营部、东南展销部、东南公司存在混同经营的行为。东南经营部、东南展销部和东南公司未经专利权人许可，为生产经营目的分工实施了制造、销售落入涉案专利权保护范围的产品的行为，对比肯公司造成损害，共同侵犯了涉案专利权，应当停止相应侵权行为并承担连带赔偿的责任。

---

〔1〕广东省高级人民法院（2018）粤民终668号民事判决书。

(三)律师提示

在实践中,法院的判赔额并不等于对权利人进行了充分救济,能否获得判赔款还取决于侵权人的偿债能力。目前,还是有相当一部分侵权人的偿债能力不足或是存在利用公司外壳逃避责任的情况。因此,在专利侵权诉讼中,若能找到其他侵权人承担连带责任,则极大保证了权利人的最终利益。在案件的筹备阶段,需要额外注意以下信息:(1)利用商标、产品说明书或者被告提供的合法来源证据判断被诉侵权产品是否存在共同制造商;(2)利用发货地址、发货人姓名或手机号判断存在是否存在共同的销售者;(3)利用现有被告的工商信息,确认其法定代表人、股东是否实施了侵权行为。

五、法定代表人以个人银行账户代收侵权产品货款的行为涉嫌构成共同侵权

(一)要点解读

在专利侵权案件中,公司的法定代表人收取了侵权产品的货款,是职务行为还是与公司构成共同销售的侵权行为?

我国《民法总则》第 61 条第 1 款、第 2 款规定:“依照法律或者法人章程的规定,代表法人从事民事活动的负责人,为法人的法定代表人。法定代表人以法人名义从事的民事活动,其法律后果由法人承受。”公司为营利性法人。一般情况下,法定代表人以公司名义从事的民事活动属于职务行为,其法律后果应由公司承受。如果法定代表人在进行民事活动时是以个人名义进行,事后也不能提供证据证明其行为属于职务行为的,则其行为的后果不能由公司承担而只能由法定代表人自行承担。

专利侵权案件中,在以公司的名义制造、销售、许诺销售侵犯他人专利权产品的过程中,法定代表人若提供个人银行账户帮助公司代收侵犯他人专利权的产品货款,如有证据证明侵权产品的货款最终进入公司银行账户,该法定代表人以个人账户代收侵权产品货款的行为属于职务行为,其法律后果由公司承受,法定代表人不与公司构成共同侵权,仅仅由公司对外承担侵权责任;若无证据证明代收的侵权产品货款最终进入公司账户,则法定代表人的行为难以被认定为职务行为,其帮助公司代收侵权产品货款的行为

倾向于被认定为与公司分工合作实施了侵犯他人专利权的行为，构成共同侵权，应当承担连带责任。具体分析如下：

我国《侵权责任法》第8条规定："二人以上共同实施侵权行为，造成他人损害的，应当承担连带责任。"根据上述规定，共同侵权应该具备以下要件：加害主体为两人或者两人以上；各加害人主观上具有意思联络；各加害人彼此的行为之间客观上存在相互利用、配合或者支持；各加害人行为造成的损害后果在其意思联络的范围内，且与行为之间存在因果关系。法定代表人个人银行账户代收侵权产品货款的行为属于以法定代表人个人名义进行的民事活动，在其没有证据证明其行为属于职务行为的（货款最终进入公司账户），其行为将会被认定为个人行为。法定代表人作为代表公司从事对外经营活动的负责人，应当知晓法人的意志并应知悉公司存在侵犯他人专利权的可能，在这种情况下，法定代表人以个人银行账户收取公司货款，公司对法定代表人的行为予以认可，两者共同完成了侵犯他人专利权的行为，构成共同侵权。

（二）相关案例

SMC株式会社与乐清市中气气动科技有限公司侵害发明专利权纠纷案[1]

SMC株式会社系名称为"电磁阀"的发明专利的专利权人。乐清市中气气动科技有限公司（以下简称中气公司）生产了被控侵权的电磁阀产品，该公司法定代表人倪某才以其个人银行账户收取了销售本案被诉侵权产品的货款。该专利侵权案件经过一审、二审和最高人民法院再审。一审、二审法院均认定中气公司专利侵权成立，其法定代表人不承担连带赔偿责任。最高人民法院再审改判，认定中气公司与其法定代表人构成共同侵犯专利权，二者连带赔偿SMC株式会社经济损失200,000元，合理费用126,664.7元。

最高人民法院认为，首先，倪某才与中气公司具有共同意志。倪某才系中气公司的法定代表人、控股股东、执行董事和经理，仅有的另一名股东与其存在姻亲关系。其对于中气公司有着很强的控制权，其意志与中气公司的意志具有明显的共同性。

[1] 最高人民法院（2018）最高法民再200号民事判决书。

其次,倪某才和中气公司理应知悉其被诉侵权产品可能侵犯SMC株式会社的本案专利权。中气公司在网络宣传中明确提及其批发SMC电磁阀,并详细介绍了SMC电磁阀工作原理、用途、结构以及选型原则和方法等,且被诉侵权产品上标注有"SMC及图"商标。作为中气公司的法定代表人,倪某才显然知晓SMC株式会社的相应产品及其技术内容,对其被诉侵权产品可能落入SMC株式会社本案专利权保护范围有着明确认知。在此情况下,倪某才和中气公司仍然实施了制造、销售和许诺销售被诉侵权产品的行为,可以认为其具有明显的共同侵权故意。

最后,倪某才和中气公司客观上存在相互利用、配合或者支持的行为。倪某才以个人银行账户收取中气公司货款,中气公司对于倪某才的上述行为予以认可,两者共同完成了被诉侵权产品的销售和货款回收。可见,倪某才利用其对中气公司的控制权,实际与中气公司共同实施了制造、销售和许诺销售被诉侵权产品的行为。

综上所述,最高人民法院认定倪某才与中气公司构成共同侵权并应承担连带责任。

(三)律师提示

企业经营者应规范管理企业,公司生产、销售及许诺销售的产品可能侵犯他人专利权的,企业法人等管理人员尽量避免以个人账户收取公司货款。若法定代表人不得已代公司收取货款的,应及时转交给公司并保留相关票据,避免法定代表人个人与公司一同承担对外侵权赔偿的法律责任。此外,以个人账户代收公司款项还会带来税务风险。

六、展位出租方无侵权故意并尽到了合理注意义务的不构成专利侵权中的帮助侵权

(一)要点解读

行为人在展会上销售、许诺销售商品被认定专利侵权的情况下,客观上为侵权人提供了场地或平台的展位出租方(或展会举办方)有可能被专利权利人一并起诉共同侵权。展位出租方(或展会举办方)能否被认定共同侵权,主要看展位出租方(或展会举办方)是否有帮助侵权的主观故意。"故

意”指的是行为人知道或应当知道其行为可能会给他人造成损失，并且希望或放任这个损害结果的发生。

如何判断展位出租方（或展会举办方）是否“明知或应知”参展产品涉嫌侵权，要结合涉案专利的特点，综合判断，区分对待。对于从产品外观和参展人行为表象很明显能判断参展产品构成专利侵权的，或者有证据证明其能通过产品外观和参展人行为表象得出存在专利侵权行为认知的，一般可以直接认定“明知或应知”。例如，以显著低价销售劣质的奢侈品牌商品。而对于难以从产品外观或行为表象直接判断，尤其是需要专业知识和技能甚至借助于专门设备才能判断是否专利侵权的，则不能直接认定其“明知或应知”。否则就是对展位出租方（或展会举办方）提出了过高的注意义务，不符合商业逻辑和市场交易习惯。

（二）相关案例

广州天河高新技术产业开发区太极电子有限公司与广州硕德电子科技有限公司侵害发明专利权纠纷案[1]

广州天河高新技术产业开发区太极电子有限公司（以下简称太极公司）法定代表人吴某系名称为“一种实时变化美甲图案的方法”的发明专利的专利权人，后该专利的专利权人由吴某变更为太极公司。广州硕德电子科技有限公司（以下简称硕德公司）在展会上展出侵权产品，科贸公司出租展位给硕德公司。太极公司以硕德公司、科贸公司侵犯其专利权诉至广州知识产权法院。一审法院认为硕德公司许诺销售的侵权产品落入涉案专利的保护范围，判决硕德公司立即停止侵权，并赔偿太极公司合理经济损失。硕德公司不服一审判决，提起上诉。

本案的争议焦点：科贸公司在向硕德公司提供展位之前，对硕德公司展出产品是否侵权这一事实有无注意义务，进一步地，其为硕德公司提供展位的行为是否构成共同侵权。

一审法院广州知识产权法院认为，帮助他人实施侵害专利权行为的，构成与专利侵权人共同侵权，应承担连带责任。认定构成帮助侵犯专利权的

---

[1] 广东省高级人民法院（2018）粤民终 1370 号民事判决书。

共同侵权,需要审查以下三个要件:(1)有侵犯他人专利权的直接侵权行为存在;(2)客观上为直接侵权人的专利侵权行为提供了便利条件;(3)行为人主观上构成故意。故意是指行为人明知或应当知道自己的行为可能给他人的合法权利带来损害,在主观上对这种损害持希望或放任的态度。对于"应当知道",应结合客观情况综合判断。对涉案专利产品是否侵权,并不像商业商标权一样直观,尤其是涉案专利为方法发明专利。是否构成侵权需要具备相关专业知识才能做出判断,不应对场地出租方苛以过高的注意义务。综上所述,太极公司不能证明科贸公司对硕德公司的侵权行为明知或应知,太极公司关于科贸公司帮助硕德公司许诺销售侵权产品构成共同侵权的主张,依据不足。广州知识产权法院对于科贸公司构成帮助共同侵权的主张不予支持。

(三)律师提示

展位出租方(或展会举办方)在出租展位之前,应对参展方的主体资格进行形式审查,在合同中就专利保护和专利侵权责任承担进行明确约定;同时建立专利侵权纠纷的投诉、受理和处理机制。在展会期间需配合管理专利工作部门的专利执法工作。

七、受他人委托为实现专利技术设计图纸不属于专利侵权行为

(一)要点解读

我国《专利法》第11条规定:"发明和实用新型专利权被授予后,除本法另有规定的以外,任何单位或者个人未经专利权人许可,都不得实施其专利,即不得为生产经营目的制造、使用、许诺销售、销售、进口其专利产品,或者使用其专利方法以及使用、许诺销售、销售、进口依照该专利方法直接获得的产品。外观设计专利权被授予后,任何单位或者个人未经专利权人许可,都不得实施其专利,即不得为生产经营目的制造、许诺销售、销售、进口其外观设计专利产品。"可以看出,关于侵害专利权的行为,针对发明和实用新型专利,有五种侵犯专利权的行为:制造、使用、许诺销售、销售、进口;针对外观设计专利,有四种侵犯专利权的行为:制造、许诺销售、销售、进口。受他人委托为实现专利技术设计图纸本身不属于上述任何实施专利权的行为,所以并不直接侵犯他人专利权。此外,在无证据证明该行为人存在以该

图纸诱导、帮助等间接侵权行为时，该行为人受委托为实现专利技术设计图纸的行为不属于侵犯专利权的行为。

（二）相关案例

张某廷与衡水子牙河建筑工程有限公司、衡水华泽工程勘测设计咨询有限公司侵害发明专利权纠纷案〔1〕

张某廷系名称为“预制复合承重墙结构的节点构造施工方法”的发明专利的专利权人，张某廷认为衡水子牙河建筑工程有限公司（以下简称子牙河公司）承建的涉案建筑未经允许采用了其专利技术，构成对专利权的侵权行为。涉案建筑由衡水华泽工程勘测设计咨询有限公司（以下简称华泽公司）为涉案建筑进行工程设计。对于张某廷指控的专利侵权，子牙河公司辩称：子牙河公司为按图施工，在施工过程中没有任何侵权的故意和过失，缺乏构成侵权的主观要件；张某廷和华泽公司有恶意串通，引诱子牙河公司侵权的故意。因华泽公司设计采用的标准是由子牙河公司自费向有关出版部门购买，设计施工图依据明确记载了需要识别的专利技术以及专利权人的联系方式。最高人民法院最终认定华泽公司不构成专利侵权。

关于华泽公司为实现专利技术设计图纸的行为，最高人民法院再审认为，《专利法》规定了五种具体的实施方式：制造、许诺销售、销售、使用和进口。这是实施专利行为的穷尽性的规定。设计单位设计实现专利技术的图纸的行为并不属于《专利法》第 11 条规定的侵权行为。本案亦无证据证明华泽公司对子牙河公司存在诱导以及帮助等侵权行为。因此，华泽公司设计建筑施工图的行为，并不构成侵权。

（三）律师提示

由于市场的分工逐渐精细化，特定产品、作业的制作和完成过程中各主体参与的角色都有所差异。实践中有些行为看似处于“侵权源头”，但实际上并不侵权。是否构成侵权行为只有结合具体案情才能厘清。此外，本案例中，华泽公司作为涉案建筑的设计方，在意识到自身行为可能存在侵权的

---

〔1〕 最高人民法院（2012）民提字第 125 号民事判决书。

风险后及时进行了规避(明确记载相关专利及联系方式)的做法,在预防专利侵权上值得参考。

八、对专利技术特征进行非实质性替换的被控侵权产品应认定为等同侵权

(一)要点解读

等同侵权是指被诉侵权行为客体虽然没有落入权利要求字面含义的范围,但如果其与权利要求中记载的技术特征之间的差别是非实质性的,则仍构成侵犯专利权的行为。等同原则在被诉侵权产品或者方法与权利要求的文字记载存在某个或者某些区别点的情况下才需进一步考虑。因此,适用等同原则,从手段、功能和效果基本相同并且对所属领域普通技术人员显而易见入手,分析重点应当放在这些区别点上,对每一个区别点都应当单独地进行对比分析。但需强调,各个技术特征之间的等同,并不意味着要求各个技术特征之间必须是一一对应的关系。[1]具体参考《专利纠纷适用法律问题规定》第 17 条第 2 款:“等同特征,是指与所记载的技术特征以基本相同的手段,实现基本相同的功能,达到基本相同的效果,并且本领域普通技术人员在被诉侵权行为发生时无需经过创造性劳动就能够联想到的特征。”对等同技术特征的判断方法总结为“三基本一创造”,四个条件需要同时成立。其中,“无需经过创造性劳动就能够联想到”是指技术特征的替换是在本领域普通技术人员看来是显而易见的,并不具有实质性特点和进步。因此,被诉侵权技术方案对专利技术特征进行非实质性替换应认定为等同侵权。

(二)相关案例

浙江衣拿智能科技有限公司(原台州飞跃双星成衣机械有限公司)与宁波圣瑞思服装机械有限公司侵害发明专利权纠纷案[2]

台州飞跃双星成衣机械有限公司(以下简称飞跃公司)系“制衣工作站

[1] 参见尹新天:《中国专利法详解》(缩编版),知识产权出版社 2012 年版,第 473 页。
[2] 广东省高级人民法院(2017)粤民终 2901 号民事判决书。

中衣架的出站机构”发明专利的权利人。飞跃公司发现深圳市富安娜家居用品股份有限公司(以下简称富安娜公司)使用了宁波圣瑞思服装机械有限公司(以下简称圣瑞思公司)制造的一种制衣工作站。随后,飞跃公司向法院起诉富安娜公司和圣瑞思公司侵犯其专利权,并请求一审法院对富安娜公司进行证据保全。

深圳市中级人民法院一审认为,被诉侵权产品与涉案专利构成等同侵权,圣瑞思公司应停止侵权并承担侵权赔偿责任,富安娜公司合法来源抗辩成立。圣瑞思公司不服一审判决,向广东省高级人民法院提起上诉。

广东省高级人民法院总结双方的争议焦点:被诉侵权产品是否落入涉案专利权的保护范围,具体是对被诉侵权产品转轴与出站导轨一体成型的结构与权利要求1中“出站导轨固连在转轴上”是否构成等同以及被诉侵权产品弹簧的作用位置与权利要求1中“弹簧两端分别作用在轴套和转轴上”是否构成等同。

广东省高级人民法院认为,对于权利要求限定的技术特征,应当从该技术特征在技术方案中的功能、原理以及作用出发与被诉侵权产品进行相应地比对,不应当割裂各个技术特征之间的有机联系,机械地进行单独比对。

经一审庭审比对,被诉侵权产品同样有轴套、弹簧的设置,与涉案专利的主要区别在于被诉侵权产品的复位转动装置在轴套内,与出站导轨一体成型,套在轴套内的部件直径小于出站导轨,弹簧一端作用于该直径小于出站导轨部分的柱状结构横截面上。该结构与出站导轨部分配合,利用设置在该部件上的弹簧的扭力进行复位。该技术手段对于本领域的普通技术人员而言,通过焊接等不可拆的固定连接方式即可选择,属于无须通过创造性劳动就能想到的常规技术手段,因而与涉案专利中的“固连”属于基本相同的手段。被诉侵权产品的转轴与出站导轨的配合运动,与涉案专利限定的弹簧一端作用于转轴上的技术特征同样实现了通过与弹簧的相互作用,以弹簧的扭力解决了复位的功能,同时达到了与涉案专利技术方案基本相同的效果。故上述特征构成等同。最终,广东省高级人民法院认定被诉侵权产品落入涉案专利权的保护范围,维持原判。

（三）律师提示

企业进行新产品研发时，在预研阶段就要进行专利风险的排查和预警，当发现预研产品涉嫌落入他人专利保护范围时，应积极探索回避设计方案。在考虑回避方案时，优选明显不侵权的回避方案，比如回避方案相对权利要求为缺少技术特征的技术方案，如果次优的设计方案涉嫌构成等同侵权，需重点考虑等同特征在技术手段、效果以及功能上相比是否存在实质性的差异，尽量避免构成等同侵权的风险。

九、变劣的专利技术方案不一定构成等同侵权

（一）要点解读

所谓“变劣发明创造”，是指被诉侵权人为了躲避承担侵犯他人专利权的责任，在基本上采用专利发明创造实质性内容的情况下，故意略去专利权利要求中个别必要技术特征，使其实施的技术方案变为在性能和效果上均不如专利技术方案的变劣技术方案。[1]《专利纠纷适用法律问题规定》第17条第2款规定：“等同特征，是指与所记载的技术特征以基本相同的手段，实现基本相同的功能，达到基本相同的效果，并且本领域普通技术人员在被诉侵权行为发生时无需经过创造性劳动就能够联想到的特征。”根据本条规定，等同侵权要求“使用基本相同的手段，实现基本相同的功能，产生基本相同的技术效果”。但对于变劣发明是否构成等同侵权，我国在理论界及司法实践中均一直存在不同的观点。

不过，北京市高级人民法院《专利侵权判定指南（2017）》第129条第2款第3项指出：“下列情况可以认定为不相同也不等同：（3）被诉侵权技术方案省略权利要求中个别技术特征或者以简单或低级的技术特征替换权利要求中相应技术特征，舍弃或显著降低权利要求中与该技术特征对应的性能和效果从而形成变劣技术方案的。”结合以下案例中最高人民法院的判决观点，我国司法实践倾向于支持“变劣的专利技术方案不构成等同侵权”的观点。

---

〔1〕 参见尹新天：《中国专利法详解》（缩编版），知识产权出版社2012年版，第475页。

（二）相关案例

礼来公司与常州华生制药有限公司侵害发明专利权纠纷案[1]

礼来公司（Eli Lilly and Company）拥有名称为“制备一种噻吩并苯二氮杂化合物的方法”的第91103346.7号方法发明专利权。2003年礼来公司向江苏省南京市中级人民法院（以下简称一审法院）起诉常州华生制药有限公司（以下简称华生公司）侵害前述涉案专利权，该院驳回了礼来公司的诉讼请求。礼来公司不服，提起上诉。江苏省高级人民法院经审理后认为，一审法院认定礼来公司主张前述涉案方法专利涉及的奥氮平属于新产品，并对此作出了说明。在没有相反证据的情况下，可以认定奥氮平属于我国《专利法》所规定的新产品，华生公司依法应当就其生产奥氮平的方法不同于涉案专利方法承担举证责任。因华生公司举证不能，推定礼来公司关于华生公司生产奥氮平的方法落入其涉案专利权保护范围的主张成立。华生公司主张在礼来公司未提供任何证据证明华生公司生产工艺的情况下，应以华生公司2008年奥氮平备案工艺作为认定侵权与否的比对工艺。江苏省高级人民法院认为华生公司关于其不侵权的抗辩主张不能成立。礼来公司和华生公司均不服判决，向最高人民法院提起上诉。

最高人民法院根据华生公司提交的新证据，重新认定了其2008年向国家药监局备案的奥氮平制备工艺真实可行，2003年至涉案专利权到期日期间华生公司一直使用2008年补充备案工艺的反应路线生产奥氮平。并且以华生公司2008年备案的制备工艺与礼来公司的专利方法进行比对。最高人民法院认为，《专利纠纷适用法律问题规定》第17条第2款规定：“等同特征，是指与所记载的技术特征以基本相同的手段，实现基本相同的功能，达到基本相同的效果，并且本领域普通技术人员在被诉侵权行为发生时无需经过创造性劳动就能够联想到的特征。”本案中，就华生公司奥氮平制备工艺的反应路线和涉案方法专利的区别而言，首先，苄基保护的三环还原物中间体与未加苄基保护的三环还原物中间体为不同的化合物，两者在化学反应特性上存在差异，即在未加苄基保护的三环还原物中间体上，可脱落的Q基团和胺基均可与N－甲基哌嗪发生反应，而苄基保护的三环还原物中间体

[1] 最高人民法院（2015）民三终字第1号民事判决书。

由于其中的胺基被苄基保护，无法与 N－甲基哌嗪发生不期望的取代反应，取代反应只能发生在 Q 基团处；相应地，涉案专利的方法中不存在取代反应前后的加苄基和脱苄基反应步骤。因此，两个技术方案在反应中间物和反应步骤上的差异较大。其次，由于增加了加苄基和脱苄基步骤，华生公司的奥氮平制备工艺在终产物收率方面会有所减损，而涉案专利由于不存在加苄基保护步骤和脱苄基步骤，收率不会因此而下降。故两个技术方案的技术效果如收率高低等方面存在较大差异。最后，尽管对所述三环还原物中的胺基进行苄基保护以减少副反应是化学合成领域的公知常识，但是这种改变是实质性的，加苄基保护的三环还原物中间体的反应特性发生了改变，增加反应步骤也使收率下降。而且加苄基保护为公知常识仅说明华生公司的奥氮平制备工艺相对于涉案专利方法改进有限，但并不意味着两者所采用的技术手段是基本相同的。

最高人民法院最终认为，华生公司的奥氮平制备工艺在三环还原物中间体是否为苄基化中间体以及由此增加的苄基化反应步骤和脱苄基步骤方面，与涉案专利方法是不同的，相应的技术特征也不属于基本相同的技术手段，达到的技术效果存在较大差异，未构成等同特征。因此，华生公司奥氮平制备工艺未落入涉案专利权保护范围。判决撤销江苏省高级人民法院判决，驳回礼来公司的诉讼请求。

（三）律师提示

对于某些使用者而言，次优的技术方案（如变劣技术方案）也能满足其解决技术问题的需求。因此，专利权人确定了适合自己的最优专利技术方案后，在布局专利时，除了考虑保护最优的技术方案之外，还要考虑将相关变劣技术方案进行布局申请，从而更加完善地保护其专利技术。专利权人若站在诉讼的角度，将被告可能使用的回避设计方案均考虑进来进行专利布局，将会形成更完善的保护。

十、在授权确权程序中被专利权人放弃的技术特征在侵权判定中不再适用等同原则

（一）要点解读

等同特征的规定可参考《专利纠纷适用法律问题规定》第 17 条第 2 款，

"等同特征,是指与所记载的技术特征以基本相同的手段,实现基本相同的功能,达到基本相同的效果,并且本领域普通技术人员在被诉侵权行为发生时无需经过创造性劳动就能够联想到的特征"。该条款规定了构成等同特征的四个条件——"三基本一创造",只有四个条件同时满足才能构成等同特征。

《专利权纠纷司法解释》第6条规定:"专利申请人、专利权人在专利授权或者无效宣告程序中,通过对权利要求、说明书的修改或者意见陈述而放弃的技术方案,权利人在侵犯专利权纠纷案件中又将其纳入专利权保护范围的,人民法院不予支持。"该条款对禁止反悔原则进行了明确规定,即专利权人在授权或确权程序中,为获得授权或维持权利而对其保护范围缩小的限制,在后续专利侵权诉讼中不得将该限制再次纳入其专利权的保护范围。通常导致专利的保护范围变小的方式有两种:(1)进一步限定权利要求中已存在的技术特征;(2)在权利要求中增加新的技术特征。当专利权人按上述第一种方式修改权利要求时,专利权人明知或足以预见到还存在其他替代性技术特征,但没有将其纳入权利要求的保护范围,在侵权判定时,适用禁止反悔原则。被放弃的技术特征不能在侵权程序中凭借等同原则重新进入专利权的保护范围。

综上所述,等同原则与禁止反悔原则均是确定专利保护范围适用的解释规则。禁止反悔原则是对等同原则的一种限制,其作用正好与等同原则相反。

(二)相关案例

澳诺(中国)制药有限公司与湖北午时药业股份有限公司、王某社侵犯发明专利权再审纠纷案〔1〕

孔某平系发明专利"一种防治钙质缺损的药物及其制备方法"的专利权人。澳诺(中国)制药有限公司(以下简称澳诺公司)是该专利的独占许可人。该专利的申请公开文本中,独立权利要求包含可溶性钙剂的特征,可溶性钙剂包括葡萄糖酸钙、氯化钙、乳酸钙、碳酸钙或活性钙。在国家知识产权局第一次审查意见通知书中,审查员认为,该权利要求书中使用的上位概念"可溶性钙剂"包括各种可溶性的含钙物质,它概括了一个较宽的保护范

〔1〕 最高人民法院(2009)民提字第20号民事判决书。

围，而申请人仅对其中的“葡萄糖酸钙”和“活性钙”提供了配制药物的实施例，对于其他的可溶性钙剂没有提供配方和效果实施例，所属技术领域的技术人员难以预见其他的可溶性钙剂按本发明进行配方是否也能在人体中发挥相同的作用，权利要求在实质上得不到说明书的支持，应当对其进行修改。申请人根据审查员的要求，对权利要求书进行了修改，将“可溶性钙剂”修改为“活性钙”。

澳诺公司在王某社经营的药房公证购买了湖北午时药业股份有限公司（以下简称午时药业公司）生产的新钙特牌“葡萄糖酸钙锌口服溶液”两盒，该产品说明书载明的成分：每10ml含葡萄糖酸钙600mg、葡萄糖酸锌30mg、盐酸赖氨酸100mg。澳诺公司向法院起诉午时药业公司，主张被诉侵权产品落入了涉案专利的保护范围。河北省石家庄市中级人民法院委托鉴定机构进行鉴定，该机构作出的鉴定报告认为，被诉侵权产品含有葡萄糖酸钙，与涉案专利中的活性钙构成等同，因此，被诉侵权方案与涉案专利等同。河北省石家庄市中级人民法院一审认为，只有为了使专利授权机关认定其申请专利具有新颖性或创造性而进行的修改或意见陈述，才产生禁止反悔的效果，并非专利申请过程中关于权利要求的所有修改或意见陈述都会导致禁止反悔原则的适用。于是，法院判定侵权成立。午时药业公司不服该判决，提起上诉。

二审法院河北省高级人民法院驳回了午时药业公司的诉讼请求，维持原判。随后，午时药业公司向最高人民法院申请再审。最高人民法院总结本案的争议焦点为活性钙与葡萄糖酸钙是否构成等同。

通过专利申请公开文本可知，葡萄糖酸钙与活性钙是并列的两种可溶性钙剂，葡萄糖酸钙并非活性钙的一种。并且，专利申请人在修改时的意见陈述中，并未说明活性钙包括了葡萄糖酸钙。最高人民法院认为，专利权人在专利授权程序中对权利要求1所进行的修改，放弃了包含“葡萄糖酸钙”技术特征的技术方案。根据禁止反悔原则，专利申请人或者专利权人在专利授权或者无效宣告程序中，通过对权利要求、说明书的修改或者意见陈述而放弃的技术方案，在专利侵权纠纷中不能将其纳入专利权的保护范围。因此，涉案专利权的保护范围不应包括“葡萄糖酸钙”技术特征的技术方案。被诉侵权产品的相应技术特征为葡萄糖酸钙，属于专利权人在专利授权程序中放弃的技术方案，不应当认为其与权利要求1中记载的“活性钙”技术特征等同而将其纳入专利权的保护范围。因此，被诉侵权产品没有落入专利权的保护范围，午时药业公司、王某社生产、销售被诉侵权产品的行为不构成侵犯专利权。最高人民法院判决撤销一审、二审民事判决并驳回澳诺公司的诉讼请求。

(三)律师提示

专利侵权诉讼中，当权利人主张的被诉侵权方案与涉案专利等同的情况下，被诉侵权方可考虑通过查看涉案专利授权或者无效宣告程序中相关文件，确认被诉侵权方案中的技术特征是否被专利权人放弃。如果该技术方案中的技术特征被专利权人在授权确权程序中放弃过，而侵权程序中却试图通过等同原则纳入专利权的保护范围之内，被诉侵权方可向法院提出禁止反悔原则抗辩。

十一、改变方法专利的步骤顺序仍有可能构成等同侵权

(一)要点解读

我国的发明专利分为方法专利和产品专利。其中方法专利是用于解决某个技术问题的包含有一系列工艺流程或操作步骤的技术方案。

方法专利等同判定时，首先判断方法专利权利要求是否对步骤顺序有明确限定。方法专利权利要求对步骤顺序有明确限定的，步骤本身以及步骤之间的顺序均应对专利权的保护范围起到限定作用；在方法专利的权利要求没有明确限定步骤顺序时，应当结合说明书和附图、审查档案、权利要求记载的整体技术方案以及各个步骤之间的逻辑关系，确定各步骤是否应当按照特定的顺序实施。在确定权利要求的保护范围时，专利说明书及附图、权利要求书中的其他权利要求以及专利审查档案可以用于解释权利要求。可参考《专利权纠纷司法解释二》第 11 条，“方法权利要求未明确记载技术步骤的先后顺序，但本领域普通技术人员阅读权利要求书、说明书及附图后直接、明确地认为该技术步骤应当按照特定顺序实施的，人民法院应当认定该步骤顺序对于专利权的保护范围具有限定作用”的规定。

若方法专利没有对其实施的步骤顺序有实质性的限定，改变方法专利的实施步骤顺序并不会带来技术功能或者技术效果上的实质性差异；则应认定改变方法专利的实施步骤顺序仍落入该方法专利的权利保护范围，属

于等同侵权的范畴。

(二)相关案例

陈某弟与浙江乐雪儿家居用品有限公司、何某华及第三人温某丹侵害发明专利权纠纷案[1]

陈某弟系名称为“布塑热水袋的加工方法”、专利号为200610049700.5发明专利的权利人,于2010年2月17日获得专利权。同年9月,陈某弟在市场上发现了疑似侵权产品,于是全国各地进行公证购买。上述产品的外包装显示了“乐雪儿”商标等信息。

随后,陈某弟向辽宁省沈阳市中级人民法院起诉浙江乐雪儿家居用品有限公司(以下简称乐雪儿公司)、何某华侵犯其专利权。一审法院认定乐雪儿公司侵权成立。两被告均不服该判决,提起上诉。辽宁省高级人民法院二审仍维持对乐雪儿公司的判决,乐雪儿公司向最高人民法院申请再审。

最高人民法院总结本案的争议焦点:被诉侵权产品是否构成等同侵权。

最高人民法院认为,方法发明专利的权利要求是包括有时间过程的活动,如制造方法、使用方法、通讯方法、处理方法等权利要求。涉及产品制造方法的发明专利通常是通过方法步骤的组合以及一定的步骤顺序来实现的。关于步骤互换是否构成等同侵权问题,要看方法专利的步骤顺序是否对专利权的保护范围起到限定作用,从而导致在步骤互换中限制等同原则的适用,关键要看这些步骤是否必须以特定的顺序实施以及这种互换是否会带来技术功能或者技术效果上的实质性差异。

具体到本案,涉案专利权利要求1的第6步是对热水袋口部与螺纹塞座复合层进行热黏合的步骤;第7步是对热水袋袋体进行修边的步骤。被诉侵权方法采取的步骤是先对热水袋袋体进行修边,而后对热水袋口部与螺纹塞座复合层进行热黏合。因而,上述步骤的互换在技术功能和技术效果上也没有产生实质性的差异,故权利要求1的第6步、第7步与被诉侵权产品的生产方案相应步骤属于相等同的技术特征。

按照涉案专利权利要求1的第10步、第11步的步骤进行操作,在进行

---

[1] 最高人民法院(2013)民提字第225号民事判决书。

充气试压检验前，必须要从螺纹塞座中旋下螺纹塞盖后方能进行，与被诉侵权方法所采取的先试压检验后再装配螺纹塞盖的步骤相比，这种操作步骤实质上是增加了充气试压检验的操作环节，导致操作时间延长，效率降低。故这种步骤互换所产生的技术效果上的差异是实质性的，权利要求1的第10步、第11步与被诉侵权产品的生产方案相应步骤不属于相等同的技术特征。即不构成等同侵权。

最高人民法院判决撤销辽宁省高级人民法院(2011)辽民三终字第27号民事判决和沈阳市中级人民法院(2010)沈中民四初字第389号民事判决，驳回陈某弟的诉讼请求。

(三)律师提示

在对方法专利进行侵权比对时，先对被诉侵权方案与涉案专利进行相同侵权判定。如果不构成相同侵权，且二者的唯一区别仅在于步骤的顺序，则进一步判定涉案专利的权利要求是否在实质上对步骤的顺序进行了限定。如果步骤的顺序没有被限定，则构成等同或相同侵权。如果限定步骤的顺序，还须判断步骤顺序的改变是否会带来不同的技术效果和功能，在技术效果和功能上未产生实质性差异的构成等同侵权。对于被告来说，进行回避设计时尤其需要注意避免此情况下回避不成功的被动局面。

十二、与权利要求的功能性特征仅在功能上相同不构成等同侵权

(一)要点解读

《专利权纠纷司法解释二》第8条规定："功能性特征，是指对于结构、组分、步骤、条件或其之间的关系等，通过其在发明创造中所起的功能或者效果进行限定的技术特征，但本领域普通技术人员仅通过阅读权利要求即可直接、明确地确定实现上述功能或者效果的具体实施方式的除外。与说明书及附图记载的实现前款所称功能或者效果不可缺少的技术特征相比，被诉侵权技术方案的相应技术特征是以基本相同的手段，实现相同的功能，达到相同效果，且本领域普通技术人员在被诉侵权行为发生时无需经过创造性劳动就能够联想到的，人民法院应当认定该相应技术特征与功能性特征相同或者等同。"从以上司法解释的规定来看，相应的技术特征如果认定为

与功能性特征等同，除了在功能上二者存在相同以外，其还应具备以基本相同的手段，达到相同的效果的条件。如果仅与权利要求的功能性特征在功能上相同，而二者实现的手段不同或达到的效果不同，则不可认定为其与权利要求的功能性特征为等同。

值得一提的是，与权利要求的一般技术特征等同的条件：以基本相同的手段，实现基本相同的功能，达到基本相同的效果。

（二）相关案例

特莎有限公司与青海量具刃具有限责任公司、北京市哈量量具配件有限公司等侵害发明专利权纠纷案[1]

特莎有限公司（以下简称特莎公司）拥有一项专利号为ZL99110499.4、名称为“电子千分尺”的发明专利，该专利的申请日为1999年7月16日，优先权日为1998年7月17日，授权公告日为2004年9月8日。特莎公司认为青海量具刃具有限责任公司（以下简称青海量具刃具公司）制造的、瑞博东方公司和北京市哈量量具配件有限公司（以下简称哈量公司）销售的部分型号的电子千分尺涉嫌侵犯了其专利权，遂向法院提起诉讼。

北京市第二中级人民法院一审认定不侵权，理由之一为涉案专利权利要求1中“被设置得使内部空间全部成为液密封的连接结构”的技术特征为功能性特征，根据说明书记载的具体实施方式，要使内部空间形成液密封，应当具有防止液体沿摩擦环渗透的连接结构、使轴与套筒之间实现密封的连接结构，使安置千分尺串联接口连接器的槽实现密封的塞件；而被诉侵权产品的缺少轴与套筒之间的连接结构，故被诉侵权产品均未落入涉案专利权利要求1的保护范围。

特莎公司不服，提起上诉。北京市高级人民法院二审认定侵权，理由是被诉侵权产品的连接结构与涉案专利权利要求1中的连接结构相同，虽然被诉侵权产品连接结构采用了轴与套筒之间设置紧密配合的间隙结构，但这种连接属于本领域常用的技术手段，其与涉案专利权利要求1中连接结构采用的密封圈结构构成等同替换，故被诉侵权产品均落入涉案专利权利要求1

[1] 最高人民法院(2016)最高法民再176号民事判决书。

的保护范围。青海量具刃具公司不服，申请再审。

本案的争议焦点之一："被设置得使内部空间全部成为液密封的连接结构"所限定的保护范围。

最高人民法院再审认为，涉案专利权利要求1中的"被设置得使内部空间全部成为液密封的连接结构"，系通过功能或效果进行限定的功能性特征。对于功能性特征的内容，应当结合说明书和附图描述的该功能或者效果的具体实施方式及其等同的实施方式加以确定。即使被诉侵权产品的这种轴与套筒之间具有紧密配合的间隙实际上起到一定的密封效果，但该密封方式与涉案专利说明书所述的连接结构的技术效果仍存在较大差异，与说明书记载的具体实施方式并不等同，故被诉侵权技术方案未落入涉案专利权保护范围。因此，最高人民法院再审认为不构成侵权，维持了一审判决。

（三）律师提示

我国《专利法》第59条第1款规定："发明或者实用新型专利权的保护范围以其权利要求的内容为准，说明书及附图可以用于解释权利要求的内容。"据此，在实践中有部分人容易误认为，权利要求的功能性技术特征保护范围最大，从而在判断功能性技术特征的等同侵权时，错误地认为只要相应技术特征在功能上与权利要求的功能性特征相同，就可以判断该技术特征为等同侵权。从以上案例可以看出，在实践中应避免这种误判。若在侵权判定中，发现类似情况存在，应及时纠正。

十三、包含必要测试步骤的方法专利可延伸保护至对应的产品

（一）要点解读

在方法专利侵权纠纷中，若该方法专利不是严格的制造方法，其中包含部分测试步骤或者方法专利。检测方法专利是否能够延伸保护至对应的产品？

我国《专利法》第11条第1款规定："发明和实用新型专利权被授予后，除本法另有规定的以外，任何单位或者个人未经专利权人许可，都不得实施其专利，即不得为生产经营目的制造、使用、许诺销售、销售、进口其专利产品，或者使用其专利方法以及使用、许诺销售、销售、进口依照该专利方法直接获得的产品。"《专利权纠纷司法解释》第13条第1款规定："对于使用专

利方法获得的原始产品，人民法院应当认定为专利法第十一条规定的依照专利方法直接获得的产品。”

其中“依专利方法直接获得的产品”，指的是将原材料、物品按照方法专利权利要求记载的全部步骤特征进行处理加工，使原材料、物品在结构上或物理化学性能上产生实质性变化后所获得的原始产品，及对该原始产品进一步加工、处理而获得的后续产品。并非所有专利方法都能享受前述规定中“方法延及产品”的延伸保护。在当前常见的制造加工方法、作业方法和用途方法这三种方法专利中，一般仅限于制造加工方法能够延伸保护到产品，而其他两类方法不存在延伸保护问题。进一步地，作为制造方法专利的一种广义延伸，若专利方法包含必要测试步骤，因该专利方法是获得产品的必要步骤，若不禁止该产品，则无法限制已经采用该专利方法获得的产品为侵权人继续获利，此举不符合《专利法》保护专利权人的合法权益，打击侵权行为的立法本意。

（二）相关案例

深圳市朗科科技股份有限公司与广州友拓数码科技有限公司侵害发明专利权纠纷案〔1〕

深圳市朗科科技股份有限公司（以下简称朗科公司）系名称为“用于数据处理系统的快闪电子式外存储方法及其装置”、申请号为99117225.6的发明专利的专利权人。2016年5月，朗科公司通过阿里巴巴公司的阿里巴巴网站平台，在广州友拓数码科技有限公司（以下简称友拓公司）所经营的网店上公证购得“品牌：OEM，型号：YT－1238的新款龙纹金属U盘”产品，经对比分析，该闪存盘所采用的技术方案落入了本案专利所保护的范围，已构成侵权，故将友拓公司诉于广州知识产权法院，案件经过一审和二审，一审和二审均判定友拓公司构成侵权，应当停止侵权，承担赔偿责任。

本案的争议焦点：涉案专利方法是否属于制造方法，以及是否应停止友拓公司使用涉案专利方法以及许诺销售、销售依照该专利方法直接获得的产品的行为。

---

〔1〕 广东省高级人民法院（2018）粤民终427号民事判决书。

广东省高级人民法院认为,按照生产经营的实际出发,难以想象一个产品制造者在制造一个合格闪存装置时,不对该装置进行"经由USB引入所述外存储装置的工作电源"以及"按照USB标准规定的规范方法在数据处理系统主机与所述外存储装置之间传递要交换的信息"这两个步骤的测试。这种在产品制造过程中必须进行的测试,实际上已经与制造产品的整个过程融为一体,可以广义地理解为属于制造的过程。应当并停止销售、许诺销售依照该专利方法直接获得的产品。

(三)律师提示

申请人在撰写制造方法专利时,为了能够延伸保护至利用该制造方法直接获得的产品,应该避免将与产品制造无关的步骤写入权利要求中。在其他方法专利案例中,也可视情况积极主张延伸保护至产品,比如,药品检测方法,该检测方法为药品出厂所必备的步骤。

第六节 专利侵权判赔

一、高价值专利带来高额判赔

(一)要点解读

法律规定了四种专利侵权损害赔偿的依据,其中,法定赔偿为第四顺位的赔偿依据,但在实践中,其被适用的频率却是最高的。本书以下案例提供了一种影响赔偿额的因素——专利的高价值。

高价值专利是指具有较高使用价值、交易价值和附加价值的专利,能够使专利权人通过使用专利技术进行生产经营获得较高收入,或者能够通过交易行为或者质押等类交易行为获取较多收益,或者通过其附加价值为专利权人带来间接的、潜在的、隐形的某种积极效果。[1]若被诉侵权人实施的专利是高价值专利,严重侵害权利人的合法权益,如市场被抢占、许可费收入减少等,因高价值专利被侵害时,侵权人获利额高、权利人损失大,法院在

〔1〕 参见李小童、徐菲:《高价值专利识别方法有效性实证研究》,载《科技与法律》2019年第1期。

酌定赔偿数额时会考虑涉案专利的价值。对于判断专利价值方面,可以参考上海市高级人民法院《知产纠纷法定赔偿意见》第 8 条,“专利侵权诉讼中,可根据以下因素衡量专利权权利价值:(1)专利技术创造性、专利设计显著性;(2)专利技术研发成本、实施情况;(3)侵权行为发生时的合理转让价格、合理许可费用;(4)专利使用许可的种类、时间、范围;(5)市场上同类产品的平均利润;(6)其他可以衡量专利权权利价值的因素”。

（二）相关案例

佛山市顺德区华酷电器科技有限公司与深圳市洋昊电器有限公司侵害发明专利权纠纷案〔1〕

宋某芳、宋某果于 2013 年 8 月 8 日向国家知识产权局专利局申请名称为“一种便携式手工操作咖啡机”的发明专利,并于2016 年4 月20 日获得授权。佛山市顺德区华酷电器科技有限公司(以下简称华酷公司)为涉案专利的独占许可人。

华酷公司起诉深圳市洋昊电器有限公司(以下简称洋昊公司)侵犯其专利权,并请求保护涉案专利权利要求 1。一审法院判定被诉侵权产品落入专利权的保护范围,酌情确定洋昊公司在本案中赔偿华酷公司经济损失及制止侵权行为所支出的合理费用共计人民币 15 万元。

原告、被告双方均不服一审判决,上诉至广东省高级人民法院。广东省高级人民法院认为,被诉侵权产品落入专利权的保护范围之内,但一审法院的判赔额较低。理由如下:第一,涉案专利为发明专利,相关技术方案在日本、澳大利亚等国家也获得专利授权,可见其经过各国实质审查认可,技术含量较高,且涉案专利获得中山市知识产权局专利专项资金资助,发展前景较好。第二,洋昊公司实施的被诉侵权行为多样且规模较大。第三,涉案专利产品解决了现有咖啡机难以携带的不足,受到消费者认同。被诉产品完整采用了涉案专利技术方案,销售较好,此必对华酷公司相关产品的销售市场前景以及获取技术研发投入的回报造成障碍。第四,洋昊公司侵权行为隐蔽,本案华酷公司多次公证购买的产品及外包装上均未标注洋昊公司的

〔1〕 广东省高级人民法院(2017)粤民终 2844 号民事判决书。

信息;且洋昊公司在一审庭审中拒不提供财务账册,二审诉讼中坚称被诉产品仅为打样生产,规模小,面对证据仅简单否认而无法做出合理解释,其行为难以被认为是善意的;第五,华酷公司的合理维权费用已将近6万元。综上所述,一审法院仅判令洋昊公司赔偿华酷公司经济损失及合理维权费用15万元,明显偏低。最终,广东省高级人民法院将赔偿金额及合理维权费用酌情调整为50万元。

(三)律师提示

权利人可通过组织以下证据证明涉案专利为高价值专利,如多个国家的同族专利、维持有效的无效决定书、专利及专利产品的获奖情况、消费者评价等证据。此外,权利人也应该加大高价值专利的培育力度,如提高研发投入、聘请专业的代理机构等。

二、专利侵权产品的销售利润不必然是侵权行为人因侵权所得的利润

(一)要点解读

目前,法律规定了四种专利侵权损害赔偿的依据,各依据之间有着严格的顺位限制,优先级由高至低排列,即实际损失、侵权获利、许可使用费的倍数及法定赔偿。由于权利人难以获知被诉侵权产品的利润或被诉侵权人以涉及商业秘密为由拒绝提交利润数据,即使侵权获利是第二位优先级,其在实践中也很少被适用。

具体参考我国《专利法》第65条规定,“侵犯专利权的赔偿数额按照权利人因被侵权所受到的实际损失确定;实际损失难以确定的,可以按照侵权人因侵权所获得的利益确定。权利人的损失或者侵权人获得的利益难以确定的,参照该专利许可使用费的倍数合理确定。赔偿数额还应当包括权利人为制止侵权行为所支付的合理开支。权利人的损失、侵权人获得的利益和专利许可使用费均难以确定的,人民法院可以根据专利权的类型、侵权行为的性质和情节等因素,确定给予一万元以上一百万元以下的赔偿”。

此外,司法解释还规定了侵权获利的具体计算方法:侵权产品销售总金额×利润率,具体参考《专利纠纷适用法律问题规定》第20条第2款,“专利法第六十五条规定的侵权人因侵权所获得的利益可以根据该侵权产品在市

场上销售的总数乘以每件侵权产品的合理利润所得之积计算。侵权人因侵权所获得的利益一般按照侵权人的营业利润计算，对于完全以侵权为业的侵权人，可以按照销售利润计算”。

不过，对于多部件或者多专利的被诉侵权产品，原则上不宜简单采用侵权产品销售总金额乘以侵权产品利润率的方式计算侵权获利，而需要考虑涉案专利对于侵权产品利润的贡献度，以“侵权产品销售总金额×利润率×专利技术对产品价值的贡献度”的方法进行计算。对于专利技术对产品价值的贡献度，可以结合涉案专利对产品的重要性等因素酌定。

（二）相关案例

无锡国威陶瓷电器有限公司、蒋某屏与常熟市林芝电热器件有限公司、苏宁易购集团股份有限公司侵害实用新型专利权纠纷案[1]

蒋某屏于2009年9月8日向国家知识产权局申请了“一种PTC发热器的导热铝管及PTC发热器”的实用新型专利，该专利涉及一种空调的零部件。无锡国威陶瓷电器有限公司（以下简称国威公司）独占实施本案专利。

2013年10月18日，国威公司、蒋某屏分别公证购买TCL空调、海信空调、美的空调各一台。常熟市林芝电热器件有限公司（以下简称林芝公司）确认公证购买的TCL等空调中的PTC发热器是其销售的产品。随后，国威公司、蒋某屏向法院起诉林芝公司侵犯其专利权。江苏省南京市中级人民法院一审认为，被诉侵权产品落入专利权的保护范围，侵权成立；不支持国威公司、蒋某屏1500万元的赔偿请求，判定林芝公司赔偿国威公司、蒋某屏100万元。

国威公司、蒋某屏和林芝公司均不服，分别向江苏省高级人民法院提起上诉。江苏省高级人民法院认为被诉侵权产品不落入专利权的保护范围，驳回国威公司、蒋某屏的诉讼请求。

国威公司、蒋某屏不服二审判决，向最高人民法院申请再审。国威公司、蒋某屏仍坚持1500万元的赔偿金额。理由是林芝公司的销售金额为169,556,341元，利润率为15%，侵权利润为2543万元，其主张的1500万元属于合理范围之内。

---

〔1〕 最高人民法院(2018)最高法民再111号民事判决书。

最高人民法院总结本案的争议焦点：侵权成立后，林芝公司如何承担民事责任。

最高人民法院认为，第一，上述销售金额包含未缴税的金额及可能包含林芝公司销售不侵权产品的销售金额，因此总销售金额是不准确的。第二，侵权产品销售总金额乘以侵权产品利润率得到的是侵权产品销售利润，该销售利润并不必然就是侵权行为人因侵权所得的利润。原因在于，被诉侵权产品的利润来源除了使用专利技术方案外，可能来自其使用的其他专利或者其他部件。因此，需要考虑本案专利对于侵权产品利润的贡献度。第三，林芝公司的供货证据无法显示侵权产品占供货产品的比例，难以据此作为侵权获利方式计算损害赔偿数额的基准依据。第四，根据其他供货证据及《增值税暂行条例》计算出总销售金额（不含税）约为 114,371,557 元。第五，根据税务师事务所出具的报告，综合考虑林芝公司主张的最高利润率和国威公司主张的最低利润率，可酌定被诉侵权产品的利润率为 15%。第六，由于涉案专利对于林芝公司 PTC 发热器的市场吸引力起到了重要作用，故酌定涉案专利对于林芝公司侵权产品利润的贡献度为 50%。综上所述，最高人民法院对赔偿额的计算结果为 8,577,867 元。

（三）律师提示

当法院依据侵权人获利作为认定赔偿计算依据时，被诉侵权人如果能提供被诉侵权产品中其他对利润做出贡献的因素，如其他专利技术、技术秘密及其他优势零部件等，将有助于法院查明真实侵权获利，降低赔偿金额。同时，专利权人在撰写专利时，应避免将无关联且无技术贡献的附加技术特征写入从属权利要求中。

三、设备类专利产品的侵权赔偿不计算该设备生产的产品的价值

（一）要点解读

如果生产设备侵害了他人的专利权，侵权人使用了该生产设备制造产品，侵权人的获利应以侵权生产设备的市场价值计算赔偿额，以该设备生产出来的产品价值是否计算在内？

实施他人专利行为指的是为生产经营目的的制造、使用、许诺销售、销售、

进口其专利产品，或者使用其专利方法以及使用、许诺销售、销售、进口依照该专利方法直接获得的产品。也就是说，侵权产品包括专利产品和依照专利方法直接获得的产品。关于“依照专利方法直接获得的产品”的含义，详见北京市高级人民法院《专利侵权判定指南(2017)》第111条，“依照专利方法直接获得的产品，是指将原材料、物品按照方法专利权利要求记载的全部步骤特征进行处理加工，使得原材料、物品在结构上或物理化学性能上产生实质性变化后所获得的原始产品。将上述原始产品进一步加工、处理而获得的后续产品，即以该原始产品作为中间部件或原材料，加工、处理成为其他的后续产品，应当认定属于使用依照该专利方法直接获得的产品。对该后续产品的进一步加工、处理，不属于使用依照该专利方法所直接获得的产品的行为”。根据上述解释，“依照专利方法直接获得的产品”指的是将原材料、物品进行一系列的加工之后得出原始产品，以及将该原始产品在进一步加工处理得出后续产品。利用该原始产品的功能制造出来的产品并非该原始产品的后续产品，也就是若侵权设备产品制造其他产品，该“其他产品”并非“依据专利方法直接获得的产品”，因此在计算侵权赔偿时，这一部分产品的市场价值不计入。

(二)相关案例

天津联力化工有限公司与浙江福瑞德化工有限公司侵害发明专利权纠纷案[1]

天津联力化工有限公司(以下简称联力公司)系名称为“放料装置”的发明专利的专利权人，该专利涉及一种“三乙基铝的生产设备”。联力公司向北京知识产权法院(以下简称一审法院)起诉浙江福瑞德化工有限公司(以下简称福瑞德公司)侵犯其专利权，请求保护权利要求1至权利要求3。一审中，联力公司依据福瑞德公司2009年、2010年生产三乙基铝产品的单位利润，主张880万元的赔偿金额。

一审法院认定福瑞德公司侵权成立，赔偿联力公司经济损失880万元，驳回联力公司的其他诉讼请求。福瑞德公司不服一审判决，向北京市高级人民法院(以下简称二审法院)提起上诉，二审法院驳回福瑞德公司的上诉，

〔1〕 最高人民法院(2018)最高法民再387号民事判决书。

维持原判。

后福瑞德公司向最高人民法院申请再审。最高人民法院总结本案的争议焦点:福瑞德公司应承担的赔偿责任是否正确。

最高人民法院认为,本案技术方案A未构成专利侵权,福瑞德公司无需承担侵权赔偿责任。但需要指出的是,涉案专利权利要求1为产品权利要求,保护的是"放料装置",虽然权利要求1保护的产品可以用于三乙基铝的生产,但仅仅涉及其中的"放料"。权利要求1保护的既不是三乙基铝生产方法,也不能延及实施该生产方法获得的最终产品三乙基铝。一审、二审判决并未以被诉侵权产品"放料装置"本身的市场价值为依据,而是基于福瑞德公司使用被诉侵权产品"放料装置",经过包括"放料"在内的等多个工序后才生产得到的三乙基铝来确定本案赔偿数额,有所不当。最高人民法院判决撤销一审、二审法院判决,驳回联力公司的诉讼请求。

(三)律师提示

专利侵权案件中,侵权赔偿额可以结合侵权产品的市场价值进行计算,比如,侵权产品的市场占有量、销量、利润额等。若权利人主张的赔偿额是利用侵权产品作为设备生产的产品价值进行计算,已经超出了侵权产品的市场价值的计算范畴,被诉侵权人可对此进行抗辩。

四、参考专利许可使用费的前提是无法计算侵权损失与获利

(一)要点解读

当权利人的损失或者侵权人获得的利益难以确定时,可参照该专利许可使用费的倍数合理确定。《专利纠纷适用法律问题规定》第21条对专利许可使用费做了进一步解释,"权利人的损失或者侵权人获得的利益难以确定,有专利许可使用费可以参照的,人民法院可以根据专利权的类型、侵权行为的性质和情节、专利许可的性质、范围、时间等因素,参照该专利许可使用费的倍数合理确定赔偿数额;没有专利许可使用费可以参照或者专利许可使用费明显不合理的,人民法院可以根据专利权的类型、侵权行为的性质和情节等因素,依照专利法第六十五条第二款的规定确定赔偿数额"。此外,该条款规定了当许可费无参照或不合理时,可直接由法院酌定赔偿额

（法定赔偿）。在实践中，参考专利许可费作为侵权赔偿额的情况相对较少，侵权赔偿额大部分由法院酌定。

（二）相关案例

华某平、合肥安迪华进出口有限公司与如东县丰利机械厂有限公司专利侵权纠纷案[1]

1999年3月8日，华某平向国家专利局申请一项名称为“哑铃套组手提箱”的实用新型专利，该专利授权公告日为同年12月10日。2003年1月18日，华某平与合肥安迪华进出口有限公司（以下简称安迪华公司）签订了《专利技术实施许可合同》。华某平既是安迪华公司的股东，也是该公司的法定代表人。

2005年10月，华某平以上海斯博汀贸易有限公司（以下简称斯博汀公司）、如东县丰利机械厂有限公司（以下简称丰利公司）在南通海关出口的2160件哑铃套组手提箱侵犯其专利权为由，向南通海关申请扣押该批侵权产品，并随即向江苏省高级人民法院（以下简称一审法院）申请诉前责令停止侵犯专利权行为、财产保全及提起诉讼。

一审法院通过比对，认定被控侵权手提箱落入了涉案专利的保护范围。且现有证据能够证明被控侵权哑铃套组手提箱系由斯博汀公司委托丰利公司进行加工生产，二者共同实施了制造和销售行为。一审法院判定侵权成立，判令两被告支付赔偿金68万余元及其他维权支出。一审原告认为赔偿金额过低，上诉至最高人民法院。

一审原告在二审中主张赔偿额应参考其专利许可费。最高人民法院总结该案双方当事人的争议焦点：侵权损害赔偿数额的确定是否合法合理。

最高人民法院认为，双方当事人已确认丰利公司出口被诉侵权产品的数量为38,376件。在侵权产品销售数量可以确定的情况下，根据专利产品或者侵权产品的利润率，可以计算出被侵权人的损失或者侵权人获得的利益，并以此来确定赔偿额；在有关产品的利润率难以准确计算时，人民法院可以酌定一个合理的利润率来计算。当然，如果当事人能够证明存在一个真实合理的按照产品件数计算的专利许可使用费时，也可以根据按件计费

---

〔1〕 最高人民法院（2007）民三终字第3号民事判决书。

标准乘以侵权产品数量所得计算赔偿额,但是本案中所谓的专利许可使用费系按年度计费,并非按照产品数量计费,无法参照计算。另外,即使采用参照专利许可使用费的方法计算损害赔偿额,原告也必须负责证明专利许可使用费的真实性和合理性。本案中,涉案专利的权利人同时是被许可人的股东和法定代表人,二者之间显然具有利害关系。虽然事后专利权人将其所有股份让与他人并且不再担任法定代表人,但仅据此并不能排除对该专利许可使用费的真实性和合理性的合理怀疑,况且原告也未能提供证据证明该专利许可使用费已经实际支付并依法缴纳了相应税款,故该专利许可使用费的真实性和合理性不应当予以认定。综上所述,最高人民法院判定驳回上诉,维持原判。

(三)律师提示

在侵权诉讼中,若权利人无法证明自己的损失或侵权人的侵权获利,或者提交许可费证据更有利于获得更高的赔偿,可尝试向法庭提交许可费合同、发票及转账记录。但需要注意的是,实践中法官较少地采用许可费确定判赔额。此外,专利权人在与他人签订专利许可使用合同时,可约定单件产品的许可费,以便于维权时法官可精准计算赔偿金额。

五、被诉侵权产品侵犯较多的技术方案可以作为提高赔偿额的考量因素

(一)要点解读

权利人的损失、侵权人获得的利益和专利许可使用费均难以确定的,法律规定法院可以根据专利权的类型、侵权行为的性质和情节等因素,确定给予1万元以上100万元以下的赔偿。法院对赔偿额进行酌定时,会结合具体案情,综合考量后确定。考量因素包括:专利类型,制造、销售、许诺销售等侵权行为性质,侵权时间,专利及产品的价值,专利的对产品的贡献度等。侵权人所实施的被诉侵权技术方案侵犯涉案专利保护的权利要求的数量是衡量侵权情节的一种因素,其亦是法院酌定赔偿数额的考量因素。

(二)相关案例

生力公司与广州蓝尔迪塑料制品有限公司侵害发明专利权纠纷案[1]

生力公司系专利号为ZL200410057424.8、名称为“热绝缘衬垫”的发明专利的专利权人,该专利涉及一种货物集装箱的内衬。生力公司向广州知识产权法院(以下简称一审法院)起诉广州蓝尔迪塑料制品有限公司(以下简称蓝尔迪公司),主张被诉侵权产品落入了涉案专利权利要求1-6、9、10、12的保护范围。经过一审法院比对,判定被诉侵权产品落入涉案专利权利要求1、3、5、6、9、10及权利要求12的保护范围。一审法院综合考虑被诉侵权产品和方法落入生力公司专利多个权利要求的保护范围及其他因素,酌定侵权赔偿额为80万元。

蓝尔迪公司不服该判决,上诉至广东省高级人民法院。广东省高级人民法院总结该案的争议焦点:一审判决确定的赔偿数额是否合理。

二审期间,广东省高级人民法院对一审认定被诉侵权产品落入涉案专利权利要求6的保护范围予以改判,即被诉侵权产品落入涉案专利权利要求的1、3、5、9、10及权利要求12的保护范围。广东省高级人民法院认为,鉴于一审法院在酌情确定赔偿数额时,考虑了被诉侵权产品落入涉案专利多个权利要求的保护范围,由于对被诉侵权产品落入涉案专利权利要求6的保护范围予以改判,因此对于赔偿数额也相应酌减为60万元。

(三)律师提示

在专利申请阶段合理布局权利要求,将所有可预见到的技术方案有层次地布局在权利要求中——这里的技术方案包括最优方案、次优方案以及权利人不使用而竞争对手会使用的技术方案(防御性技术方案)。在专利侵权诉讼阶段,权利人尽可能主张所有的被侵权的权利要求,一方面可以争取较高的赔偿额;另一方面一旦专利部分权利要求被无效后,仍可以继续主张其他被维持有效的权利要求。

---

[1] 广东省高级人民法院(2017)粤民终1458号民事判决书。

六、侵权人的主观过错是酌定判赔额的因素之一

（一）要点解读

学界通常有两个原则确定侵权赔偿额，即填平原则和惩罚性原则。通常，我国采用的是前者，是以弥补权利人的损失为目的的赔偿，故这种赔偿也称为补偿性赔偿。

采用填平原则可能导致专利权侵权行为屡禁不止，尤其使具有良好市场前景和经济效益的专利技术的权利人疲于应付侵权行为。而无论侵权人是故意还是过失，均会因为填平原则“恢复原状”。笔者注意到，我国知识产权保护制度日益完善，也在不断尝试解决权利人遇到的“举证难”“周期长”“赔偿额低”三大难题。同时，一种希望法院更多适用“惩罚性原则”的呼吁声在不断加大，以解决我国专利侵权案件中的三大难题中的“赔偿额低”。虽然法律并没有明确区别对待故意侵权和过失侵权，但在实践中，故意侵权人可能会面临更严重的侵权后果。因此，法院在酌定赔偿额时，还会考虑侵权人的主观恶意。

（二）相关案例

合肥安迪华进出口有限公司与如东县丰利机械厂有限公司专利侵权纠纷案[1]

1999 年 3 月 8 日，华某平向国家专利局申请一项名称为“哑铃套组手提箱”的实用新型专利，该专利授权公告日为同年 12 月 10 日。2003 年 1 月 18 日，华某平与合肥安迪华进出口有限公司（以下简称安迪华公司）签订了《专利技术实施许可合同》。华某平既是安迪华公司的股东，也是该公司的法定代表人。

2005 年 10 月，华某平以上海斯博汀贸易有限公司（以下简称斯博汀公司）、如东县丰利机械厂有限公司（以下简称丰利公司）在南通海关出口的 2160 件哑铃套组手提箱侵犯其专利权为由，向南通海关申请扣押该批侵权产品，并随即向江苏省高级人民法院（以下简称一审法院）申请诉前责令停止侵犯专利权行为、财产保全及提起诉讼。

---

[1] 最高人民法院（2007）民三终字第 3 号民事判决书。

一审法院通过比对,认定被控侵权手提箱落入了涉案专利的保护范围。且现有证据能够证明被控侵权哑铃套组手提箱系由斯博汀公司委托丰利公司进行加工生产,二者共同实施了制造和销售行为。一审法院判定侵权成立,判令两被告支付赔偿金68万余元及其他维权支出。安迪华公司认为赔偿金额过低,上诉至最高人民法院。

最高人民法院总结该案双方当事人的争议焦点:侵权损害赔偿数额的确定是否合法合理。

最高人民法院认为,一审法院根据侵权产品销售数量乘以酌定的专利产品的合理利润来计算本案赔偿额,并无不妥,但各方当事人对一审法院酌定的合理利润率15%均有异议。虽然斯博汀公司和丰利公司上诉认为一审确定的利润率过高,但均未能举出充分的证据支持其主张。

同时,在确定知识产权侵权损害赔偿额时,可以考虑当事人的主观过错程度确定相应的赔偿责任,尤其是在需要酌定具体计算标准的情况下,应当考虑当事人的主观过错程度。本案中斯博汀公司在与安迪华公司终止了使用涉案专利手提箱的哑铃产品的采购关系后,又向丰利公司采购同样产品,存在明显的主观过错,应当在赔偿额上有所体现。综合考虑,确定涉案专利包装箱的合理利润率为涉案哑铃产品销售价的15%,虽然相对较高,但考虑到侵权人的主观过错明显,该酌定的利润率并无明显不妥。最高人民法院判定驳回上诉,维持原判。

(三)律师提示

在实践中,如果能证明侵权人具有明显的主观过错,那么权利人可能会获得更高的赔偿额。因此,权利人在起诉前需要收集相关证明侵权人有主观过错的证据,如权利人与被诉侵权人之间的专利产品代理合同、专利产品买卖合同、侵权警告律师函及快递单,以及权利人在销售平台(例如,天猫、京东等)对被诉侵权人的投诉记录等。

七、法院酌定专利侵权赔偿可能突破最高100万元的限额

(一)要点解读

《专利法》第65条规定:“侵犯专利权的赔偿数额按照权利人因被侵权

所受到的实际损失确定;实际损失难以确定的,可以按照侵权人因侵权所获得的利益确定。权利人的损失或者侵权人获得的利益难以确定的,参照该专利许可使用费的倍数合理确定。赔偿数额还应当包括权利人为制止侵权行为所支付的合理开支。权利人的损失、侵权人获得的利益和专利许可使用费均难以确定的,人民法院可以根据专利权的类型、侵权行为的性质和情节等因素,确定给予一万元以上一百万元以下的赔偿。”

要实现我国《专利法》维护社会公平和市场竞争秩序,促进科技进步和经济社会发展的立法目的,必须严厉打击专利侵权行为,合理赔偿专利权人因侵权行为所遭受的损失,以维护专利权人的合法权益。对于适用法定赔偿时所参考的因素部分,上海市高级人民法院《知产纠纷法定赔偿意见》第5条规定:“适用法定赔偿方法确定赔偿数额时,一般综合以下因素酌定赔偿数额:(1)被侵犯知识产权的权利价值;(2)侵权情节;(3)侵权损害后果;(4)侵权人过错程度;(5)其他应予考虑的因素。”目前司法实务中,若侵权人的行为给权利人造成的损失已经明显超过了法定赔偿的最高限额(100万元人民币),可以在法定赔偿最高限额以上合理确定赔偿额。

(二)相关案例

深圳敦骏科技有限公司与深圳维盟科技股份有限公司、泉州市冠峰网络科技有限公司侵害发明专利权纠纷案[1]

深圳敦骏科技有限公司(以下简称敦骏公司)于2015年7月2日受让获得名称为“一种简易访问网络运营商门户网站的方法”、专利号为ZL02123502.3的发明专利权。泉州市冠峰网络科技有限公司(以下简称冠峰公司)销售由深圳维盟科技股份有限公司(以下简称维盟公司)生产的路由器设备侵犯了上述专利权,冠峰公司和维盟公司被敦骏公司起诉。

福建省泉州市中级人民法院审理认定:维盟公司生产的59款产品所实施的技术方案均落入敦骏公司涉案专利的保护范围,因维盟公司拒绝提供财务报表及销售台账,法院以上述59款产品的网络销售平台显示的库存数量即销售量作为确定赔偿数额的参考依据。泉州市中级人民法院认为由于

[1] 福建省泉州市中级人民法院(2017)闽05民初1124号民事判决书。

原告、被告均未能证明权利人的实际损失和侵权人因侵权行为所获得的非法利润，故本案应依据我国《专利法》规定的定额赔偿方式确定赔偿数额。根据前述对网络销售的部分涉案产品销售金额的分析可知，维盟公司的侵权行为给敦骏公司造成的损失已远远超过我国《专利法》规定的法定赔偿的最高限额，若机械适用法定赔偿最高限额的规定，将明显有悖我国《专利法》第1条关于保护专利权人的合法权益、促进科学技术进步和经济社会发展的原则，严重损害社会公平和市场竞争秩序。据此，泉州市中级人民法院根据对全案证据的审查情况，综合考虑维盟公司规模及近三年企业利润、主营产品、侵权产品参考数量和价款、侵权时间，支持敦骏公司1000万元的诉讼主张。

（三）律师提示

专利权人在维权诉讼中难以收集证明自己实际损失的证据，以及证明制造侵权者实际获利的证据，但可以尽量收集制造者生产的侵权产品流入市场的销量，通过更多的途径证明生产商的侵权获利。例如，收集被诉侵权产品的投标信息；公证侵权人线下经销商的销售情况及店铺中可观察到的库存；通过起诉多个销售商以获得较多的销量证据等证实销量涉及的利润大于《专利法》规定的100万元赔偿上限的，仍有可能获得高额赔偿。

八、权利人可依据和解协议的违约条款主张重复侵权的赔偿额

（一）要点解读

被诉侵权人与权利人达成和解或接受调解一般包含以下两个条件：一是被诉侵权人不再侵权；二是双方对重复侵权发生后赔偿金额的约定。当侵权人重复侵权后，是否可以适用“事先约定的赔偿”？在和解协议中对于重复侵权后的赔偿金额的问题作出的约定，属于双方就未来发生侵权时权利人因被侵权所受到的损失或者侵权人因侵权所获得的利益，预先达成的一种简便的计算和确定方法。此类规定属于当事人私法自治的范围，法无禁止即自由，在重复侵权行为发生后，法院准许按照此类约定计算赔偿数额。

（二）相关案例

中山市隆成日用制品有限公司与湖北童霸儿童用品有限公司侵害外观设计专利权纠纷案[1]

中山市隆成日用制品有限公司（以下简称隆成公司）系名称为"脚踏板"外观设计专利、名称为"婴儿车可单手收合结构"实用新型、名称为"前轮定位装置"实用新型的专利权人。2008年至2009年，隆成公司起诉湖北童霸儿童用品有限公司（以下简称童霸公司）侵犯其上述三个专利，一审法院分别作出（2008）武知初字第145号、第142号及第144号判决书。童霸公司不服第142号及第144号判决书，提起上诉。二审期间，双方达成调解，调解书主要内容：童霸公司保证不再侵犯隆成公司的专利权，如发现一起侵犯隆成公司外观设计专利权的行为，自愿赔偿隆成公司人民币50万元。

2011年5月，隆成公司因童霸公司重复侵权而再次起诉。鉴于双方之间存在在先的调解协议，一审、二审法院均认为此案属于侵权责任与违约责任竞合的情形，因隆成公司明确选择侵权之诉，因此不支持其按双方在民事调解书中约定违约金予以赔偿的请求。

隆成公司向最高人民法院申请再审。最高人民法院总结本案的争议焦点：童霸公司的赔偿金额能否适用调解协议中的约定。

最高人民法院认为，首先，本案中童霸公司应承担的民事责任不属于侵权责任与违约责任竞合之情形。《合同法》第122条所规定的侵权与违约责任的竞合，其法律要件是"因当事人一方的违约行为，侵害对方人身、财产权益"。就该规定来看，违约责任与侵权责任竞合的前提是当事人双方之间存在一种基础的交易合同关系。基于该交易合同关系，一方当事人违反合同约定的义务，该违约行为侵害了对方权益而产生侵权责任。因此，该规定中的违约行为应当是指对基础交易合同约定义务的违反，且该违约行为同时侵害了对方权益，而不是指对侵权行为发生之后当事人就如何承担赔偿责任所作约定的违反。《合同法》第122条中的违约行为与侵权行为是同一法律行为，而一方的侵权行为与侵权行为发生后双方对赔偿责任计算方式和数额的约定则是两个法律行为。从调解协议的内容来看，该协议并非隆成

[1] 最高人民法院（2013）民提字第115号民事判决书。

公司与童霸公司之间的基础交易合同，而是对侵权行为发生后如何承担侵权赔偿责任（包括计算方法和数额）的约定。因此，本案中童霸公司应承担的民事责任，不属于《合同法》第122条规定的侵权责任与违约责任竞合的情形。

其次，应当明确，本案中童霸公司应承担的民事责任系侵权责任。一方面，前已述及，隆成公司与童霸公司之间并不存在基础合同关系；另一方面，调解协议的法律意义与效果不在于对童霸公司的合同交易义务作出约定，而在于对侵权责任如何承担作出约定。即使没有调解协议，童霸公司基于法律规定也同样负有不侵权的义务。当事人双方将童霸公司将来侵权行为发生后的具体赔偿方法和数额写进调解协议，只是为了便于进一步约定当童霸公司再次侵权时其侵权责任应如何承担。

最后，我国《侵权责任法》《专利法》等法律并未禁止被侵权人与侵权人就侵权责任的方式、侵权赔偿数额等预先作出约定；这种约定的法律属性，可认定为双方就未来发生侵权时权利人因被侵权所受到的损失或者侵权人因侵权所获得的利益，预先达成的一种简便的计算和确定方法。

综上所述，最高人民法院裁定本案可以适用隆成公司与童霸公司在调解协议中约定的赔偿数额确定方法。

（三）律师提示

实践中，专利侵权之诉中可以适用“事先约定赔偿”。因此，专利权人可以充分利用这一方式来保证在将来可能发生的专利侵权诉讼中获得足够的赔偿，以避免因举证困难或举证不能导致赔偿数额过低。

权利人在专利维权的过程中，与侵权人签订和解协议时，建议在和解协议中约定明确，包括但不限于：权利人所持有的权利名称、侵权产品型号、侵权行为类型、侵权产品来源、库存侵权产品详情、侵权人承诺未来不会实施的行为类型、违反承诺后甘愿承担责任的方式和赔偿数额、权利人监督侵权人的方式和途径、保密条件。

九、专利侵权人以支付合理费用的方式代替停止侵权须基于国家利益或公共利益的考量

(一)要点解读

停止侵权是承担专利侵权责任的基本方式,不判令停止侵权是承担专利侵权责任的例外情形。在停止侵权将损害国家利益、公共利益的情况下,法院可以依据案件情况不判令停止侵权,以支付合理费用的方式替代停止侵权责任。具体规定见《专利权纠纷司法解释二》第 26 条,"被告构成对专利权的侵犯,权利人请求判令其停止侵权行为的,人民法院应予支持,但基于国家利益、公共利益的考量,人民法院可以不判令被告停止被诉行为,而判令其支付相应的合理费用"。最高人民法院的此条规定,其效果类似于《专利法》的强制许可制度,同时避免了在侵权诉讼过程中引入复杂的专利强制许可程序,有利于提高诉讼效率,及时定分止争。

"国家利益"与"公共利益"如何界定?《专利法》和最高人民法院相关司法解释并未给出明确判定标准。北京市高级人民法院《专利侵权判定指南(2017)》以列举的方式指明了可以认定为有损国家利益或公共利益的情形,其第 148 条规定:"被诉侵权行为构成对专利权的侵犯,但判令停止侵权会有损国家利益、公共利益的,可以不判令被诉侵权人停止侵权行为,而判令其支付相应的合理费用。以下情形可以认定为有损国家利益或公共利益:(1)有损于我国政治、经济、军事等安全的;(2)可能导致公共安全事件发生的;(3)可能危及公共卫生的;(4)可能造成重大环境保护事件的;(5)可能导致社会资源严重浪费等利益严重失衡的其他情形。"实务中可以参考前述意见。

(二)相关案例

胡某泉、朱某蓉与山东省惠诺药业有限公司侵害发明专利权纠纷案[1]

2007 年 8 月,山东省惠诺药业有限公司(以下简称惠诺药业)与范某签订合作协议,约定采取合作经营的方式共同开发和经营 5ml:500 单位肝素

[1] 山东省高级人民法院(2018)鲁民终 870 号民事判决书。

钠注射液(后更名为肝素钠封管注射液)。惠诺药业负责药品的研发及注册申报工作,并组织该药品的生产;范某承担该品种研发与注册的相关费用并组织销售,以及协助惠诺药业对补充申请的申报材料进行完善。2013 年 4 月 2 日,胡某泉、朱某蓉向国家知识产权局申请了一种名称为“肝素钠封管注射液的质量检测方法”的发明专利,2014 年 8 月 6 日,该涉案专利获得发明专利授权。专利证书上记载的发明人为范某、林某,专利权人为胡某泉、朱某蓉。

后来双方合作关系破裂,胡某泉、朱某蓉以惠诺药业在涉案发明专利申请日之后一直使用涉案发明专利方法检测生产的涉案药品为由,起诉惠诺药业要求停止侵权并赔偿损失。惠诺药业认可侵权事实。一审庭审中,双方均认可国家食品药品监督管理总局[1]颁布的肝素钠封管注射液的药品标准 WS1 - XG - 011 - 2013 与涉案发明专利的权利要求 1 内容一致,即惠诺药业的药品检测行为落入了原告的专利权保护范围。本案争议焦点之一为惠诺药业应否停止使用涉案专利方法对“肝素钠封管注射液”进行质量检测的行为。一审法院以判令停止侵权会损害公共利益为由,不支持停止侵权。

二审法院山东省高级人民法院认为,本案中,(1)涉案专利虽涉及“肝素钠封管注射液”国家药品标准,但“肝素钠封管注射液”药品的出现只是解决了之前医护人员的配药麻烦;(2)“肝素钠封管注射液”并非专用于治疗某种疾病或治疗中必不可少的药物,不使用该药品并不会直接损害社会公众的身体健康;(3)根据二审查明事实,目前生产“肝素钠封管注射液”的药企并非只有惠诺药业一家;(4)惠诺药业与范某、艾诺吉公司之前的合作协议是因惠诺药业的违约行为而导致解除,故无法继续使用涉案专利检测方法的后果是惠诺药业的违约行为所致,惠诺药业主观上具有过错。包括惠诺药业在内的相关药品生产企业完全可以通过与涉案专利权人平等协商的方式取得实施涉案专利权的合法许可,进而按照涉案国家药品标准进行“肝素钠封管注射液”药品的生产检测,实现互利共赢。据此,山东省高级人民法院改判停止侵权,惠诺药业停止使用涉案专利方法对“肝素钠封管注射液”进行质量检测的行为。

---

〔1〕 现为国家药品监督管理局。

（三）律师提示

如果被诉侵权人生产的产品涉及国家利益及公共利益，如涉及社会经济资源、社会秩序、生态环境、公共卫生等领域的，被告可以根据《专利权纠纷司法解释二》第 26 条进行抗辩。被诉侵权人应向法官示明，若判令其停止侵权，会给社会带来极大的损失与浪费，可判令其向权利人支付合理费用代替停止侵权。

十、使用方法专利侵权人可以通过变更产品的使用方法来履行停止侵权义务

（一）要点解读

我国《专利法》第 11 条第 1 款规定："发明和实用新型专利权被授予后，除本法另有规定的以外，任何单位或者个人未经专利权人许可，都不得实施其专利，即不得为生产经营目的制造、使用、许诺销售、销售、进口其专利产品，或者使用其专利方法以及使用、许诺销售、销售、进口依照该专利方法直接获得的产品。"根据本条规定，专利权人对未经其许可实施其专利的行为拥有禁止权。

根据北京市高级人民法院《专利侵权判定指南（2017）》第 111 条的规定，"依照专利方法直接获得的产品，是指将原材料、物品按照方法专利权利要求记载的全部步骤特征进行处理加工，使得原材料、物品在结构上或物理化学性能上产生实质性变化后所获得的原始产品。将上述原始产品进一步加工、处理而获得的后续产品，即以该原始产品作为中间部件或原材料，加工、处理成为其他的后续产品，应当认定属于使用依照该专利方法直接获得的产品。对该后续产品的进一步加工、处理，不属于使用依照该专利方法所直接获得的产品的行为"。

在这种情况下对依照专利方法直接获得的产品进行保护，停止侵权时要求停止制造、销售和许诺销售被诉依照专利方法直接获得的产品。同时，根据北京市高级人民法院《专利侵权判定指南（2017）》第 103 条的规定，"使用专利方法，是指权利要求记载的专利方法技术方案的每一个步骤均被实现，使用该方法的结果不影响对是否构成侵犯专利权的认定"。因此，若被诉侵权人仅实施了权利人的专利方法，而无依照该专利方法直接获得的产

品，法院不会支持判令被诉侵权人停止制造、销售和许诺销售侵权产品的诉讼请求。

（二）相关案例

广州天河高新技术产业开发区太极电子有限公司与广州硕德电子科技有限公司侵害发明专利权纠纷案〔1〕

广州天河高新技术产业开发区太极电子有限公司（以下简称太极公司）拥有名称为"一种实时变化美甲图案的方法"的发明专利，太极公司以广州硕德电子科技有限公司（以下简称硕德公司）侵犯其前述专利为由向人民法院提起诉讼。广州知识产权法院一审经过侵权比对认为，硕德公司制造、销售、许诺销售的被诉侵权产品在使用过程中所使用的方法落入前述专利权保护范围，构成侵权，判决硕德公司停止制造、销售、许诺销售该侵权产品，并向太极公司支付赔偿。硕德公司不服，提起上诉。

广东省高级人民法院二审经过侵权比对，同样认定被诉侵权产品在使用过程中所使用的方法落入前述专利权保护范围。但是，广东省高级人民法院认为，对方法专利而言，专利权人的排他权利体现为对使用行为的控制以及对依专利方法直接获得的产品的控制。对于不属于以上专利权行使范围的产品，法院直接判令停止制造、销售和许诺销售被诉侵权产品，缺乏法律依据。而且，在依法判令硕德公司停止使用被诉方法后，硕德公司可对其产品方案进行删除或修改，使其生产、销售、许诺销售的美甲机产品不再含有被诉方案功能模块、说明书不再记载相应被诉方案内容，此亦符合"停止使用"之义。可见判令停止使用被诉方法已足以起到制止侵权的作用。故广东省高级人民法院最终判决硕德公司立即停止使用前述发明专利方法，不需要停止制造、销售和许诺销售被诉侵权产品。

（三）律师提示

停止侵权民事责任的承担，对被诉侵权人的打击是非常大的，特别是对于制造者而言。停止制造、销售和许诺销售意味着库存产品全部失去价值。

---

〔1〕 广东省高级人民法院（2018）粤民终1370号民事判决书。

被诉侵权产品侵犯了专利权人的方法专利，首先应当审查涉案专利是制造方法专利还是使用方法专利。如果是使用方法专利，可以通过修改产品的使用方法来规避侵权。在诉讼过程中也可以停止使用专利方法而非停止制造、销售和许诺销售被诉侵权产品进行抗辩，以减少损失。

第三章 专利侵权抗辩

第一节 现有技术抗辩

一、现有技术抗辩应将现有技术与被诉落入专利权保护范围的全部技术特征进行比对，而非比对部分

(一)要点解读

《专利权纠纷司法解释》第 14 条第 1 款规定:“被诉落入专利权保护范围的全部技术特征,与一项现有技术方案中的相应技术特征相同或者无实质性差异的,人民法院应当认定被诉侵权人实施的技术属于专利法第六十二条规定的现有技术。”应当明确“被诉落入专利权保护范围的全部技术特征”是指被诉侵权技术方案中被指控落入专利权保护范围的技术特征。实践中,被诉侵权人进行现有技术抗辩时,偏向于在权利要求保护范围的技术方案中找到与现有技术方案相同之处,因而落入“以偏概全”的误区。

判定被诉侵权产品是否使用现有技术,应当考虑以下几个方面:首先,被诉侵权产品技术特征是否与现有技术方案内容相互对应,同时被诉侵权产品技术特征与涉及的专利技术特征完全对应。其次,现有技术的技术特征与权利人要求保护的技术特征是否相互对应,即现有技术应与涉案专利保护权利要求的技术特征相同或无实质性差异。最后,现有技术抗辩应采用完整的技术方案进行比对,而非只比对部分或者被诉侵权人认为的发明点。

故专利侵权纠纷案件中，当事人应当走出“以偏概全”的误区，采用现有技术抗辩时，应采用完整的技术方案进行比对，而不能只比对部分或者被诉侵权人认为的发明点。

（二）相关案例

深圳超多维光电子有限公司与深圳市钛客科技有限公司、深圳市亿思达科技集团有限公司侵害发明专利权纠纷案[1]

深圳超多维光电子有限公司（以下简称超多维公司）系“2D/3D 切换立体显示设备、显示切换装置及驱动装置、方法”的发明专利权人，被告深圳市钛客科技有限公司（以下简称钛客公司）与被告深圳市亿思达科技集团有限公司（以下简称亿思达公司）因侵犯原告的涉案发明专利被超多维公司诉至法院。被告提供了专利号为 ZL20111003××××.×的发明专利作现有技术抗辩。

本案的主要争议焦点：被告仅针对原告权利要求技术特征中的部分技术特征作现有技术抗辩，其抗辩能否成立。

深圳市中级人民法院认为，判定侵权产品是否使用了现有技术，在比对时应当采用完整的技术方案进行比对，不能只比对部分或者其认为的发明点。本案中，被告自认其提出的现有技术方案是对涉案专利技术特征的部分比对，并未对被诉侵权产品的全部技术特征进行比对，故对被告提出的现有技术抗辩不予认可。判决被告立即停止对原告专利权的侵害，两被告共同承担赔偿责任。

（三）律师提示

在主张现有技术抗辩中，判断现有技术是否成立，无论是权利人还是被诉侵权人都应有一个统一的现有技术抗辩的判断路径。首先，应当关注被诉侵权产品实施的技术方案是否与现有技术相同。其次，将权利人主张的专利权保护范围的全部技术特征与现有技术方案的相应技术特征进行逐一比对，看二者是否相同。如果判断结果都相同或无实质差异，则现有技术抗

[1] 广东省深圳市中级人民法院（2016）粤 03 民初第 1554 号民事判决书。

辩成立。否则,抗辩不成立。

二、被诉侵权产品是一项现有技术与公知常识的简单组合的,可以作现有技术抗辩

（一）要点解读

我国《专利法》第62条规定:"在专利侵权纠纷中,被控侵权人有证据证明其实施的技术或者设计属于现有技术或现有设计的,不构成侵犯专利权。"《专利权纠纷司法解释》第14条第1款规定:"被诉落入专利权保护范围的全部技术特征,与一项现有技术方案中的相应技术特征相同或者无实质性差异的,人民法院应当认定被诉侵权人实施的技术属于专利法第六十二条规定的现有技术。"以上法律规定及司法解释确认了专利侵权中的现有技术抗辩制度。

北京市高级人民法院《专利侵权判定指南(2017)》第137条对现有技术抗辩做了具体的解释,"现有技术抗辩,是指被诉落入专利权保护范围的全部技术特征,与一项现有技术方案中的相应技术特征相同或等同,或者所属技术领域的普通技术人员认为被诉侵权技术方案是一项现有技术与所属领域公知常识的简单组合的,应当认定被诉侵权人实施的技术属于现有技术,被诉侵权人的行为不构成侵犯专利权"。这一规定使现有技术抗辩需要满足两个条件的限制:一是数量限制,现有技术方案必须只能有一项,而非多项现有技术的组合。二是现有技术中未披露到的技术特征应是所属领域的公知常识与该现有技术的简单组合。故专利侵权纠纷案件中,被诉侵权技术方案若是一项现有技术与所属领域公知常识的简单组合的,应当认定被诉侵权人实施的技术属于现有技术,被诉侵权人的现有技术抗辩成立。

（二）相关案例

佛山市顺德区三春电器实业有限公司与广东顺德东木电子科技有限公司侵害发明专利权纠纷案〔1〕

邵某成系名称为"煮饮料水壶、电热水壶及无绳电热水壶"的发明专利

〔1〕 广东省高级人民法院(2018)粤民终845号民事判决书。

的专利权人，佛山市顺德区三春电器实业有限公司（以下简称三春公司）基于《专利许可合同》对涉案专利享有权利。广东顺德东木电子科技有限公司（以下简称东木公司）因生产、销售、许诺销售涉案专利侵权产品，被三春公司诉至广州知识产权法院。庭审过程中，东木公司以（2016）粤73民初953号案中涉及的一份美国专利商标局专利翻译件公证书作为抗辩证据主张现有技术抗辩。

东木公司认为，该对比文件证明了涉案专利权利要求中关于盛放壶体的壶座是公知技术，是电水壶行业通用的、惯用的技术方案。

三春公司认为，该对比文件没有单独公开权利要求对应的技术特征，其现有技术抗辩不能成立。

二审法院广东省高级人民法院认为，东木公司提交的现有技术文件虽未公开壶座及设置在壶座上的插座等技术特征，但因所属技术领域的普通技术人员认为被诉侵权技术方案是一项现有技术与所述领域公知常识的简单组合，亦应当认定被诉侵权人实施的技术属于现有技术。故认为东木公司现有技术抗辩成立。判决撤销广州知识产权法院（一审法院）判决，驳回三春公司的全部诉讼请求。

（三）律师提示

专利侵权诉讼中，被诉侵权人如需采用现有技术进行抗辩，应着重查找与被诉落入专利权保护范围的全部技术方案最为近似的一项现有技术。现有技术抗辩不同于无效宣告请求，现有技术抗辩要求被诉侵权人仅能使用一项现有技术方案进行比对，该一项现有技术方案必须公开被诉落入专利权保护范围的全部技术方案；但是该一项现有技术方案如果没有公开该全部技术特征，而没有公开的部分属于公知常识，且经与现有技术简单组合很容易得出涉案专利全部技术特征的，则可以作为现有技术。

三、被诉侵权人不能以几项现有技术方案进行组合来进行现有技术抗辩

（一）要点解读

现有技术作为新颖性和创造性标准的基础，无论是在专利审查、专利无效审查还是在专利侵权诉讼案件中都起着重要作用。但因现有技术在不同

程序上的使用目的并不相同,在专利侵权诉讼中与专利无效宣告程序中,现有技术的使用存在区别。

依据我国《专利审查指南》第4部分第6章第4条实用新型专利创造性的审查中对现有技术数量的规定,"对于发明专利而言,可以引用一项、两项或者多项现有技术评价其创造性。对于实用新型专利而言,一般情况下可以引用一项或者两项现有技术评价其创造性,对于由现有技术通过'简单的叠加'而成的实用新型专利,可以根据情况引用多项现有技术评价其创造性"可知,在专利申请审查或专利无效宣告审查中,现有技术方案的数量不限于一项,它可以是现有技术方案一项或一项以上的组合,以此审查该专利是否具有创造性的特征。

而我国《专利法》第62条规定:"在专利侵权纠纷中,被诉侵权人有证据证明其实施的技术或者设计属于现有技术或现有设计的,不构成侵犯专利权。"《专利权纠纷司法解释》第14条进一步规定:"被诉落入专利权保护范围的全部技术特征,与一项现有技术方案中的相应技术特征相同或者无实质性差异的,人民法院应当认定被诉侵权人实施的技术属于专利法第六十二条规定的现有技术。被诉侵权设计与一个现有设计相同或者无实质性差异的,人民法院应当认定被诉侵权人实施的设计属于专利法第六十二条规定的现有设计。"由上述法律规定和司法解释可知,在专利侵权纠纷案件中,对专利的审查仅限于一项现有技术方案,该现有技术方案可以结合其他公知常识进行简单组合,若得出该现有技术方案与被诉落入专利权保护范围的全部技术特征相同或无实质性差异的结论,即可认定现有技术抗辩成立。

(二)相关案例

张某廷与衡水子牙河建筑工程有限公司、衡水华泽工程勘测设计咨询有限公司侵害发明专利权纠纷案〔1〕

张某廷系名称为"预制复合承重墙结构的节点构造施工方法"发明专利的专利权人。张某廷的专利技术出现在河北省建设厅批准的《CL结构构造图集》(现为河北省工程建设标准设计的图集)中。衡水子牙河建筑工程有

---

〔1〕 最高人民法院(2012)民提字第125号民事判决书。

限公司(以下简称子牙河公司)因未经专利权人许可,使用涉案专利,被张某廷诉至法院。庭审过程中,子牙河公司提交了河北省建设厅发布的2000年、2003年、2006年规程作为现有技术比对文件,认为该对比文件分别公开了涉案专利技术特征,故其不构成侵权。

本案的主要争议焦点在于,子牙河公司提交多份现有技术对比文件,这些对比文件组合公开了涉案专利技术的现有技术抗辩能否成立?

一审法院河北省石家庄市中级人民法院认为,河北省建设厅公布的规程系地方标准,该标准属公开有偿使用的技术,任何单位和个人未经权利人允许不得使用,子牙河公司的行为构成侵权,应当承担侵权赔偿责任。

再审法院最高人民法院认为,现有技术抗辩作为被诉侵权人对抗专利权人侵权指控的不侵权抗辩,是2008年《专利法》修改新增加的一项制度,但专利权的保护范围不得包括现有技术是专利制度的基本内容。在专利权无效宣告程序中,无效请求人可以将几项现有技术组合起来请求宣告专利权不具备创造性,但在专利侵权案件中,被诉侵权人不能以几项现有技术方案进行组合来进行现有技术抗辩。因而,对子牙河公司的现有技术抗辩不予认可。

(三)律师提示

在专利侵权案件中,被诉侵权人若要主张现有技术抗辩,应当注意现有技术文件的数量,现有技术抗辩所允许的技术组合仅限于一项现有技术方案与所述技术领域公知常识的简单组合。

现有技术被频繁运用到现有技术抗辩与无效宣告抗辩程序中,被诉侵权人综合分析后发现现有技术抗辩难以成立,可同步提出无效宣告请求,将几项相关性较高的现有技术文件共同作为无效对比文件。

四、抵触申请可类推适用现有技术/设计抗辩

(一)要点解读

在专利确权程序中,抵触申请与现有技术或现有设计均可以评述该专利的新颖性,影响该专利的授权与维持。在专利侵权程序中,被诉侵权人可对侵权行为提出现有设计抗辩,抵触申请是否也可以对侵权行为提出抗辩呢?

抵触申请是指在一件专利申请的新颖性判断中,由任何单位或者个人

（包括申请人本人）在该申请的申请日以前向国务院专利行政部门提出且在申请日以后（含申请日）公布的同样的专利申请，损害该申请日提出的专利申请的新颖性，这种损害新颖性的专利申请，称为抵触申请。具体参考我国《专利法》第22条第2款，“新颖性，是指该发明或者实用新型不属于现有技术；也没有任何单位或者个人就同样的发明或者实用新型在申请日以前向国务院专利行政部门提出过申请，并记载在申请日以后公布的专利申请文件或者公告的专利文件中”。《专利法》第23条第1款规定：“授予专利权的外观设计，应当不属于现有设计；也没有任何单位或者个人就同样的外观设计在申请日以前向国务院专利行政部门提出过申请，并记载在申请日以后公告的专利文件中。”

抵触申请与现有设计不同。抵触申请制度的立法目的在于先申请制度背景下防止专利重复授权。目前法律虽无明确规定，但司法实践认可以抵触申请抗辩类推适用现有技术或现有设计抗辩。北京市高级人民法院《专利侵权判定指南（2017）》第142条规定：“抵触申请不属于现有技术或现有设计，不能作为现有技术抗辩或现有设计抗辩的理由。被诉侵权人主张被诉侵权技术或被诉侵权设计与抵触申请相同的，可以参照本指南第137条或第139条的规定予以处理。”该指南第137条和第139条是现有技术抗辩和现有设计抗辩的规定。抵触申请抗辩在进行具体技术比对之前，被告只须证明援引的技术符合抵触申请“在先申请，在后公开”的时间要件即可，无须证明其援引的技术符合与涉案专利技术属于相同的技术方案这一内容要件。

（二）相关案例

陈某弟与浙江乐雪儿家居用品有限公司、何某华及第三人温某丹侵害发明专利权纠纷案〔1〕

陈某弟系名称为“布塑热水袋的加工方法”的发明专利的权利人，于2010年2月17日获得专利权。同年9月，陈某弟在市场上发现了疑似侵权产品，于是全国各地进行公证购买。上述产品的外包装显示了“乐雪儿”商标等信息。

随后，陈某弟向法院起诉浙江乐雪儿家居用品有限公司（以下简称乐雪

〔1〕 最高人民法院（2013）民提字第225号民事判决书。

儿公司)、何某华侵犯其专利权。辽宁省沈阳市中级人民法院一审认定乐雪儿公司侵权成立。两被告均不服该判决,提起上诉。二审期间,陈某弟申请放弃对何某华的诉讼请求。辽宁省高级人民法院二审仍维持对乐雪儿公司的判决,乐雪儿公司向最高人民法院申请再审。最高人民法院总结本案的争议焦点:乐雪儿公司的现有技术抗辩是否成立。

最高人民法院认为,乐雪儿公司用于主张现有技术抗辩的ZL200520015446.8号实用新型专利的申请日虽早于涉案专利申请日,但授权公告日晚于涉案专利申请日,故不构成现有技术,但依法构成抵触申请。由于抵触申请能够破坏对比专利技术方案的新颖性,故在被诉侵权人以实施抵触申请中的技术方案主张其不构成专利侵权时,应该被允许,并可以参照现有技术抗辩的审查判断标准予以评判。ZL200520015446.8号实用新型专利是"一种新型热水袋"产品专利,仅公开了一种热水袋产品,并未公开这种热水袋产品的具体生产步骤,也未公开塞座的材料组成和塞盖处有密封挚片等技术特征。乐雪儿公司虽主张未公开的技术特征是本领域的公知常识和惯用手段,但并未举证证明。因此,乐雪儿公司以ZL200520015446.8号实用新型专利主张现有技术抗辩不能成立。

(三)律师提示

被诉侵权人提出现有技术或现有设计抗辩的,使用的对比文件可以是抵触申请。需要注意的是,抵触申请不能使用其他法域的专利(申请)文件。此外,在实务中有观点认为在使用抵触申请文件作为现有技术/设计抗辩时不能与现有技术/设计或公知常识/惯常设计相结合。

五、有充分证据证明被诉侵权产品技术在专利申请日前已为公众所知的现有技术抗辩,方能得到法院支持

(一)要点解读

我国《专利法》第22条第5款规定:"本法所称的现有技术,是指专利申请日以前在国内外为公众所知的技术。"可见,现有技术的成立应符合以下条件:(1)该技术的产生应早于专利申请日;(2)在国内外为公众所知,为公众所知是现有技术的核心。

在专利侵权纠纷中,若被诉落入专利权保护范围的全部技术特征,与一项现有技术方案中的相应技术特征相同或者等同,或者所属技术领域的普通技术人员认为被诉侵权技术方案是一项现有技术与所属领域公知常识的简单组合的,则认定被诉侵权人实施的技术属于现有技术。我国《专利法》第62条规定:“在专利侵权纠纷中,被控侵权人有证据证明其实施的技术属于现有技术的,不构成侵犯专利权。”据此可知现有技术抗辩成功的,被诉侵权人无须承担侵权责任。

在使用现有技术进行抗辩需重点注意以下几个要点:其一,被诉侵权产品技术是否落入涉案专利的保护范围;其二,被诉侵权产品使用技术方案是否属于现有技术。核心点在于被诉侵权人是否能够提供充分、有力的现有技术证据加以证明。而司法实践中往往也是由于现有技术证据时间不符合要求、技术方案公开不充分或证据证明效力未达到高度盖然性标准等导致现有技术抗辩得不到支持。

(二)相关案例

马某理与贝罗修复科技(北京)有限公司侵害实用新型专利权纠纷案[1]

马某理为“中国字画清洗装置”实用新型专利的专利权人,在得知贝罗修复科技(北京)有限公司(以下简称贝罗北京公司)在未经许可的情况下,擅自利用其专利技术生产“织物品回潮清洗机”并销售给首都博物馆等单位后,马某理于2012年2月向北京市第二中级人民法院提起诉讼。贝罗北京公司对陕西省考古研究院四楼办公室的一台低压真空织物清洗设备进行现场拍照,陕西省西安市雁塔区公证处对该过程进行公证,并出具了(2012)西雁证民字1870号公证书(以下简称1870号公证书)。公证书同时附有《证明》《赠函》和《托运货物清单》,证明该产品由德国罗马—日耳曼中央博物馆于2001年赠送给陕西省考古研究院。贝罗北京公司以此作为现有技术抗辩的证据,认为该产品的结构与被诉侵权产品完全相同,被诉侵权产品使用了现有技术。

本案的争议焦点在于贝罗北京公司主张的现有技术抗辩是否成立。主

---

[1] 最高人民法院(2015)民提字第59号民事判决书。

要涉及以下问题：第1870号公证书中所公证的产品是否来源于2001年罗马—日耳曼中央博物馆史前—古代史研究所致陕西省考古研究院《赠函》中所提及的产品，是否与被诉侵权产品属于相同的技术方案。

最高人民法院认为，贝罗北京公司提交的第1870号公证书所附《托运清单》所涉内容为零散物品，而贝罗北京公司主张是整机从德国进口而来。《赠函》所称赠送的产品为“壁画修复实验室所需设备”，而公证书所附照片显示的设备无产品铭牌、生产商标识，亦无操作说明。《赠函》《托运清单》以及所附照片之间缺少关联性。第1870号公证书还附有陕西省考古研究院出具的《证明》，该《证明》既没有经办人的签名，也没有负责人的签名。能否证明所称的低压真空织物清洗设备来源于涉案专利申请日即2004年8月16日之前，尚需综合其他证据审查判断。贝罗北京公司并未提交进一步的证据证明第1870号公证书所附附件与所公证产品之间的关联性。因此，由于第1870号公证书作为证据所附的附件之间缺少关联性，没有形成完整的证据链，不足以证明所公证的产品是由德国罗马—日耳曼中央博物馆于2001年赠送给陕西省考古研究院的事实。其提交的《书面证明》，称涉案专利的技术方案是一项公知技术，《书面证明》仅是证人证言，无其他证据加以佐证，涉案专利的技术方案是否是一项公知技术，亦需其他的证据加以证明。贝罗北京公司主张的现有技术抗辩不能成立。本案中，在认定被诉侵权产品落入涉案专利权保护范围后，贝罗北京公司作为被诉侵权人，提出现有技术抗辩，只要能够提出证据证明其使用的技术是属于现有技术，法院应当直接得出不构成侵犯专利权的结论。根据我国《民诉法司法解释》第90条第1款规定，被诉侵权人应当对其主张提供充足的证据。根据上述解释第104条第1款规定，提供的证据需要满足真实性、客观性、与待证事实之间具有关联性。作为现有技术抗辩的产品，应当有充分的证据证明其使用公开的时间在专利申请日前，使用多份证据组合证明其使用公开时间的，必须就其关联性形成一套完整的证据链，否则应当承担举证不能的后果。

因此，贝罗北京公司应该就其主张提交证据证明，但其提交的证据缺乏关联性，又无其他证据加以佐证，依法应承担举证不能的后果。

（三）律师提示

在专利侵权案件中，特别是作为生产商的被告，确认其产品或方法均落入涉案专利的保护范围中时，如果可以提出有效的现有技术抗辩，将是非常好的抗辩理由之一。这样既无须通过专利无效程序无效专利，又能赢得诉讼继续生产经营。

司法实践中法院对于现有技术抗辩证据的把握，特别是对于证明所主张的技术方案在专利申请日前已经充分公开，并且与被诉产品的技术方案相同的证据考量比较严谨。当然，当产品确实存在侵权又无法进行现有技术抗辩的情况下，可启动专利无效宣告程序。

第二节　合法来源抗辩

一、专利侵权合法来源抗辩应从主观、客观两个方面举证

(一)要点解读

在专利侵权纠纷中，基于侵权产品的制造者比较隐蔽，难以被发现的特点，专利权人在维权时通常会直接起诉侵权产品的销售者、许诺销售者或使用者。但是，由于销售者、许诺销售者或使用者的侵权产品来源于第三方，存在支付了合理对价及没有侵权故意的可能性，直接对其进行惩罚有失公允，且不利于专利权人查明制造者信息，追溯侵权产品的源头。因此，法律规定了合法来源抗辩。

我国《专利法》第70条规定："为生产经营目的使用、许诺销售或者销售不知道是未经专利权人许可而制造并售出的专利侵权产品，能证明该产品合法来源的，不承担赔偿责任。"本条规定为被诉侵权人的合法来源抗辩提供了法律依据。

根据上述法律规定，专利侵权合法来源抗辩应从主观、客观两个方面举证，主观方面要求尽到合理注意义务，即不知道也不应当知道获得的产品系侵权产品；客观方面要求产品来源合法，即侵权产品是通过正当、合法的商业渠道获得。

（二）相关案例

东莞冠威绿之宝实业有限公司与深圳市居上美家电子商务有限公司侵害发明专利权纠纷案[1]

叶某伦拥有名称为"食品加工机"的发明专利，并将前述专利独占许可给东莞冠威绿之宝实业有限公司（以下简称冠威公司）实施，冠威公司可以在许可期内以自己名义对侵权行为进行起诉。冠威公司以深圳市居上美家电子商务有限公司（以下简称居上美家公司）侵犯前述专利为由向广州知识产权法院提起诉讼。后冠威公司上诉至广东省高级人民法院（以下简称二审法院）。

在二审庭审中，居上美家公司主张其销售的被诉侵权产品来源于案外人义乌百盛公司，并提供了义乌百盛公司的企业信用信息、域名备案信息、合作协议、公证书等证据证实被诉侵权产品来源于义乌百盛公司。二审法院从主观、客观两个方面进行分析。首先，居上美家公司提供的证据形成完整的证据链足以证实被诉侵权产品来源于义乌百盛公司。其次，前述专利为发明专利侵权纠纷，因专利侵权自身存在一定的隐蔽性，且比对涉案专利权利要求的技术特征与被诉侵权技术方案的技术特征是否相同或等同是判断本案侵权是否成立的前提，而上述比对过程均围绕技术问题展开，然而技术问题的判断通常依赖于专利技术人员或技术评定机构方能完成，与商标侵权行为相比，对经营者的专利侵权行为应承担较低的注意义务。另一方面，从被诉侵权产品的进货单价为10.8元、销售单价为14.85元分析，居上美家公司以合理的对价采购了被诉侵权产品，结合其与合法的经营主体义乌百盛公司签订了合作协议等分析，居上美家公司在交易过程尽到了谨慎的注意义务。二审法院最终认定居上美家公司销售、许诺销售被诉侵权产品的合法来源抗辩成立。

（三）律师提示

合法来源抗辩客观方面要求产品来源合法。很多被诉侵权人由于商业交易中双方基于相互信任和成本节约等方面的因素，在订货、送货等流程管

[1] 广东省高级人民法院（2018）粤民终784号民事判决书。

理上具有很大的随意性,导致被控侵权时难以提供符合法律要求的证据。因此,在此建议被诉侵权人在前期商业活动中规范交易行为,做好风险防控。

二、使用者、许诺销售者、销售者作为被告,合法来源抗辩成立后仍需承担合理开支

(一)要点解读

合法来源抗辩来源于我国《专利法》第70条"为生产经营目的使用、许诺销售或者销售不知道是未经专利权人许可而制造并售出的专利侵权产品,能证明该产品合法来源的,不承担赔偿责任"的规定。抗辩成立的要件是侵权人主观上不知道使用、许诺销售或者销售的是侵权产品,客观上提供合法来源的证据,虽然侵权行为成立,但不承担经济赔偿责任。

《专利纠纷适用法律问题规定》第22条规定:"权利人主张其为制止侵权行为所支付合理开支的,人民法院可以在专利法第六十五条确定的赔偿数额之外另行计算。"本条规定合理开支与侵权赔偿是两笔并列的费用。

如果要求使用、许诺销售、销售的善意的流通环节交易者承担过重的赔偿责任,可能会限制市场交易。因此,使用、许诺销售、销售停止侵权后可对其免除赔偿损失的责任。在这种情况下,使用、许诺销售和销售的侵权行为性质并没有改变,合理开支基于侵权行为产生,为了体现分配的正义,应当允许权利人向使用、许诺销售、销售者主张制止侵权行为的合理支出成本。这样的分配提醒了前述主体应该谨慎的履行合理注意义务。

实务中,权利人起诉使用者的情况比较少,多数是起诉许诺销售者、销售者、制造者。那么,侵权诉讼中的合理开支最终由谁承担呢?当前多数司法裁判观点认为:(1)使用、许诺销售、销售者是唯一被告时,在其合法来源抗辩成功后仍需要支付权利人在维权诉讼中的合理开支;(2)使用、许诺销售、销售者与制造商作为共同被告,销售者合法来源抗辩成功后,由制造商承担权利人的合理开支。不过,对于上述第二种情况,司法实践中亦有法院判令销售、许诺销售者承担少部分合理费用,如承担少部分的诉讼费。

（二）相关案例

比肯灯饰国际有限公司与朱某茂侵害发明专利权纠纷案[1]

比肯灯饰国际有限公司（以下简称比肯公司）系名称为“组合的天花板风扇和灯具”的发明专利的专利权人，该专利的申请日期为2008年12月19日，授权公告日为2014年12月17日。2015年9月，比肯公司公证购买了被诉侵权产品，并向法院起诉朱某茂侵犯其发明专利。比肯公司主张保护涉案专利的权利要求2。经一审法院广州知识产权法院比对，认定被诉侵权技术方案落入涉案专利权的保护范围，侵权成立。朱某茂不服该判决，遂提起上诉。

二审中，朱某茂主张被诉侵权产品来源于案外人中山市威御电器有限公司（以下简称威御公司）。声称威御公司已获得比肯公司授权实施涉案专利，并向法院提交了威御公司主体资料、对账单、银行转账流水、QQ聊天记录等证据。

二审法院广东省高级人民法院总结该案的争议焦点：朱某茂是否实施了被诉制造行为，若未实施制造行为，其合法来源抗辩是否成立。

广东省高级人民法院认为，比肯公司在一审中提交的关于朱某茂制造的直接证据不足，在有相反证据足以否定该推定事实时，应依据相关证据作出客观认定。朱某茂在二审期间提交的证据相互关联、印证，已经形成完整的证据链条，能够达到高度盖然性的证明标准，可以认定被诉侵权产品来源于威御公司。并且，本案专利为发明专利，普通个人销售者往往对技术方案和侵权判断缺乏认知能力，本案亦无证据证明朱某茂存在主观过错。因此，朱某茂合法来源抗辩成立。

朱某茂合法来源抗辩成立，可以免除其赔偿责任，但仍应承担停止侵权的民事责任，即停止销售被诉侵权产品。鉴于比肯公司针对朱某茂的侵权主张部分成立，比肯公司已实际支出了相应的维权费用，从加强知识产权保护力度出发，比肯公司主张的维权费用中的合理部分，应予以支持。最终，广东省高级人民法院酌定合理维权费用为10,000元，由朱某茂承担。

---

[1] 广东省高级人民法院（2018）粤民终1349号民事判决书。

（三）律师提示

在司法实务中，对于合法来源的证明事项，被诉侵权产品的使用者、许诺销售者或销售者应当提供符合交易习惯的票据等作为证据。若侵权人合法来源抗辩成立时，专利权利人可向法庭建议维权费用以实际合理支出为准，比如，将律师费发票、公证费、侵权产品购买费的票据作为证据提交。

三、专利侵权产品制造者主张合法来源抗辩的主体不适格

（一）要点解读

在专利侵权纠纷处理中侵权产品使用者、许诺销售者和销售者通常会援引我国《专利法》和司法解释相关规定进行合法来源抗辩，以避免承担侵权损害赔偿责任。而侵权产品制造者援引上述法律规定进行合法来源抗辩欠缺法律依据。

我国《专利法》第 70 条规定："生产经营目的使用、许诺销售或者销售不知道是未经专利权人许可而制造并售出的专利侵权产品，能证明该产品合法来源的，不承担赔偿责任。"根据上述规定，合法来源抗辩需主体仅限于使用者、许诺销售或销售者。相对于《专利法》对于制造和进口两类行为为专利权人提供的绝对保护而言，对于许诺销售、销售和使用三类行为，为专利权人提供的则是相对保护，许诺销售者、销售者和使用者的合法来源抗辩将使得他们免除赔偿责任，专利权人只能制止其侵权行为，而不能获得经济赔偿。

（二）相关案例

比肯灯饰国际有限公司与武汉宜家风电子商务有限公司、中山市升旺照明电器有限公司侵害发明专利权纠纷案[1]

比肯灯饰国际有限公司（以下简称比肯公司）拥有名称为"组合的灯具和天花板风扇"的发明专利。该专利的申请日为 2006 年 7 月 13 日，授权公告日为 2011 年 2 月 2 日。武汉宜家风电子商务有限公司（以下简称宜家风公司）在其天猫旗舰店销售标注有宜家风企业商标的吊扇灯风扇灯产品，产品使用手册显示升旺企业商标，宜家风公司和中山市升旺照明电器有限公

---

〔1〕 广东省高级人民法院（2018）粤民终 1352 号民事判决书。

司（以下简称升旺公司）被比肯公司起诉。一审判决认定宜家风公司、升旺公司系分工合作共同实施了制造、销售被诉侵权产品的行为。宜家风公司不服，以产品是升旺公司制造作为合法来源抗辩，提起上诉。

广东省高级人民法院二审认为，宜家风公司在天猫旗舰店展示的库存和厂房图片，产品 3C 质量认证记载的生产商及客服对厂家直销宣传，产品包装上的商标和公司信息均为宜家风公司。另外，法院认为产品制造者主张合法来源抗辩于法无据，本案即使不考虑制造情节，宜家风公司出具的证据显示转账金额与出货单不符，出货单记载货品无法确认系被诉侵权产品，无法证明被诉侵权产品合法来源于升旺公司，宜家风公司以此主张合法来源抗辩，广东省高级人民法院不予支持。

（三）律师提示

在产品经营过程中，若定位为销售商，不要在产品使用手册及各种宣传资料中宣称自己为制造者，同时应尽量保留产品进货证据。与进货证据相关的合同、订单、发票及转账记录要能够一一对应，且最好在上述文件中注明产品型号及数量，合同中最好附有实物图片。避免因自己的不当行为被法院认定为制造商，从而承担比销售商更重的法律责任。对于生产制造商而言，如果被控侵权产品属于刚上市新品，销量及销售所得确实不多的情况下，可以提供经过审计的被控产品销售利润表，供法院在认定赔偿额时考虑。

四、合法来源抗辩要求付款凭证、供货单据和被诉产品相互印证

（一）要点解读

在专利侵权案件中，制造者的隐蔽性导致权利人取证不易，但获取侵权产品使用者、销售者或许诺销售者的侵权信息以及固定侵权证据就相对比较容易，因此侵权产品的使用者、销售者或许诺销售者易被作为被告起诉。司法实践中，往往因被诉侵权人提交的交易单证与产品无关联性，付款凭证、供货单据和被诉产品因不能相互印证而不被法院采信，导致被诉侵权人的合法来源抗辩不能成立。

《专利权纠纷司法解释二》第 25 条第 3 款规定："本条第一款所称合法来源，是指通过合法的销售渠道、通常的买卖合同等正常商业方式取得产

品。对于合法来源,使用者、许诺销售者或者销售者应当提供符合交易习惯的相关证据。”符合交易习惯的主要证据有购销合同、发票、付款凭证、收款收据、证人证言、出库单、入库单等,这些单证要相互印证,并与产品相关联并形成完整的证据链才能成为有效的合法抗辩证据。

(二)相关案例

金某海与中山市东升镇创丰建筑机械店侵害发明专利权纠纷案[1]

金某海拥有名称为“反向地面刨毛机”的发明专利的专利权,该专利于2003年12月17日获得授权。金某海以中山市东升镇创丰建筑机械店(以下简称创丰机械店)销售的清灰机侵犯上述专利权为由起诉创丰机械店。一审法院广州知识产权法院认为,创丰机械店主张的合法来源抗辩理据不足,不予支持。创丰机械店不服,提起上诉。

二审法院广东省高级人民法院认为,创丰机械店提交的《销售出货单》《中国工商银行账户交易明细》等单据上记载的型号与被诉侵权产品无法对应亦无关联性,且出货单上无供货商盖章,供货商也未出庭作证。广东省高级人民法院对该出货单的真实性不予认可,故对创丰机械店的合法来源抗辩上诉理由不予支持。

(三)律师提示

市场经营主体在经营活动中应当注意保留好购买产品的来源证据,付款凭证上的账户信息、付款金额与付款时间应与购货单证一致,购货单证上的货品品名、型号、数量、签章等信息应齐全。另外,产品实物上的包装信息(包括商标等标识)、说明书上的信息等应与购货单证一致。这样才能形成完整的证据链条。

在众多销售者中,代理商的产品来源于生产原厂。代理商与生产商签订的销售代理协议可能会记录有较为详细的产品信息,但销售代理协议并不具备产品购买的具体时间、数量、价格和货物交接等要素。因此,如果没有其他证据能够证明交易真实存在,销售代理协议作为产品合法购买来源

[1] 广东省高级人民法院(2017)粤民终2313号民事判决书。

证明的证据是不充分的。

五、销售无真实厂商标记的专利侵权产品合法来源抗辩不成立

（一）要点解读

被诉产品如果没有生产厂商标识或标识的生产厂商无法查实，使用、许诺销售和销售者将可能被认定具有主观过错，不满足合法来源抗辩的主观善意要件而不能免除赔偿责任。

我国《专利法》第 70 条规定："为生产经营目的使用、许诺销售或者销售不知道是未经专利权人许可而制造并售出的专利侵权产品，能证明该产品合法来源的，不承担赔偿责任。"《专利权纠纷司法解释二》第 25 条规定："为生产经营目的使用、许诺销售或者销售不知道是未经专利权人许可而制造并售出的专利侵权产品，且举证证明该产品合法来源的，对于权利人请求停止上述使用、许诺销售、销售行为的主张，人民法院应予支持，但被诉侵权产品的使用者举证证明其已支付该产品的合理对价的除外。本条第一款所称不知道，是指实际不知道且不应当知道。本条第一款所称合法来源，是指通过合法的销售渠道、通常的买卖合同等正常商业方式取得产品。对于合法来源，使用者、许诺销售者或者销售者应当提供符合交易习惯的相关证据。"根据上述法律规定，合法来源抗辩成立不仅须证明产品的来源，还要证明已尽到合理的审查义务仍"不知道"被诉产品为侵权产品。销售者应当对所销售的无任何标识，无标注生产厂家名称、地址等信息的产品尽到应有的合理注意义务，本来就不应该销售此类产品。若销售者售卖的涉案产品没有真实厂商标记的三无产品，那就应当意识到其销售的产品存在侵权的可能性。

因此，在专利侵权案件中，若销售者销售没有生产厂商标识的产品，将被法院推定为"主观上具有过错"，难以通过合法来源抗辩来免除赔偿责任。

（二）相关案例

金某海与长沙千人智能科技有限公司侵害发明专利权纠纷案[1]

金某海拥有名称为"反向地面刨毛机"、专利号为 ZL0112××××.0 的

〔1〕 广东省高级人民法院（2017）粤民终 3174 号民事判决书。

发明专利权,该专利于2003年12月17日获得授权。金某海以长沙千人智能科技有限公司(以下简称千人公司)销售的清灰机侵犯上述专利权为由起诉千人公司。广州知识产权法院认为,千人公司要免除其赔偿责任,应当符合两个条件:一是主观上不具有过错,二是能够证明被诉侵权产品的来源。主观上不具有过错是指不知道或不应当知道其销售的是侵权产品。而判断行为人是否具有主观过错,通常需审查行为人是否尽到合理的注意义务。本案中,被诉侵权产品上载明的生产厂家"山东青岛晟龙建筑机械厂"并不存在,亦无生产日期和出厂日期,属于三无产品,千人公司作为销售者应当能够意识到这种商品存在很大侵权风险,其主观上存在一定过错。虽然千人公司提交了购买涉案侵权产品的淘宝网网页打印件,用于证明被诉侵权产品的来源,但仅凭该打印件并不足以证明涉案侵权产品来源的合法性及千人公司作为销售者尽到了合理注意义务。综上所述,广州知识产权法院认定千人公司合法来源抗辩不成立。

(三)律师提示

在货物买卖中,为了避免不必要的纠纷,一方面,销售商应当知道所销售的货物必须有产品名称、生产厂名和厂址等信息;另一方面,应当留心保留能证明其通过正常商业方式取得产品的诸如买卖合同、订货单、送货单、转账凭据等证据。

第三节 先用权抗辩

一、在一定条件下,先用权抗辩的主体可为产品的销售者或使用者

(一)要点解读

我国《专利法》第69条第2项规定:"有下列情形之一的,不视为侵权专利权:(二)在专利申请日前已经制造相同产品、使用相同方法或者已经作好制造、使用的必要准备,并且仅在原有范围内继续制造、使用的。"从该条文的表述来看,能够提出先用权抗辩的是产品的在先制造者或方法的在先使用者,而并没有明确规定受在先"制造"行为所产出的产品或者依

照专利方法直接获得的产品的销售者或使用者能否成为提出先用权抗辩的适格主体。先用权的范围是否仅限于此，实践中曾经存在一定的争议。在以往的判例中，法院通常依据上述司法解释，明确表示只有产品制造者、方法使用者才能行使先用权抗辩，产品的销售者或者使用者不享有先用权。

北京市高级人民法院《专利侵权判定指南(2017)》第132条指出："在专利申请日前已经制造相同产品、使用相同方法或者已经做好制造、使用的必要准备，并且仅在原有范围内继续制造、使用的，不视为侵犯专利权。使用、许诺销售、销售上述情形下制造的专利产品或者依照专利方法直接获得的产品的，也不视为侵犯专利权。"此观点已成为司法实践中的主流观点。因此，在专利申请日前已经制造相同产品者依法享有先用权，如仅在原有范围内继续制造，不视为侵犯专利权，享有先用权者所制造之产品的后续销售行为亦不构成侵权。根据这一结论可以推出，在制造者先用权成立、销售者能够举证证明其技术来源合法的情况下，销售者或使用者可以主张先用权抗辩。

(二)相关案例

北京英特莱技术公司与深圳市蓝盾实业有限公司北京分公司、北京蓝盾创展门业有限公司侵害发明专利权纠纷再审案[1]

北京英特莱技术公司(以下简称英特莱公司)系名称为"防火隔热卷帘用耐火纤维复合卷帘及其应用"的发明专利的专利权人，其专利申请日为2000年4月28日，授权公告日为2003年2月12日。深圳市蓝盾实业有限公司北京分公司(以下简称蓝盾北京分公司)于2007年6月10日承包防火卷帘门工程。该工程施工过程中使用的防火卷帘帘面铭牌上标注的制造者是蓝盾北京分公司和北京蓝盾创展门业有限公司(以下简称蓝盾创展公司)。英特莱公司发现该工程中使用的防火隔热卷帘的帘面侵害了其涉案专利权，故提起诉讼。经审查被诉侵权产品落入了涉案专利权的保护范围。蓝盾北京分公司与蓝盾创展公司认可被诉侵权防火卷帘产品已经落入英特

---

[1] 最高人民法院(2015)民申字第1255号民事判决书。

莱公司涉案专利权保护范围，但主张深圳蓝盾公司在涉案专利申请日前已经制造了相同产品，并仅在原有范围内继续制造，据此提出深圳蓝盾公司享有先用权。北京市高级人民法院(以下简称二审法院)维持了一审判决。英特莱公司不服，向最高人民法院申请再审。

本案的争议焦点之一：蓝盾北京分公司、蓝盾创展公司提出的先用权抗辩是否成立。

最高人民法院审理认为，现有证据能够证明，制造商在申请日前已经制造出相同产品，该产品系制造商自行研发，且仅在原有范围内继续制造的，先用权抗辩成立。在制造商并非本案被告，而是由销售商提出先用权抗辩的情况下，销售商提出技术来源合法，并就其提交的证据审查后能够认定制造商先用权成立的，考虑到避免增加当事人诉累以及促进产品合法流通，此时不应简单地要求追加制造商为当事人或者驳回销售商的抗辩，而应当允许被诉侵权产品的销售商主张制造商享有的先用权。

本案中，最高人民法院认为，如果不认可作为销售者或第三人的使用者的先用权抗辩，则“与享有先用权的制造商生产的产品可以合法流通相违背”。因此，最高人民法院在本案中明确判示了第三人使用或销售先使用者制造的专利产品的，可以主张先用权抗辩。但对于这种情形下先用权抗辩的成立，判示了两个前提：一是第三人的技术来源需合法，二是制造者的先使用权是成立的。

最高人民法院最终认定，二审法院认定本案被诉侵权产品系深圳蓝盾公司在其先用权范围内制造并销售的产品具有事实和法律依据。英特莱公司有关蓝盾北京分公司与蓝盾创展公司主张的先用权抗辩不能成立的再审理由缺乏事实和法律依据，不予支持。驳回英特莱公司的再审申请。

(三)律师提示

在第三人的技术来源合法且制造者的先用权成立的前提下，第三人使用或销售享有先用权的制造商生产的产品，可以主张先用权抗辩。技术来源的证据以及与制造商往来采购、账务的记录，是第三人先用权抗辩成功的证据基础。因此，第三人需要在日常经营中保留好相关证据材料。

二、先用权成立的要件之一是被诉侵权人在专利申请日前至少为实施专利做好了技术准备或物质上的必要准备

(一)要点解读

我国《专利法》第9条第2款规定了专利权的“先申请”原则,“两个以上的申请人分别就同样的发明创造申请专利的,专利权授予最先申请的人”。也就是说,先申请并被授予专利权的人在一段时间内拥有了专利技术的垄断权。但如果给予在先申请人具有绝对垄断性的专利权,则对于在先发明人或在先使用人来说是不公平的,为此我国《专利法》第69条第2项规定了在先使用的豁免权,使得在先使用人可以在原有的范围内继续实施该技术,而不视为侵犯专利权。其中第2项明确规定了“在专利申请日前已经制造相同产品、使用相同方法或者已经作好制造、使用的必要准备,并且仅在原有范围内继续制造、使用的”不视为侵犯专利权,也就是通常所说的“先用权”。根据上述规定可知,先用权是否成立的关键在于被诉侵权人在专利申请日前是否已经实施专利或为实施专利做好了技术或者物质上的必要准备。

先用权制度不仅仅是为了平衡在先使用者和专利权人之间的利益,对在先使用者投资利益进行的保护,同时也是为了激励发明人尽早将发明进行实用化。只有当在先使用者于专利权人提交专利申请前已经为实施发明积极作出了实质性投入的情况下,其利益才能得到先用权制度的保护。关于这种先期的实质性投入需要达到何种程度才能得到保护,我国的规定是至少需要“作好了制造、使用的必要准备”。那么被诉侵权人如何证明在申请日之前已经“作好了制造、使用的必要准备”呢?

《专利权纠纷司法解释》第15条第2款对关于“作好制造、使用的必要准备”作出了明确的规定。该解释规定:“有下列情形之一的,人民法院应当认定属于我国专利法第六十九条第(二)项规定的已作好制造、使用的必要准备:(一)已经完成实施发明创造所必需的主要技术图纸或者工艺文件;(二)已经制造或者购买实施发明创造所必需的主要设备或者原材料。”该条款中前一项所说的技术图纸或者工艺文件主要强调技术准备。后一项所说的主要设备或者原材料主要强调物质准备。从最高人民法院司法解释的表

述来看，“技术准备”和“物质准备”只要满足其一，则可以认定属于“已经作好制造、使用的必要准备”。

（二）相关案例

陕西汉王药业有限公司与江西银涛药业有限公司侵犯专利权纠纷案[1]

涉案专利是名为“一种具有降压、降脂、定眩、定风作用的中药组合物及其制备方法和其用途”的发明专利，申请日为2005年9月27日，授权日为2007年3月14日，专利权人为陕西汉王药业有限公司（以下简称汉王公司）。汉王公司以江西银涛药业有限公司（以下简称银涛公司）侵犯其涉案专利权为由提起诉讼，银涛公司提出先用权抗辩，二审法院陕西省高级人民法院不予认定。银涛公司不服，向最高人民法院申请再审。

本案的争议焦点：银涛公司的先用权抗辩是否成立的问题。

银涛公司主张先用权抗辩，其提交的证据一是2005年6月16日江西省食品药品监督管理局[2]向其出具的“强力定眩胶囊”药品注册申请受理通知书以及银涛公司申请药品注册时所报送的《“强力定眩胶囊”申报资料项目》资料，该资料的药学研究资料部分记载了“强力定眩胶囊”的处方、制备方法、用途。证据二是江西省药检所《药品注册检验报告表》及附件，该报告表及附件显示银涛公司于2005年3月13日、15日、17日分别生产了三批“强力定眩胶囊”样品供申请注册检验使用。证据三是《药品生产许可证》和《药品GMP证书》，表明其在申请注册“强力定眩胶囊”时即具有“胶囊剂”生产线。

最高人民法院认为，根据《专利权纠纷司法解释》第15条第2款的规定，先用权是否成立，关键在于被诉侵权人在专利申请日前是否已经实施专利或者为实施专利做好了技术或者物质上的必要准备。银涛公司提交的三份证据足以证明其在涉案专利的申请日2006年9月27日前，已经完成了生产“强力定眩胶囊”的工艺文件和设备，符合司法解释规定的“已经作好制造、使用的必要准备”的条件，应当认定银涛公司在涉案专利申请日前为实

---

〔1〕 最高人民法院（2011）民申字第1490号民事判决书。

〔2〕 现为江西省药品监督管理局。

施涉案专利做好了制造、使用的必要准备。药品生产批件是药品监管的行政审批事项,是否取得药品生产批件对先用权抗辩是否成立不产生影响。二审判决错误认定银涛公司没有做好制造、使用的必要准备,应当予以纠正。

(三)律师提示

作为被告,在举证时首先需要根据不同的工业领域来考虑这种物质准备工作是否已经达到了实施专利技术必要的程度;其次要考虑举证的真实性、合法性、关联性,最好能够提供来自有权威、可信度高的第三方证据,比如,上述案例中来自药监局的证据材料。此外,在判断先用权的构成条件之一"已经作好制造、使用的必要准备"是否成立时,相对于物质准备工作,也可以考虑技术工作是否已经进行准备充分,也可以在两个角度上平衡举证的难度。最后要提醒相关企业做好日常研发日志的保存,生产记录的保存以及公证工作,以备在关键时候可以拿出有证明力的证据。

三、提供能够证明在先研发和在先使用的完整证据链是先用权抗辩成立的前提

(一)要点解读

被起诉专利侵权,但被诉侵权的技术方案早在专利申请日之前就已经在使用,是否就一定能主张先用权成功从而避免赔偿?

我国《专利法》第 69 条第 2 项规定:"有下列情形之一的,不视为侵犯专利权:(二)在专利申请日前已经制造相同产品、使用相同方法或者已经作好制造、使用的必要准备,并且仅在原有范围内继续制造、使用的。"

《专利权纠纷司法解释》第 15 条规定:"被诉侵权人以非法获得的技术或者设计主张先用权抗辩的,人民法院不予支持。有下列情形之一的,人民法院应当认定属于专利法第六十九条第(二)项规定的已经作好制造、使用的必要准备:(一)已经完成实施发明创造所必需的主要技术图纸或者工艺文件;(二)已经制造或者购买实施发明创造所必需的主要设备或者原材料。专利法第六十九条第(二)项规定的原有范围,包括专利申请日前已有的生产规模以及利用已有的生产设备或者根据已有的生产准备可以达到的生产规模。先用权人在专利申请日后将其已经实施或作好实施必要准备的技术

或设计转让或者许可他人实施，被诉侵权人主张该实施行为属于在原有范围内继续实施的，人民法院不予支持，但该技术或设计与原有企业一并转让或者承继的除外。"

根据以上法律和司法解释可知，主张先用权成功则不视为侵犯专利权。但先用权并不容易主张，其至少需要提供能够证明在先研发和在先使用的完整证据链。

（二）相关案例

张某密与青岛市知识产权局专利行政纠纷案〔1〕

高某德系名称为"按钮座(51DB－50)"的外观设计专利的专利权人。2015年1月16日，高某德向被告青岛市知识产权局提出专利侵权纠纷处理请求，称原告张某密生产、销售的产品侵犯其专利权。2015年6月26日，被告青岛市知识产权局作出青知处字〔2015〕14号青岛市知识产权局处理决定书（以下简称14号处理决定），决定：张某密立即停止制造、销售ZL20133064××××.3号外观设计专利产品行为。张某密不服决定，向青岛市中级人民法院起诉，案件经过一审和二审，一审和二审法院均维持14号处理决定，驳回张某密的诉讼请求。其中，张某密的上诉理由之一为其拥有先用权，证据为张某密提供青岛市四方公证处作出(2015)青四方证经字第214号公证书（以下简称214号公证书），该公证书载明：2015年7月23日10时，本公证员与本处工作人员高某和申请人张某密、录像人纪某利、参加人王某洋来到青岛市黄岛区王台镇临港产业园青岛三祥科技股份有限公司院内。申请人张某密称青岛三祥机械制造有限公司（以下简称三祥公司）的生产车间在该院内左侧，并指引公证人员至该厂区左侧工作车间。进车间直行到头右拐继续直行至该厂的样品车间，车间外墙上有绿色"安全生产"字样。在样品车间的右侧最里面有一台样品机。样品机铭牌上有"SUNSONG""青岛三祥机械制造有限公司""MODELJW1018－W75－6""MFT-No00851""DATE20100110"等字样。参加人王某洋自称其为三祥公司的工作人员，该样品机为该公司2010年生产，生产时机器上的十件塑料配件均由

〔1〕 山东省高级人民法院(2017)鲁行终109号行政判决书。

张某密供货，并将该十件塑料配件一一指认。王某洋还称该样品机自从2010年生产至今所有的零件均未更换。公证处工作人员高某对该样品机及厂区内情况进行了拍照。录像人纪某利对整个保全过程进行了录像。

本案的争议焦点：张某密的先用权抗辩能否成立。

山东省高级人民法院认为，如果上诉人提出的先用权抗辩成立，即上诉人于涉案专利申请日前已经生产、销售被诉侵权产品，那么依据我国《专利法》第69条第2项的规定，上诉人生产、销售被诉侵权产品的行为不视为侵犯被上诉人高某德的专利权。上诉人为证明其先用行为，提交了214号公证书及三祥公司出具的证明。从上述证据的证明内容来看，自称为三祥公司工作人员的王某洋指认铭牌上标有“SUNSONG”“青岛三祥机械制造有限公司”“MODELJW1018－W75－6”“MFTNo00851”“DATE20100110”等字样的样品机系其公司于2010年生产，而机器上的十个塑料配件由上诉人供货，三祥公司对此出具证明证实该样品机上的按钮座、齿轮盖等十个塑料配件由上诉人于2010年1月之前供货。可见，上述证据呈现出书面证言的特征，即便该证据的真实性得以确认，因相关证人未出庭作证，不应单独作为认定案件事实的依据。进一步讲，即使相关证人出庭作证，也应结合其他能够证明供货事实真实发生的买卖合同、往来发票、出入库单等证据予以综合认定。但上诉人在行政处理程序和一审、二审中均未提供足以证实供货关系真实存在的有效证据，且无正当理由，应视为举证不能。对于上诉人提交的关于喷水织机塑料件价格调整的通知、协议书、三祥公司暂收单，内容仅涉及产品型号，其与214号公证书及三祥公司出具的证明并无关联，不能形成完整的证据链，无法确认产品型号所对应的产品外观，也就不能判断上诉人是否存在先用行为。因此，本案上诉人所提交的证据不足以认定其为先用权人，上诉人提出的其为先用权人，其生产、销售行为不构成侵权的上诉理由不能成立。

（三）律师提示

在先用权抗辩举证难度较大、中国专利为先申请制的前提下，建议发明人第一时间对新技术方案申请专利。若申请人基于其他考虑不愿申请专利，建议申请人通过公证的方式固定自己“先用”的证据，还可将该技术方案进行公开，形成现有技术，以备将来无效其他方的专利或应对侵权诉讼之用。

第四节 其他不侵权抗辩

一、实现专利产品常规用途的方法专利适用专利权用尽原则

(一)要点解读

专利权用尽原则也称专利权穷竭,简单地说是指当专利权人自己或者许可他人制造的专利产品,包括依照专利方法直接获得的产品流入市场后,任何人对该产品进行销售和使用,不再需要专利权人的许可。

我国对于专利权利用尽的规定主要体现在《专利法》第 69 条第 1 项,“有下列情形之一的,不视为侵犯专利权:(一)专利产品或者依照专利方法直接获得的产品,由专利权人或者经其许可的单位、个人售出后,使用、许诺销售、销售、进口该产品的”。可见,我国专利权利用尽原则适用的客体限于专利产品以及依照专利方法直接获得的产品。而对于权利用尽原则是否适用于专利方法本身没有作出具体规定,法院对于个案的情况给予了不同的认定。实现产品正常用途的使用产品的常规方法是产品价值得以体现的必经途径,二者相合不可分离。因此,对实现产品常规用途的使用产品的方法专利,适用权利用尽实质即对产品专利的权利用尽。

(二)相关案例

东莞市尚兰科技有限公司与扬州市中环高科技塑业有限公司、北京江都环球花盆经营部侵害发明专利权纠纷案[1]

涉案专利名称为“一种具有仿瓷效果的涂料及其喷涂工艺”、专利号为ZL201210013221.3,原专利权人为东莞利通公司。经国家知识产权局核准,2014 年 7 月 11 日,专利权人由东莞利通公司变更为东莞市尚兰科技有限公司(以下简称东莞尚兰公司)。2015 年 1 月 30 日,专利权人由东莞尚兰公司变更为王某。2015 年 12 月 14 日,专利权人由王某变更为东莞尚兰公司。东莞尚兰公司主张扬州市中环高科技塑业有限公司(以下简称扬州中环公

---

〔1〕 北京知识产权法院(2016)京 73 民初 639 号民事判决书。

司）未经其授权或许可，擅自使用涉案专利方法并销售使用该专利方法直接获得的产品，即被控侵权的花盆（简称涉案花盆），北京江都环球花盆经营部（以下简称北京江都经营部）销售涉案花盆，二者均侵害了东莞尚兰公司的合法权益。故向北京知识产权法院提起诉讼，请求判令两被告立即停止使用涉案专利方法并立即停止销售使用上述专利方法直接获得的产品。

扬州中环公司、北京江都经营部主张，其生产涉案花盆的涂料合法购买自东莞利通公司，是按照常规喷涂工艺制作，故涉案专利已经权利用尽。

北京知识产权法院经审理查明，一种具有仿瓷效果的涂料的专利权属于东莞利通公司，一种具有仿瓷效果的涂料的喷涂工艺的专利权利属于东莞尚兰公司。涉案专利与案外专利的技术方案保护范围实质相同、权利要求实质同一。

本案的争议焦点之一：对涉案涂料是否适用权利用尽原则的问题。即扬州中环公司合法购买东莞利通公司依照案外专利的技术方案生产涉案具有仿瓷效果的涂料之后，扬州中环公司按照该涂料的正常用途，使用常规喷涂工艺制作花盆，被涉案专利权利人东莞尚兰公司指控侵权，在案外专利已经权利用尽的情况下，扬州中环公司、北京江都经营部能否主张涉案专利已经权利用尽的问题。

北京知识产权法院认为，由于涉案专利与案外专利的技术方案保护范围实质相同，权利要求实质同一，生产并销售具有仿瓷效果的涂料，就应当允许该具有仿瓷效果的涂料的购买者按照该涂料的正常用途使用，也即涂料与涂料的常规使用方法是必须结合而不可分离的。否则，当案外专利权利人东莞利通公司生产、销售案外专利的涂料产品之后，如果购买者不能根据涂料产品的用途使用该涂料产品，一旦使用就构成侵权，后果就是东莞利通公司生产案外专利的涂料产品无人问津，而涉案专利的权利人东莞尚兰公司又无涂料的产品专利，不能擅自生产该涂料，由此会导致案外专利与涉案专利均成为一纸空文，毫无价值与意义。这与《专利法》既鼓励创新又惠及公众利益的立法目的明显不相符。同时，基于案外专利与涉案专利的保护范围实质均在于涂料产品，二者相合不可分离，涉案专利基于实现案外专利产品正常用途而存在。基于以上考量，结合在专利侵权民事纠纷中司法无法审查专利有效性的情况下，法院对购买者扬州中环公司所主张涂料产品的权利用尽原则之抗辩理由予以支持，判决驳回东莞尚兰公司的诉讼请求。

(三)律师提示

虽然我国目前对于使用产品的方法是否适用权利用尽无明确法律规定,但在上述案例中,实现产品正常用途的使用产品的常规方法是产品价值得以体现的必然途径,二者相合不可分离。因而对实现产品常规用途的使用产品的方法专利实质上是对产品专利的权利用尽,同样适用权利用尽的原则。因此,对于方法专利的权利用尽问题,需要具体根据个案来分析。

二、专利技术已被纳入国家强制性标准不是专利侵权赔偿的免责理由

(一)要点解读

标准化领域中制定的技术标准是针对具有普遍性和重复出现的技术问题协调统一技术事项,提供解决方案。对需要在全国范围内统一的技术要求,应当制定国家标准。国家标准分为强制性标准和推荐性标准。保障人体健康,人身、财产安全的标准和法律、行政法规规定强制执行的标准是强制性标准,其他标准是推荐性标准。强制性标准是国家通过法律的形式明确要求对于一些标准所规定的技术内容和要求必须执行,不允许以任何理由或方式加以违反、变更。国家标准在制修订过程中涉及专利的,全国专业标准化技术委员会或者归口单位需要及时要求专利权人或者专利申请人作出专利实施许可声明。其中,强制性国家标准一般不涉及专利。在涉及专利又没有获得专利权人或者专利申请人作出专利实施许可声明的情况下,应当如何处理,法律并无明文规定。目前司法实务倾向于认定:当某项专利技术被纳入国家强制性标准,实施人实施该专利技术的,仍需要经过专利权人的许可,否则将构成专利侵权,实施国家强制性标准不是抗辩理由。

(二)相关案例

胡某泉、朱某蓉与山东省惠诺药业有限公司侵害发明专利权纠纷案[1]

胡某泉、朱某蓉拥有名称为“肝素钠封管注射液的质量检测方法”的发明专利,该专利于2014年8月6日获得发明专利授权。胡某泉、朱某蓉因山

〔1〕 山东省高级人民法院(2018)鲁民终870号民事判决书。

东省惠诺药业有限公司(以下简称惠诺药业)使用国家食品药品监督管理总局药品标准 WS1 – XG – 011 – 2013 进行药品检验的行为侵犯了上述发明专利权提起诉讼,山东省烟台市中级人民法院对惠诺药业使用了国家药品标准 WS1 – XG – 011 – 2013、该标准与胡某泉、朱某蓉涉案发明专利的权利要求1保护范围一致的事实予以确认,并认定惠诺药业使用涉案药品的检测技术落入了胡某泉、朱某蓉主张的涉案发明专利权的保护范围。涉案发明专利为标准必要专利。我国目前的法律法规以及制定相关药品标准的国家标准组织,对国家强制标准制定过程中标准必要专利权人没有披露其标准必要专利信息的,并没有作出视为其许可该标准的实施者使用其专利技术的规定,也即是说,我国目前尚未建立标准必要专利默示许可制度。惠诺药业主张使用国家强制性标准不构成侵权的主张,缺乏法律依据。二审法院山东省高级人民法院支持一审法院上述观点,维持原判。

(三)律师提示

纳入国家、行业或地方标准、国际标准、欧洲标准的必要专利,实施人并不因专利被纳入标准而获得默示的免费许可。实施人应当依据标准化组织制定的知识产权政策公平、合理、无歧视的获得专利许可;未获得专利许可的,将面临被诉的风险。

三、产品容易观察到的部位具有区别设计特征是外观设计不侵权的关键

(一)要点解读

在外观设计专利侵权判定中,局部要素是否可以成为判定侵权的关键?虽然法律规定了“整体观察、综合判断”的比对原则,但在实践中需要充分考虑局部要素对整体判断的影响。

《专利权纠纷司法解释》第 11 条规定:“人民法院认定外观设计是否相同或者近似时,应当根据授权外观设计、被诉侵权设计的设计特征,以外观设计的整体视觉效果进行综合判断;对于主要由技术功能决定的设计特征以及对整体视觉效果不产生影响的产品的材料、内部结构等特征,应当不予考虑。下列情形,通常对外观设计的整体视觉效果更具有影响:(一)产品正常使用时容易被直接观察到的部位相对于其他部位;(二)授权外观设计区

别于现有设计的设计特征相对于授权外观设计的其他设计特征。被诉侵权设计与授权外观设计在整体视觉效果上无差异的,人民法院应当认定两者相同;在整体视觉效果上无实质性差异的,应当认定两者近似。”

外观设计专利制度的立法目的在于保护具有美感的创新性工业设计方案。一项外观设计应当具有区别于现有设计的可识别性创新设计,才能获得专利授权,该创新设计即授权外观设计的设计特征。其中,“由技术功能决定的设计特征”是指那些在该外观设计产品的一般消费者看来,由所要实现的特定功能唯一决定而并不考虑美学因素的设计特征。认定“产品正常使用时容易被直接观察到的部位相对于其他部位”,应当以一般消费者的视角,根据产品用途,综合考虑产品的各种使用状态得出。关于“一般消费者”的定义,可以参照北京市高级人民法院《专利侵权判定指南(2017)》第82条,“一般消费者,是一种假设的‘人’,对其应当从知识水平和认知能力两方面进行界定,界定时应当考虑外观设计专利申请日时授权外观设计所属相同或者相近种类产品的设计空间。一般消费者的知识水平和认知能力取决于现有设计的状况。当事人应当依据现有设计的状况主张一般消费者的知识水平和认知能力”。

(二)相关案例

天津威科真空开关有限公司、张某江与洛阳晨诺电气有限公司、天津市智合电器有限公司侵害外观设计专利权纠纷案[1]

张某江系名称为“真空接触器(极柱式)”的外观设计专利的专利权人,其与天津威科真空开关有限公司(以下简称威科公司)签订了《外观设计专利产品生产权转让合同》。威科公司与张某江向法院起诉天津市智合电器有限公司(以下简称智合公司)、洛阳晨诺电气有限公司(以下简称晨诺公司)侵犯其外观设计专利。一审法院支持晨诺公司的抗辩理由,认为其生产、销售、许诺销售的产品所实施的设计属于现有设计。驳回张某江、威科公司的全部诉讼请求。

威科公司不服一审判决,向天津市高级人民法院(以下简称二审法院)

[1] 最高人民法院(2014)民提字第193号民事判决书。

提起上诉。二审法院认定晨诺公司侵权成立。晨诺公司不服二审判决，向最高人民法院申请再审。

最高人民法院总结本案争议焦点：被诉侵权设计与涉案专利设计是否相近似。

最高人民法院认为，在确定被诉侵权设计与涉案专利设计的上述相同点与不同点后，判断被诉侵权设计是否与涉案专利设计相同或者相近似，须遵循整体观察、综合判断的原则。对于极柱式接触器、断路器这类产品而言，产品整体由等大极柱和类似立方体的箱体组成是惯常设计，且受其功能影响，极柱表面均有凸起的波纹。因此，被诉侵权设计与涉案专利设计在上述方面的相同点不会对产品的整体视觉效果产生显著影响。对该类产品的整体视觉效果具有显著影响的应是极柱区和箱体的具体设计，这也是该类产品通常可以进行设计变化的部位。经比对，被诉侵权设计与涉案专利设计虽然在导电端子的形状、位置、极柱与箱体通过连接板连接上相同，但在极柱与箱体的比例、极柱的形状、波纹的分布、疏密和形状、臂状结构的具体形状、箱体上部连接板的具体形状及与箱体的具体连接方式、箱体上孔洞的具体形状和位置以及箱体底部是否有底盘等方面均存在不同，这些具体设计上的差别，足以对两者的整体视觉效果产生显著影响，使该类外观设计产品的一般消费者将两者区别开来，因而被诉侵权设计与涉案专利设计既不相同也不相近似。

最高人民法院最终判决，二审法院判决认定被诉侵权设计与涉案专利设计相近似，落入涉案专利权的保护范围，晨诺公司制造、销售、许诺销售被诉侵权产品的行为构成侵犯涉案专利权，系适用法律错误，依法应予撤销；一审法院判决认定晨诺公司没有侵犯涉案专利权正确，依法应予维持。

（三）律师提示

实务中，对外观设计专利进行侵权比对时，建议参照如下步骤：(1)判断涉诉侵权产品与涉诉专利产品种类是否相同或相近；(2)确定涉诉专利权利保护范围，拆解设计特征；(3)区分相同设计特征和不同设计特征；(4)针对不同设计特征，可以从形状、图案和色彩的局部要素进行综合判断，最终得出结论。

四、实用新型及外观设计专利不存在临时保护期

(一)要点解读

实用新型及外观设计专利权保护的时间自授权之日起算。

目前,对于实用新型及外观设计专利权被授予前已经制造的专利产品在专利权被授予后继续销售是否构成侵权的问题,法律没有明确规定。最高人民法院指导案例20号“深圳市斯瑞曼精细化工有限公司诉深圳市坑梓自来水有限公司、深圳市康泰蓝水处理设备有限公司侵害发明专利权纠纷案”的裁判要旨:在发明专利申请公布后至专利权授予前的临时保护期内制造、销售、进口的被诉专利侵权产品不为《专利法》禁止的情况下,其后续的使用、许诺销售、销售,即使未经专利权人许可,也不视为侵害专利权。根据这一裁判规则应当可以延伸出如下规则:实用新型和外观设计专利授权前制造的专利产品的销售、使用等后续行为,也不侵害专利权。否则就违背了《专利法》的立法初衷,为尚未公开或者授权的技术方案提供了专利权保护。

(二)相关案例

珠海格力电器股份有限公司与宁波奥克斯空调有限公司侵害实用新型专利权纠纷案〔1〕

珠海格力电器股份有限公司(以下简称格力公司)拥有名称为“空调器室内机”的实用新型专利,专利申请日是2016年5月6日,授权公告日是2016年8月3日。宁波奥克斯空调有限公司(以下简称奥克斯公司)于2015年11月生产制造了落入前述格力公司专利权保护范围的空调产品,该产品由国美公司对外销售,被格力公司起诉。广州知识产权法院一审判决认定不侵权,理由是奥克斯公司生产空调的时间在格力公司专利授权日之前,而且销售时间在格力公司实用新型专利的授权公告日之后。实用新型专利授权前制造的专利产品的销售、使用等后续行为,不侵害专利权。格力公司不服,提起上诉。

广东省高级人民法院二审认为,未经专利权人许可不得实施的行为有

---

〔1〕 广东省高级人民法院(2018)粤民终1194号民事判决书。

五种,即制造、使用、许诺销售、销售、进口,这五种行为在《专利法》中的地位并不相同。根据《专利法》第70条规定,为生产经营目的使用、许诺销售或者销售不知道是未经专利权人许可而制造并售出的专利侵权产品,能证明该产品合法来源的,不承担赔偿责任。可见,《专利法》对于未经许可的制造与其他实施行为在构成侵权的情况下应承担何种侵权责任显然是区别对待的,制造者要承担更为重大的责任,因为制造行为是所有专利侵权行为的源头。《专利法》第69条第1项关于权利用尽抗辩和第2项关于先用权抗辩等规定,也体现出《专利法》更注重控制专利侵权源头的精神。对于实用新型专利被授予前的实施行为,因未被《专利法》禁止,故针对该实施行为得到的产品的后续实施行为也应当得到允许,这与《专利法》更注重控制专利侵权源头的精神是一致的。因此,二审维持了原判。

(三)律师提示

被授权之前制造专利产品的行为不为《专利法》所禁止,发明专利的权利人可以援引《专利权纠纷司法解释二》第18条第3款的规定诉请专利使用费用,但是实用新型专利权人和外观设计专利权人暂无可用法律及司法解释援引。因此在实用新型和外观设计被授予专利之前,对于权利人来讲,是否公开技术方案应当慎重考虑。此外,对于实用新型和外观设计授权之前市场上出现的落入专利保护范围的产品也不必进行证据保全,因为后续没有法律依据获得赔偿。

五、临时保护期内制造、销售、进口的专利产品不构成侵权

(一)要点解读

我国《专利法》第11条第1款规定:“发明和实用新型专利权被授予后,除本法另有规定的以外,任何单位或者个人未经专利权人许可,都不得实施其专利,即不得为生产经营目的制造、使用、许诺销售、销售、进口其专利产品,或者使用其专利方法以及使用、许诺销售、销售、进口依照该专利方法直接获得的产品。”根据该条规定,专利权保护的时间是从被授权之后开始的。同时,第13条规定:“发明专利申请公布后,申请人可以要求实施其发明的单位或者个人支付适当的费用。”此条规定了发明专利的临时保护原则。

发明专利采用“早期公开、延迟审查”制，故存在专利申请公布日与授权公告日之间的临时保护期。专利制度的设计初衷是“以公开换保护”，且是在授权之后才能请求予以保护。临时保护期内实施发明专利在性质上不属于《专利法》意义上的侵权行为。《专利权纠纷司法解释二》第18条第3款规定：“发明专利公告授权后，未经专利权人许可，为生产经营目的使用、许诺销售、销售在本条第一款所称期间内已由他人制造、销售、进口的产品，且该他人已支付或者书面承诺支付专利法第十三条规定的适当费用的，对于权利人关于上述使用、许诺销售、销售行为侵犯专利权的主张，人民法院不支持。”即临时保护期内制造、销售、进口的发明专利产品不构成侵权，但权利人可以诉请实施人支付适当费用。同时，在专利临时保护期内制造、销售、进口被诉专利侵权产品不为《专利法》禁止的情况下，其后续的使用、许诺销售、销售该产品的行为，即使未经专利权人许可，也不视为侵权行为。

（二）相关案例

深圳市斯瑞曼精细化工有限公司与深圳市坑梓自来水有限公司、深圳市康泰蓝水处理设备有限公司侵害发明专利权纠纷案[1]

深圳市斯瑞曼精细化工有限公司（以下简称斯瑞曼公司）拥有名称为“制备高纯度二氧化氯的设备”的发明专利，专利申请日为2006年1月19日，授权公告日是2009年1月21日。2008年10月20日深圳市坑梓自来水有限公司（以下简称坑梓自来水公司）与深圳市康泰蓝水处理设备有限公司（以下简称康泰蓝公司）签订《购销合同》一份，康泰蓝公司已于2008年12月30日就上述产品销售款要求税务机关代开统一发票。斯瑞曼公司诉称，康泰蓝公司生产、销售和坑梓自来水公司使用的二氧化氯生产设备落入涉案发明专利保护范围。请求判令二被告停止侵权并赔偿经济损失30万元、承担诉讼费等费用。在本案中，斯瑞曼公司没有提出支付发明专利临时保护期使用费的诉讼请求。

本案的主要争议焦点：坑梓自来水公司在涉案发明专利授权后使用其在涉案发明专利临时保护期内向康泰蓝公司购买的被诉专利侵权产品是否侵犯涉案发明专利权，康泰蓝公司在涉案发明专利授权后为坑梓自来水公

---

〔1〕 最高人民法院（2011）民提字第259号民事判决书。

司使用被诉专利侵权产品提供售后服务是否侵犯涉案发明专利权。

最高人民法院认为，我国《专利法》第 13 条规定："发明专利申请公布后，申请人可以要求实施其发明的单位或者个人支付适当的费用。"综合考虑上述规定，《专利法》虽然规定了申请人可以要求在发明专利申请公布后至专利权授予之前（专利临时保护期内）实施其发明的单位或者个人支付适当的费用，即享有请求给付发明专利临时保护期使用费的权利，但对于专利临时保护期内实施其发明的行为并不享有请求停止实施的权利。因此，在发明专利临时保护期内实施相关发明的，不属于《专利法》禁止的行为。在专利临时保护期内制造、销售、进口被诉专利侵权产品不为《专利法》禁止的情况下，其后续的使用、许诺销售、销售该产品的行为，即使未经专利权人许可，也应当得到允许。即专利权人无权禁止他人对专利临时保护期内制造、销售、进口的被诉专利侵权产品的后续使用、许诺销售、销售。当然，这并不否定专利权人根据《专利法》第 13 条规定行使要求实施其发明者支付适当费用的权利。

最高人民法院认定坑梓自来水公司的后续使用行为不构成侵权，判决撤销一审、二审法院判决，驳回斯瑞曼公司的诉讼请求。

（三）律师提示

发明专利临时保护期间发现市场上有落入专利保护范围的产品时，建议及时做好证据保全工作，待专利授权后启动维权程序。此时在维权时需要特别注意，诉讼请求不可主张侵权赔偿，只可主张专利实施的适当费用。发明专利申请公布时申请人请求保护的范围与发明专利公告授权时的专利权保护范围不一致时，只有被诉技术方案均落入上述两个范围的，才能认定他人在发明专利临时保护期内实施了该发明。

六、帮助侵权的认定须以存在直接专利技术实施人为前提

（一）要点解读

《专利法》上的间接侵权分为引诱侵权和帮助侵权。前者是使侵权者主观上产生侵权动机的行为，后者则是在客观上向侵权者提供实质性的帮助。专利保护的范围以专利权利要求所界定的范围为准。一项产品或方法只有完全落入该权利要求的保护范围时，才会直接侵害专利权。

《专利权纠纷司法解释二》第21条规定:"明知有关产品系专门用于实施专利的材料、设备、零部件、中间物等,未经专利权人许可,为生产经营目的将该产品提供给他人实施了侵犯专利权的行为,权利人主张该提供者的行为属于侵权责任法第九条规定的帮助他人实施侵权行为的,人民法院应予支持。明知有关产品、方法被授予专利权,未经专利权人许可,为生产经营目的积极诱导他人实施了侵犯专利权的行为,权利人主张该诱导者的行为属于侵权责任法第九条规定的教唆他人实施侵权行为的,人民法院应予支持。"该条款规定了专利间接侵权制度。实践中,间接侵权人与最终实施发明创造的侵权人之间很可能没有意思联络,不构成共同侵权。但鉴于间接侵权人主观恶意明显且其提供的零部件等是直接侵权行为的专用品,故纳入《侵权责任法》第9条规制的范围。该条第2款针对的是教唆侵权,其构成条件除了明知,主要是积极诱导,该款所称产品不要求必须是专用品。

一般而言,间接侵权以直接侵权的发生为前提条件。虽不意味着在提起间接侵权诉讼之前必须存在认定直接侵权成立的裁判,但是至少应存在直接实施人,否则不构成间接侵权行为。

(二)相关案例

西安西电捷通无线网络通信股份有限公司与索尼移动通信产品(中国)有限公司侵害发明专利权纠纷案[1]

西安西电捷通无线网络通信股份有限公司(以下简称西电捷通公司)拥有一项名称为"一种无线局域网移动设备安全接入及数据保密通信的方法"、专利号为ZL02139508.X的发明专利。该专利为WAPI标准的标准必要专利。索尼移动通信产品(中国)有限公司(以下简称索尼中国公司)确认其制造、销售的L39h等35款手机具有WAPI功能,且其实现WAPI功能的技术就是涉案标准。北京知识产权法院经一审认定"索尼中国公司对全部型号的涉案手机均进行了WAPI测试""索尼中国公司明知被诉侵权产品中内置有WAPI功能模块组合,且该组合系专门用于实施涉案专利的设备,未经西电捷通公司许可,为生产经营目的将该产品提供给他人实施涉案专利

---

[1] 北京市高级人民法院(2017)京民终454号民事判决书。

的行为，已经构成帮助侵权行为”。北京市高级人民法院二审维持了一审侵权判决，但认为不构成帮助侵权。

北京市高级人民法院认为不构成帮助侵权的理由主要如下：涉案专利系典型的“多主体实施”的方法专利，该技术方案在实施过程中需要多个主体参与，多个主体共同或交互作用方可完整实施专利技术方案。本案中，由于索尼中国公司仅提供内置WAPI功能模块的移动终端，并未提供AP和AS两个设备，而移动终端MT与无线接入点AP及认证服务器AS系三元对等安全架构，移动终端MT与无线接入点AP及认证服务器AS交互使用才可以实施涉案专利。因此，本案中，包括个人用户在内的任何实施人均不能独自完整实施涉案专利。同时，也不存在单一行为人指导或控制其他行为人的实施行为，或多个行为人共同协调实施涉案专利的情形。在没有直接实施人的前提下，仅认定其中一个部件的提供者构成帮助侵权，不符合帮助侵权的构成要件，而且也过分扩大了对权利人的保护，不当损害了社会公众的利益。

(三)律师提示

一般情况下，直接侵权是认定间接侵权的前提。如果专利侵权诉讼中，被告仅仅是间接侵权人，则权利人应提供充分的证据证明直接侵权已经发生，法院才能够认定间接侵权，追究间接侵权人的责任。否则法院无法查清是否已经发生了直接侵权，可能会驳回权利人的诉讼请求。须注意，如果权利人起诉了直接侵权人或间接侵权人之一并得到了赔偿，就不能再对未起诉者另行提起诉讼。但因为被告赔偿能力问题而无法执行的，可根据连带责任的理论，再对未起诉方另行提起诉讼。

第五节 专利侵权被告举证

一、在后专利不具备对抗在先专利权的证据效力

(一)要点解读

在专利权纠纷案件中，被诉侵权人常用的抗辩事由主要有不侵权抗辩、不视为侵权抗辩、现有设计抗辩、公知技术(设计)抗辩、合法来源抗辩等。

那么被诉侵权人能否以被诉侵权产品已获得外观设计专利授权为由进行不侵权抗辩呢?

《专利权纠纷司法解释二》第23条规定:“被诉侵权技术方案或者外观设计落入在先的涉案专利权的保护范围,被诉侵权人以其技术方案或者外观设计被授予专利权为由抗辩不侵犯涉案专利权的,人民法院不予支持。”即在后专利权不具备对抗他人的在先专利权的证据效力。

(二)相关案例

罗姆尼光电系统技术(广东)有限公司与广州旌露贸易有限公司侵害外观设计专利权纠纷案[1]

罗姆尼光电系统技术(广东)有限公司(以下简称罗姆尼公司)系名称为“灯具(云海)”外观设计专利的专利权人,该专利申请日为2014年3月27日,授权公告日为2014年7月30日。2016年5月20日,罗姆尼公司委托购买了被诉侵权产品并办理保全证据公证。罗姆尼公司认为被诉侵权产品上有三雄极光公司的名称和商标,因此三雄极光公司生产被诉侵权产品,而被诉侵权产品在市场上已有流通,推定三雄极光公司销售被诉侵权产品。2016年8月5日,罗姆尼公司向广州知识产权法院提起诉讼,主张三雄极光公司生产、销售、许诺销售行为侵犯了罗姆尼公司上诉专利的外观设计专利权。广州知识产权法院一审对罗姆尼公司主张三雄极光公司实施制造被诉侵权产品行为的意见不予采纳。罗姆尼公司不服,提起上诉。

三雄极光公司(重庆三雄公司系其子公司)答辩称涉案被诉侵权产品具有合法来源,被诉侵权产品是重庆三雄公司向中山市鑫凯盛照明有限公司(以下简称鑫凯盛公司)采购并且支付了合理对价,重庆三雄公司仅向鑫凯盛公司提供外包装。被诉侵权产品是由鑫凯盛公司制造,其并非被诉侵权产品的实际制造者,并提供了相应证据证明,其中包括七份外观设计专利证书及相应的“专利审查信息查询”表、李某军和李某燕身份证复印件、鑫凯盛公司《证明》等,拟证明鑫凯盛公司已向三雄极光公司提供了相关产品的外观设计专利证书,被诉侵权产品是鑫凯盛公司依据其员工的外观设计专利制造的专

[1] 广东省高级人民法院(2017)粤民终2900号民事判决书。

利产品,三雄极光公司未参与制造被诉侵权产品,未实施被诉侵权行为。

广东省高级人民法院二审判决认定被诉侵权产品构成对本案专利权的侵害无疑,三雄极光公司实施了制造、销售、许诺销售被诉产品的行为,依法应承担相应民事责任。判决三雄极光公司停止侵权并赔偿罗姆尼公司经济损失及合理开支。

本案的争议焦点:三雄极光公司应否承担制造、销售、许诺销售被诉侵权产品的侵权责任。

本案中,三雄极光公司提出的被诉侵权产品是鑫凯盛公司依据其员工的外观设计专利制造的专利产品,被诉侵权产品具有合法来源。经审查,鑫凯盛公司员工的专利均为本案专利的在后专利,不具备对抗本案专利权的证据效力。不是有专利的产品就可以制造,该产品是否侵害了他人在先专利,三雄极光公司应当对此加以鉴别。对于三雄极光公司的子公司以其名义委托他人制造的产品,其亦应当承担相应的审查义务,注意避让他人在先的合法权利。

(三)律师提示

专利诉讼实务案件中,笔者留意到有些被告递交申请日在涉案专利申请日后的专利作为抗辩,该份证据常常不能取得较好的抗辩效果。首先,若被告据此主张不侵权抗辩,然而对于实用新型或发明专利来说,不侵权抗辩的关键在于涉嫌侵权的产品是否采用了涉案专利权利要求记载的技术方案,是否具有权利要求记载的技术特征,对于外观设计专利来说,不侵权抗辩的关键在于涉嫌侵权的产品是否采用了涉案专利在图片或者照片中的该产品的外观设计,这均与抗辩证据的内容不具有关联性。其次,若被告据此主张现有技术/设计抗辩,然而现有技术/设计抗辩的关键在于被告主张的现有技术/设计应当是公开于涉案专利申请日前,该证据的公开时间不符合基本要件。此外,此类证据常常也不能用于主张不视为侵权抗辩、公知技术/设计抗辩。因此,当企业遇到专利诉讼时,建议寻求专业机构的帮助,全面调查搜集及梳理组织证据,诉辩双方进行充分有效的庭审,维护自身的合法权益。

二、经补强后的网络视频证据方能为法院采信

(一)要点解读

随着技术的发展,证据形式日益显现多样性,如何认定关于网络信息作为证据的证明力,优酷视频等网络信息证据在现有技术抗辩中是否适用,仍有待考量。

《民诉法司法解释》第104条规定:"人民法院应当组织当事人围绕证据的真实性、合法性以及与待证事实的关联性进行质证,并针对证据有无证明力和证明力大小进行说明和辩论。能够反映案件真实情况、与待证事实相关联、来源和形式符合法律规定的证据,应当作为认定案件事实的根据。"根据法律规定,证据应当满足真实性、合法性和关联性。在符合法律规定且经过质证后,能够反映案件真实情况、与待证事实相关联、来源和形式符合法律规定的证据,应当作为认定案件事实的根据。

而在专利权侵权案件中,网络信息如优酷视频或其他网站视频证据的收集及获取虽然简单,但由于该类证据存在易修改的特点,在采用现有技术抗辩时,当无法确认其发布时间与内容的真实性时,法院一般不予采信。对于能够作为现有技术抗辩证据的网络信息,其公开时间、所记载的技术特征是认定是否构成现有技术的关键。为此,在司法实践中,被诉侵权人在提出现有技术抗辩时,若欲将该类网络视频作为现有技术的证据,应当增加网站运营管理者的证明及其他视频早期见证者的证人证明等作为佐证,以此补强该份证据。

(二)相关案例

奥美森智能装备股份有限公司与中山市特克精密机械有限公司、摩丁热能技术(中山)有限公司发明专利临时保护期使用费纠纷、侵害发明专利权纠纷案[1]

奥美森智能装备股份有限公司(以下简称奥美森公司)系名称为"折弯机的夹持机构"专利号为ZL201510085121.5的发明专利的专利权人。中山市特克精密机械有限公司(以下简称特克公司)、摩丁热能技术(中山)有限

---

〔1〕 广东省高级人民法院(2018)粤民终166号民事判决书。

公司(以下简称摩丁公司)因制造、销售奥美森公司的专利权产品,被奥美森公司诉至法院。广州知识产权法院一审判决特克公司向奥美森公司支付临时保护期使用费及合理开支。二审中,特克公司、摩丁公司以优酷视频作为现有技术抗辩的证据提出抗辩。

本案的主要争议焦点:特克公司提交的优酷网视频能否适用于现有技术抗辩。

奥美森公司认为,特克公司提供的视频资料证据不属于新证据,其真实性及公开时间无法确定,该视频内容并未公开被诉侵权的全部技术特征,特克公司的现有技术抗辩不成立。

二审法院广东省高级人民法院认为,该视频资料的搜索、播放过程经公证证据保全,网页内容与公证时网站所显示的内容相一致的事实可以确认,该公证书显示的网页时间信息为2012年6月9日,早于本案专利申请日2015年2月16日,但是该视频的实际上传者是科力高公司,系奥美森公司另案提起发明专利侵权诉讼中的被告。鉴于网页信息易修改,在欠缺相关网站运营管理者的证明,网页信息发布形成机制、后台管理权限等佐证的情况下,仅以网页上显示的时间,并不能足以证明网站视频的真实上传时间。故认定该视频证明力不足,特克公司的现有技术抗辩理据不足,其现有技术抗辩不成立。广东省高级人民法院驳回上诉,维持一审判决。

(三)律师提示

被诉侵权人在主张现有技术抗辩时,如采用网络视频或其他公开视频作为现有技术证明文件,应当注意增加该类证据的证明力度。可以从以下几个方面确认网络视频证据的运用:(1)注意对该份证据的固定,可采用公证书固定的形式对该证据进行保全。(2)确认视频的稳定性。若该网络视频无法达到高度盖然性的举证效果,当事人可以从该视频的来源、产生过程及网站运营管理者的证明等与该份证据相互印证,补强证据的证明力度。(3)注意该份证据来源与权利人的利害关系,该证据若与权利人存在利害关系,将可能降低该证据证明力度。

三、鉴定过程的详细记录并非鉴定报告所必需，应视具体鉴定事项而定

（一）要点解读

鉴定报告作为证据材料的一种，没有预定的证明力，不具有优先采信或必须采信的证据地位，其必须经过当事人质证和法官审核，才能作为认定案件事实的根据。根据我国《民事诉讼法》第63条的规定，在查证属实的情况下，鉴定意见能够作为认定事实的依据。此外，最高人民法院《关于民事诉讼证据的若干规定》第29条对鉴定书内容的审查作出以下规定："审判人员对鉴定人出具的鉴定书，应当审查是否具有下列内容：（一）委托人姓名或者名称、委托鉴定的内容；（二）委托鉴定的材料；（三）鉴定的依据及使用的科学技术手段；（四）对鉴定过程的说明；（五）明确的鉴定结论；（六）对鉴定人鉴定资格的说明；（七）鉴定人员及鉴定机构签名盖章。"我国《民事诉讼法》对鉴定报告的记载要求没有明确规定，对比测试方法及数据、鉴定过程的详细记录并非鉴定报告所必须的内容，应视具体鉴定事项而定。

（二）相关案例

深圳厨之道环保高科有限公司与重庆市创新油烟净化设备有限公司侵害发明专利权纠纷案[1]

胡某志为"动态物理屏蔽净化器、制止方法及专用夹具"的发明专利权利人，专利申请日为2008年5月4日，授权公告日是2010年2月24日。2013年1月5日，胡某志将上述专利转让给深圳厨之道环保高科有限公司（以下简称厨之道公司）并办理了变更登记。2013年1月9日至5月15日期间，科莱尔公司曾多次向重庆市创新油烟净化设备有限公司（以下简称创新公司）采购了包括被诉侵权产品网盘（涉案专利所述的动态物理屏蔽净化器）在内的成套产品共计70套。厨之道公司委托科莱尔公司向创新公司购买被诉侵权产品以进行司法鉴定。2013年12月26日，重庆至诚鉴定所作出鉴定结论：被诉侵权产品的技术方案包含了涉案专利独立权利要求1记载

---

〔1〕 最高人民法院（2016）最高法民申3028号民事裁定书。

的全部技术特征，构成侵权。重庆市高级人民法院二审认定鉴定机构的鉴定结论是客观、公正的，对鉴定报告予以采信。厨之道公司不服二审判决，向最高人民法院申请再审。

本案的争议焦点：重庆市科协科技服务中心司法鉴定所出具的鉴定意见能否被采信。

再审申请人认为，鉴定意见缺乏准确的对比测试方法及数据报告，鉴定过程没有任何文字或图片记载，得出的结论没有依据国家标准、技术规范及行业标准，不符合司法部发布的《司法鉴定程序通则》第 22 条[1]有关司法鉴定人进行鉴定应当遵守和采用该专业领域的技术标准和技术规范的规定。

最高人民法院认为，对比测试方法及数据、鉴定过程的详细记录并非鉴定报告所必须，应针对委托人委托鉴定的事项具体分析。本案中，原告、被告双方委托鉴定事项涉及被诉侵权产品辐条直径、数量、直径和数量的积、六边形辐条的内外径、圆形辐条和六边形辐条的差异，这些均可以通过观察、测量和原理分析得到鉴定结论，无须复杂的对比测试或详细记录。本案中的鉴定意见也已提供了相应的文字、数字、图片的分析和记录，因此法院对于厨之道公司认为得出的鉴定结论没有依据国家标准、技术规范及行业标准缺乏事实依据的主张不予支持。认定创新公司侵权。

最高人民法院判决撤销一审、二审判决，判决创新公司停止侵权和赔偿厨之道公司经济损失。

（三）律师提示

在司法实践中，鉴定报告只对委托人委托的具体事项进行鉴定。对于可较为直观地通过观察、测量和原理分析得到的结论，可能无须复杂的对比测试或详细记录。但最需要关注和论证的是报告所记载的内容是否能够支持其所给出的鉴定意见，进而判断是否应该被采信。

---

〔1〕 本案例中适用的《司法鉴定程序通则》为 2007 年版，最新版 2016 年版的相关规定为第 23 条。

四、被告积极启动专利无效程序同时申请诉讼中止，有利于把握专利侵权诉讼主动权

（一）要点解读

诉讼中止是指在诉讼过程中，诉讼程序因特殊情况的发生而中途停止，待中止的原因消失后再恢复诉讼的一种法律制度。在专利侵权诉讼中，专利权人启动诉讼前提是被诉侵权人涉嫌侵犯其专利权。但是，被授权的专利仍存在被国家知识产权局专利局复审和无效审理部宣告无效的可能性。一旦专利权被宣告无效，原专利权人启动诉讼的权利基础将视为自始不存在，法院最终的审理结果也会因此发生改变。因此法律规定了在专利侵权诉讼中他人请求国家知识产权局专利局复审和无效审理部宣告涉案专利权无效时，诉讼中止的情形。

专利侵权诉讼中的诉讼中止制度对被诉侵权人而言是非常重要的，极有可能起到"绝地求生、反败为胜"的作用。《专利纠纷适用法律问题规定》第 9 条规定："人民法院受理的侵犯实用新型、外观设计专利权纠纷案件，被告在答辩期间内请求宣告该项专利权无效的，人民法院应当中止诉讼，但具备下列情形之一的，可以不中止诉讼：（一）原告出具的检索报告或者专利权评价报告未发现导致实用新型或者外观设计专利权无效的事由的；（二）被告提供的证据足以证明其使用的技术已经公知的；（三）被告请求宣告该项专利权无效所提供的证据或者依据的理由明显不充分的；（四）人民法院认为不应当中止诉讼的其他情形。"根据上述条文规定，诉讼中止要求被告在答辩期内请求宣告涉案专利权无效。《专利纠纷适用法律问题规定》第 10 条规定："人民法院受理的侵犯实用新型、外观设计专利权纠纷案件，被告在答辩期间届满后请求宣告该项专利权无效的，人民法院不应当中止诉讼，但经审查认为有必要中止诉讼的除外。"根据本条规定，被告在答辩期间届满后请求宣告涉案专利权的，法院以不中止诉讼为原则。

（二）相关案例

一诺仪器（中国）有限公司与深圳市中为光通信技术有限公司侵害实用新型专利权纠纷案[1]

一诺仪器（中国）有限公司（以下简称一诺公司）拥有名称为“一种光纤熔接机”的实用新型专利，2018 年 3 月 22 日，一诺公司以深圳市中为光通信技术有限公司（以下简称中为光公司）制造、使用的光纤熔接机产品侵犯其前述涉案专利权为由，向深圳市中级人民法院立案起诉。

中为光公司在收到法院传票及一诺公司的起诉材料后，委托律师积极应诉，同时分析涉案专利的稳定性。经过律师分析后认为涉案专利被宣告无效的可能性较大，于是中为光公司立即向专利复审委员会请求宣告涉案专利无效，并向法院申请中止审理。法院经过审查后认为，涉案专利评价报告显示涉案专利权利要求 1、权利要求 2、权利要求 5 都不具备创造性，可能导致涉案专利无效，涉案专利的权利状态和保护范围处于不确定状态，案件存在中止审理的必要。于 2018 年 9 月 6 日裁定中止诉讼。

自此中为光公司集中精力准备宣告涉案专利无效，专利复审委员会对涉案专利进行审查后，于 2019 年 6 月 24 日作出“宣告专利权全部无效”的决定。2019 年 7 月 8 日，一诺公司向法院提出撤诉申请。

（三）律师提示

被告在遇到专利侵权诉讼时要冷静应对，制定有效的应对策略，如自己产品涉嫌侵权可以从涉案专利权的稳定性考虑。特别是对于外观设计及实用新型专利未经实质审查便予以授权，较大部分没有创造性，不符合专利权的授予条件，极有可能被认定无效。因此，被告在接到法院传票后，尽快委托专业人士对专利稳定性进行分析，若认为涉案专利权不稳定，则应及时在答辩期内向国家知识产权局专利局复审和无效审理部申请宣告专利权无效，同时向法院申请中止案件的审理。

---

[1] 广东省深圳市中级人民法院（2018）粤 03 民初 822 号民事裁定书。

第四章 专利的行政保护

第一节 专利侵权行政查处

一、行政查处可批量快速且低成本解决专利侵权纠纷

(一)要点解读

专利权人面对特定群体性侵权,比如,某商场、超市的销售商贩集体侵权,通常起诉的成本较大、耗时长,且取证上具有一定难度,诉讼很可能并不是最好的维权方式。专利权人该如何维权?

我国《专利法实施细则》第 80 条规定:“国务院专利行政部门应当对管理专利工作的部门处理专利侵权纠纷、查处假冒专利行为、调解专利纠纷进行业务指导。”这一条款赋予了国家知识产权局制定有关专利行政执法部门规章的权利。其中,国家知识产权局于 2016 年发布了《专利纠纷行政调解指引(试行)》。所谓调解,是指行政机关在进行行政管理的过程中,对平等主体之间的民事争议,在尊重当事人各方意志基础上作出的一种处理方式。《专利法》意义上的行政调解,是指管理专利工作的部门在日常专利管理和行政执法过程中,针对专利纠纷,以我国《专利法》及相关法律法规为依据、以当事人自愿为原则,通过对当事人的说服和疏导,促使当事人平等协商、互谅互让,达成调解协议,以快速解决纠纷的行为。

根据《专利纠纷行政调解指引(试行)》第 1 章专利行政调解程序及第 1 节基本原则的规定,在发生专利纠纷时,当事人可以请求管理专利工作的部

门对该专利纠纷予以调解。对于专利行政调解，管理专利工作的部门不收取任何费用。也就是说，申请专利行政调解属于当事人的权利，也是管理专利工作的部门职责所在。

专利行政调解程序受案范围包括专利申请权和专利权的权属纠纷、发明人或设计人资格纠纷、职务发明创造的发明人或设计人的奖励和报酬纠纷、发明专利临时保护期使用费纠纷、专利侵权纠纷和专利侵权赔偿纠纷。目前，明确不受理专利行政调解请求的情况是已向仲裁机构申请仲裁的和已向人民法院起诉等不属于该管理专利工作的部门的受案和管辖范围。调解请求的管辖根据我国《专利法实施细则》第 81 条第 1 款的规定，“当事人请求处理专利侵权纠纷或者调解专利纠纷的，由被请求人所在地或者侵权行为地的管理专利工作的部门管辖”。因此，针对专利纠纷，尤其是群体性侵权时，专利权人可以尝试请求行政调解。

（二）相关案例

甘肃省临夏回族自治州知识产权局处理“门（四）”外观设计专利侵权纠纷案[1]

请求人马某德于 2016 年 8 月 10 日向国家知识产权局提出名称为“门（四）”的外观设计专利申请，2017 年 3 月 29 日获得授权，专利号为 ZL201630395041.5。该专利权在请求人提起侵权纠纷处理请求时合法有效。马某德发现甘肃省临夏县 12 家企业和个人生产销售的门涉嫌侵犯其专利权，遂向青海省知识产权局提起专利侵权纠纷处理请求（请求人所在地知识产权管理部门）。2018 年 9 月，甘肃省知识产权局接收青海省知识产权局移送的请求材料后，根据有关管辖原则，依法移交临夏回族自治州知识产权局调处。

该案中，请求人提供了《外观设计专利权评价报告》和被请求人的现场制作图片和实物等证据。经办案人员现场整体观察、综合判断发现，涉嫌侵权的产品与请求人外观设计专利虽然具有一定的区别，但在整体视觉效果上并没有明显差异，两者的不同点属于门惯常设计的替换或增加，并未改变涉案专利产品的整体视觉效果。被请求人销售的产品与专利产品构成相近

---

〔1〕 参见《2018 年度专利行政保护十大典型案例》，载国家知识产权局网站：http://www.sipo.gov.cn/zscqgz/1139378.htm，2020 年 1 月 3 日最后访问。

似,即判定为侵权成立。另一方面,被请求人在被告知已侵犯请求人的专利权时,均表示自己不了解《专利法》,不知道已侵权,并主动请求调解。2018年11月,在临夏回族自治州知识产权局的主持下,最终请求人和被请求人达成调解协议,被请求人同意停止生产、加工、销售该涉嫌侵权的产品。

(三)律师提示

行政查处速度快、可以多地同时启动,且成本低。特别对于侵权厂家,可快速、全面地保全侵权证据,制止侵权行为。行政调解可以快速地解决纠纷,但需注意的是,行政调解协议不同于判决书,没有法律强制力,在一方当事人迟迟不履行的情况下,当事人需要向法院申请确认该行政调解协议的效力以便获得法律强制力。

二、管理专利工作的部门依申请或依职权调查收集的专利侵权的证据可用于专利侵权诉讼

(一)要点解读

在专利权侵权纠纷案件中,一般需要购买被控侵权产品实物,来判断被控侵权产品是否落入涉案专利权利要求的保护范围。但纯出口的企业侵权,无法在国内市场购买获取侵权产品,此时专利权人该如何维权?在专利侵权诉讼中,专利权人需承担证明被控侵权人侵权行为的举证责任,未获取侵权产品将可能导致专利权人因举证不能而其诉求无法得到法院支持的后果。针对纯出口企业的侵权行为,专利权人因难以通过购买获取侵权产品,依靠自身进行举证十分困难,此时,不妨向当地管理专利工作的部门申请对此类涉嫌侵权的纯出口企业进行专利行政处理。

在专利行政执法中,证据的获取主要有两种方式:一是当事人举证,二是管理专利工作的部门依职权调查取证。《专利行政执法证据规则(试行)》第2章第2节“依职权调查收集证据”部分规定:“在处理专利侵权纠纷、查处假冒专利行为过程中,管理专利工作的部门可以依当事人的书面请求或者根据需要依职权调查收集有关证据。调查收集证据的途径可以是现场勘验、现场检查、委托鉴定、证据保全等。管理专利工作的部门在调查收集证据时,应当遵守我国《行政强制法》的有关规定。”当事人请求管理专利工作

的部门调查收集证据时，需要满足下列条件之一：(1)请求调查收集的证据属于国家有关部门保存并须管理专利工作的部门依职权调取的档案材料；(2)当事人及其代理人确因客观原因不能自行收集的其他材料(上述纯出口企业就满足这一类条件)；(3)证据可能灭失或者以后难以取得。管理专利工作的部门也可以根据案情需要或者在证据可能灭失或者以后难以取得的情况下，对侵权可能性大的案件依职权调查收集证据。对于管理专利工作的部门依申请或依职权收集的证据，专利权人可以在之后的专利侵权诉讼中使用，即可用于证明涉嫌侵权人的侵权行为。同时，管理专利工作的部门在现场检查、证据保全等收集证据的过程中，还会收集到涉嫌侵权人的账簿、合同、生产记录等经营规模的证据。该证据便于法院认定涉嫌侵权人的获利情况，一般有利于增加专利权人所获得的赔偿额。

(二)相关案例

科乐美数码娱乐株式会社与广州市华吉冠动漫科技有限公司侵害外观设计专利权纠纷案[1]

科乐美数码娱乐株式会社(以下简称科乐美株式会社)于2008年6月6日向中华人民共和国知识产权局申请了名为“游戏机”的外观设计专利，并于2009年7月8日获得授权，专利号为ZL200830127376.4。针对上述专利，广州市华吉冠动漫科技有限公司(以下简称华吉冠公司)于2011年6月22日向专利复审委员会提出无效宣告请求，专利复审委员会维持专利权有效。

2011年5月，科乐美株式会社向广东省广州市知识产权局申请处理华吉冠公司涉嫌侵犯涉案专利的行为，广州市知识产权局予以立案。2011年6月7日，广州市知识产权局的执法人员前往华吉冠公司生产地址进行调查，以问答形式获知被诉侵权产品是从2010年5月开始生产，从2010年6月开始销售，生产总数量为100~200台，销售总数量为140~150台；游戏机库存10台，没有专门用于生产的专用模具；有关游戏机的生产或者销售的记录、仓库记录、销售账册、销售地址等资料。

[1] 广东省高级人民法院(2013)粤高法民三终字第404号民事判决书。

同日，广州市知识产权局的执法人员来到了华吉冠公司的上述销售地址进行调查，以问答形式获知被诉侵权产品是华吉冠公司生产和销售的；从2010年5月开始生产，2010年5月开始销售，销售总数量为30台左右，批发售价为每台15,000～18,000元；销售点现场有4台双屏魔法音乐机；公司没有专门用于生产被诉侵权产品的专用设备；确定了公司营业执照地址和生产地址，执法人员还获得载有被诉侵权产品图片的宣传单页一份。

2011年5月25日，科乐美株式会社向广州市中级人民法院提起诉讼，一审法院在确定赔偿数额时，全面考虑了以下因素：(1)科乐美株式会社的实际损失及华吉冠公司的侵权获利均难以决定；(2)涉案专利的类型；(3)华吉冠公司侵权行为的性质和情节；(4)广州市知识产权局所做两份笔录记录的华吉冠公司自认的生产、销售数量及销售单价；(5)被诉侵权产品的价值；(6)涉案外观设计在游戏机产品利润中的作用；(7)科乐美株式会社为制止侵权行为所支付的合理费用等，最终将本案赔偿数额确定为40万元。华吉冠公司认为赔偿额过高并提起上诉，广东省高级人民法院审查之后维持上述赔偿数额。

(三)律师提示

专利权人计划申请管理专利工作的部门依职权收集证据的前提是做好前期工作，比如，确认涉嫌侵权人的生产地址、销售地址等相关信息。同时可以请求管理专利工作的部门收集更加详细的生产记录、销售记录、经营账册等。行政部门现场调查时可采取的方式包括查阅、复制与案件有关的合同、账册等有关文件；询问当事人和证人，调查与案件有关的情况；采用测量、拍照、摄像等方式进行现场勘验；检查与案件有关的物品，抽样取证；涉嫌侵权方法专利权的，管理专利工作的部门可以要求被调查人进行现场演示。

三、展会上无产品实物的许诺销售行为仍可能构成专利侵权

(一)要点解读

在没有展示侵权产品实物的情况下，参展商在展会上许诺销售侵权产品，专利权人应当如何维权？

许诺销售专利产品是指被控侵权人明确表示欲出售具有专利权利要求

书所述技术特征的产品的行为。比如,未经授权在展会、商店中陈列专利产品,或将专利产品列入拍卖清单,或在报纸、电视、网络上发布专利产品广告等行为。根据《专利行政执法操作指南(试行)》第5章第1节展会专利侵权纠纷调解的规定,展会专利保护可采用行政处理和自律处理两种方式。这里的行政处理就是管理专利工作的部门依据日常处理专利侵权纠纷的程序处理:案件受理—立案审查—调查收集证据—案件审理—证据认定—结案—执行。根据我国《专利行政执法办法》第21条的规定,"管理专利工作的部门处理专利侵权纠纷,应当自立案之日起3个月内结案。案件特别复杂需要延长期限的,应当由管理专利工作的部门负责人批准。经批准延长的期限,最多不超过1个月。案件处理过程中的公告、鉴定、中止等时间不计入前款所述案件办理期限"。整个流程下来,一般3个月内,专利权人就可以得到答复。采用此种方式,若发现有参展商存在专利侵权情况,专利权人可以不经过展会主办方,直接与管理专利工作的部门联系并进行投诉。

自律处理包括调解和协议裁决。从展会主办方的角度出发,展会若采取调解模式,可邀请管理专利工作的部门派人驻会。展前,展会主办方应与参展方签订含有专利保护条款的参展合同。合同签订之后,展会主办方作为展会调解专利侵权纠纷的主体,管理专利工作的部门派驻展会人员以"专家"的身份贯穿专利侵权纠纷受理和组织调解的全过程,主要是对投诉进行调查核实以及判定专利侵权与否。需要注意的是,此时形成的调解协议是展会主办方依据参展合同的专利保护条款所签订的,具有法律约束力。在调解协议签订后,当事人若向有管辖权的法院申请司法确认程序,经司法确认的调解协议具有强制执行力。

专利权人若想投诉被控侵权人,需要提交真实且充分的证明材料,材料不真实或不齐全的,将不被受理。此外,涉案专利权必须处于合法有效的状态。根据《专利行政执法操作指南(试行)》第5.1.4.2规定,以下属于不予受理的情形:(1)投诉人提交的投诉材料不真实或者不齐全的;(2)专利权正处于无效宣告请求程序之中,且无效的理由和证据充分的;(3)专利权存在权属纠纷,正处于人民法院的审理程序或者管理专利工作的部门的调解程序或仲裁程序的;(4)专利权已经终止或者专利权人正在办理权利恢复的;(5)离闭展不足24小时提请投诉的。

（二）相关案例

北京市知识产权局处理“用ω－羧基芳基取代的二苯脲作为raf激酶抑制剂”发明专利侵权纠纷案[1]

请求人拜耳医药保健有限责任公司（以下简称请求人）于2000年1月12日向国家知识产权局提出了名称为“用ω－羧基芳基取代的二苯脲作为raf激酶抑制剂”的发明专利申请，2005年9月21日获得授权，专利号为ZL00802685.8。该专利权在请求人提起侵权纠纷处理请求时合法有效。请求人认为，被请求人某公司未经许可在其官方网站和展会上许诺销售的索拉非尼、甲苯磺酸索拉非尼两种产品，与请求人专利产品的名称及CAS登记号（美国化学会的下设组织化学文摘社为每一种出现在文献中的物质分配一个CAS编号，是某种物质的唯一数字识别号码）完全一致，且并未获得授权生产。该产品落入涉案发明专利的权利要求1、27、28的保护范围，被请求人的行为侵犯了请求人的专利权，于2018年4月向北京市知识产权局提出专利侵权纠纷处理请求

经审理，虽未见产品实物，但因为被请求人在其官方网站和展会上所宣传的涉案产品与请求人专利产品的名称及CAS登记号相同，北京市知识产权局于2018年7月认定涉案产品就是化学物质索拉非尼和甲苯磺酸索拉非尼，均落入涉案专利权利要求1的保护范围，因被请求人未获得请求人的授权，因此被请求人许诺销售涉案产品的行为构成专利侵权，责令其停止许诺销售侵犯涉案专利的索拉非尼、甲苯磺酸索拉非尼，删除许诺销售相关网站信息，销毁印有侵权产品信息的所有宣传资料。

（三）律师提示

针对展会上被控侵权人仅许诺销售侵权产品而未提供产品实物的情况，因无实物与涉案专利直接进行侵权比对，首要的工作就是保存好相关证据。比如，提前确定取证方案，向展台工作人员索要名片及公司宣传资料等。之后可以携带相关材料及时向管理专利工作的部门进行投诉。虽没有

---

[1] 参见《2018年度专利行政保护十大典型案例》，载国家知识产权局网站：http://www.sipo.gov.cn/zscqgz/1139378.htm，2020年1月3日最后访问。

办法提供被控侵权产品实物，专利权人仍然可以通过举证证明被控侵权产品的技术特征或外观并与涉案专利权利要求书中所述技术特征或外观进行侵权比对。只要被控侵权产品的技术特征或外观落入涉案专利的保护范围内，就可请求管理专利工作的部门及时处理。

四、有利害关系的制造者在行政查处程序中作为第三人于法无据

（一）要点解读

根据法律规定，专利权人可向管理专利工作的部门请求查处侵权人的侵权行为。被请求人作为行政处理程序的当事人一方，有权行使自己的权利。但实务中，有时被请求人仅为销售者；而作为涉案产品的制造者，行政处理的结果与自身利益息息相关，该如何救济自己的权益？

在民事诉讼或行政诉讼程序中，可通过追加第三人或共同被告以确保利害关系人能够主张自己独立的利益；或者为了自己的利益，辅助该诉讼一方当事人进行诉讼。但是，在现行的《专利法》体系中并未规定专利侵权纠纷行政处理程序中的第三人制度。因此，有利害关系的制造商在行政查处程序中成为第三人是于法无据的。

实践中，各地通过不同的方式允许有利害关系的制造商在行政查处中维护自己的权益。比如，在（2017）京行终 2606 号案件中，最高人民法院认为："北京市知识产权局在依法行政的前提下，应当享有一定的行政裁量权。北京市知识产权局将苹果上海公司追加为共同被请求人是其行使行政裁量权的体现，未违反法定程序。"下文案例中，广州市知识产权局为了保障制造商充分表达意见，允许其作为证人参与至行政查处程序中。

（二）相关案例

广东苏宁云商销售有限公司与广州市知识产权局专利行政处理决定纠纷案〔1〕

方某崇拥有名称为"锅盖上有旋翻手的连体式电压力锅"、专利号为ZL200710135616. X 的发明专利。广东苏宁云商销售有限公司（以下简称苏宁公司）在未获得权利人许可的情况下，销售落入前述发明专利权保护范围

〔1〕 广东省高级人民法院（2017）粤行终 286 号行政判决书。

的侵权产品,该产品由浙江绍兴苏泊尔生活电器有限公司(以下简称苏泊尔公司)制造。方某崇向广州市知识产权局请求对苏宁公司进行行政查处。在查处过程中,苏宁公司、苏泊尔公司均请求广州市知识产权局追加苏泊尔公司为该案的第三人。广州市知识产权局认为追加苏泊尔公司为第三人于法无据。但广州市知识产权局为保障与案件处理有利害关系的苏泊尔公司充分表达其意见,允许苏宁公司委托其作为该案证人,或授权其公司律师作为案件的代理人参与案件处理。广州市知识产权局作出行政处理决定后,苏宁公司认为广州市知识产权局不予追加苏泊尔公司为第三人的行为违反法律规定。为此,苏宁公司向广东省知识产权局申请行政复议,但行政复议的决定是维持涉案处理决定。随后,苏宁公司提起行政诉讼,一审法院认为广州市知识产权局未追加苏泊尔公司作为第三人,并不违反法律法规的规定。苏宁公司不服该判决,遂提起上诉。上诉理由是一审法院在审理案件过程中未追加苏泊尔公司为第三人违反了《行政诉讼法》的规定。

广东省高级人民法院总结本案争议焦点:行政程序和一审诉讼未追加苏泊尔公司为第三人是否构成行政处理程序和行政诉讼程序违法,因而损害苏宁公司和苏泊尔公司的法定权利。

广东省高级人民法院认为,我国《行政诉讼法》第 29 条第 1 款规定:"公民、法人或者其他组织同被诉行政行为有利害关系但没有提起诉讼,或者同案件处理结果有利害关系的,可以作为第三人申请参加诉讼,或者由人民法院通知参加诉讼。"从该条款的规定来看,与被诉行政行为或者与案件处理结果具有利害关系的公民、法人或者其他组织"可以"而并非必须作为第三人参加诉讼。此处"可以"的本意是人民法院有权利亦有义务审查第三人参加诉讼的必要性。在本案所审查的行政处理决定的作出程序中,广州市知识产权局已给予了苏泊尔公司就被诉侵权产品及其他问题充分表达意见的权利。苏泊尔公司作为与行政行为和本案处理结果具有利害关系的第三人参加诉讼已无必要。一审法院未追加苏泊尔公司为第三人,既未违反法律规定,也未剥夺苏泊尔公司的合法权利。苏宁公司关于一审法院未追加苏泊尔公司作为本案第三人违反法律规定并损害苏泊尔公司法定权利的上诉理由不能成立,驳回上诉。

（三）律师提示

当行政查处的被请求人仅有销售者时，该销售者可请求行政机关追加产品制造者为被请求人或申请产品制造者作为证人参与该行政程序，以便行政机关查明案情，高效彻底地解决专利侵权纠纷。如果有利害关系的制造者无法参与该行政程序，可在行政决定生效前，针对该决定提起行政诉讼，具体参考我国《行政诉讼法》第 25 条第 1 款，"行政行为的相对人以及其他与行政行为有利害关系的公民、法人或者其他组织，有权提起诉讼"。

五、行政查处执法人员需持国家知识产权局或省级人民政府颁发的合法证件

（一）要点解读

在专利行政查处处理过程中，行政查处执法人员需要出示行政执法证，核实该证件时需要注意哪些信息？

《专利行政执法办法》第 4 条第 2 款规定："专利行政执法人员（以下简称'执法人员'）应当持有国家知识产权局或者省、自治区、直辖市人民政府颁发的行政执法证件。执法人员执行公务时应当严肃着装。"

由以上规定可知，审核行政查处执法人员出示的行政执法证时，需要注意证件的颁发单位，只有持有国家知识产权局或者省、自治区、直辖市人民政府颁发的行政执法证件才是合法证件，而市级政府以及县级政府等机构颁发的行政执法证并不是有效合法的行政执法证件。在此情形下，相关人员的行为属于行政越权行为。

（二）相关案例

王某华与赣州市知识产权局专利行政纠纷案[1]

王某华拥有一种打洞立杆机的实用新型专利权，在赣州市发现胡某义具有侵权行为，遂向其所在地的湘潭市知识产权局提出请求，请求停止侵权及停止使用打洞立杆机。湘潭市知识产权局因无权管辖，将案件转移，最终赣州市知识产权局受理此案，并组织相关人员进行现场勘验，经勘验以及口

---

〔1〕 江西省高级人民法院（2018）赣行终 115 号行政判决书。

头审理，赣州市知识产权局作出不侵权决定，驳回王某华所有请求。王某华不服决定，提起诉讼，案件经过一审和二审。一审法院判决维持决定；二审法院判决撤销一审判决中驳回王某华要求撤销决定的诉讼请求部分，撤销赣州市知识产权局作出的决定，由赣州市知识产权局重新作出行政行为。

案件的争议焦点：赣州市知识产权局的勘察过程中的程序是否违法，即执法人员是否具有合法资质的行政执法证件。

江西省高级人民法院审理认为，《专利行政执法办法》第4条第2款规定："专利行政执法人员（以下简称'执法人员'）应当持有国家知识产权局或者省、自治区、直辖市人民政府颁发的行政执法证件。"《专利行政执法操作指南（试行）》第2章第2节"调查收集证据"中第2.2.2项规定："现场调查时执法人员不得少于2人。执法人员在现场调查时，应当出示行政执法证，查明被请求人的身份后，对被请求人有关被诉侵权产品的生产、销售、构造等情况进行调查，查清相关事实。"本案中，参与行政执法的三名人员袁某、郭某英以及赖某丽具备行政执法证，但袁某的《江西省行政执法证》是由赣州市人民政府颁发，郭某英和赖某丽的《江西省行政执法证》是由龙南县人民政府颁发。因此，2名勘验人员持有的行政执法证件均不是国家知识产权局或江西省人民政府颁发的行政执法证件，勘验人员没有专利行政执法资质，其制作的《专利侵权纠纷案件现场勘验笔录》不能作为认定王某华请求处理的专利侵权纠纷案件事实的依据。赣州市知识产权局作出的本案被诉处理决定证据不足，上诉人王某华认为赣州市知识产权局作出的被诉处理决定程序违法理由成立。

（三）律师提示

在行政执法处理过程中，当事人除了应当核实行政执法人员的人数（是否少于2人）、笔录签字应与陈述内容一致，还应当着重注意行政执法证件的颁发机构是否符合《专利行政执法办法》的规定。若执法证件的颁发机构不是国家知识产权局或省、自治区、直辖市人民政府，该行政执法的决定可能因程序违法而被撤销。

第二节 专利的海关保护

一、海关可依职权主动中止涉嫌侵犯备案专利权的产品通关

（一）要点解读

根据我国《知识产权海关保护条例》第16条的规定，“海关发现进出口货物有侵犯备案知识产权嫌疑的，应当立即书面通知知识产权权利人。知识产权权利人自通知送达之日起3个工作日内依照本条例第十三条的规定提出申请，并依照本条例第十四条的规定提供担保的，海关应当扣留侵权嫌疑货物，并书面通知知识产权权利人，并将海关扣留凭单送达收货人或者发货人。知识产权权利人逾期未提出申请或者未提供担保的，海关不得扣留货物”。即海关对进出口货物进行监管。若在此过程中发现进出口货物涉嫌侵犯备案专利权的，海关可以要求发货人或收货人提交货物的相关权利证明并附属相关证据。若发货人或收货人未能提交相关证明文件，海关会依职权中止放行涉嫌侵犯备案专利权的货物并书面通知备案权利人。备案权利人在收到通知后3个工作日内认为所涉货物侵权时，应当提交扣留申请书和提供不超过货物等值的担保，海关方扣留涉嫌侵犯专利权的货物。

通常，海关自扣留之日起有30个工作日的时间来调查和认定被扣留货物的具体状况。这期间可以寻求知识产权主管部门的协助，知识产权权利人、发货人和收货人应当予以配合，最后根据侵权情况得出认定侵权、不能认定侵权、不认定侵权或达成和解协议的结论。若海关经调查认定不侵权或不能认定被扣留的涉嫌侵犯专利权的货物侵犯专利权的，自扣留之日起50个工作日内未收到人民法院协助执行通知的，应当放行被扣留的涉嫌侵犯专利权的货物。若海关经调查认定侵权的，根据我国《海关行政处罚实施条例》第25条第1款的规定，“进出口侵犯中华人民共和国法律、行政法规保护的知识产权的货物的，没收侵权货物，并处货物价值30%以下罚款；构成犯罪的，依法追究刑事责任”。

关于被扣留侵权产品的处置，依据我国《知识产权海关保护条例》第27

条的规定，“被扣留的侵权嫌疑货物，经海关调查后认定侵犯知识产权的，由海关予以没收。海关没收侵犯知识产权货物后，应当将侵犯知识产权的货物的有关情况书面通知知识产权权利人。被没收的侵犯知识产权货物可以用于社会公益事业的，海关应当转交给有关公益机构用于社会公益事业；知识产权权利人有收购意愿的，海关可以有偿转让给知识产权权利人。被没收的侵犯知识产权货物无法用于社会公益事业且知识产权权利人无收购意愿的，海关可以在消除侵权特征后依法拍卖，但对进口假冒商标货物，除特殊情况外，不能仅清除货物上的商标标识即允许其进入商业渠道；侵权特征无法消除的，海关应当予以销毁”。

（二）相关案例

深圳海关“龙腾行动”查获首宗侵犯专利案

2017 年 9 月 19 日，通过布控，深圳机场海关在 UPS 出口快件渠道查验时发现，某公司申报出口美国的一批内存卡和移动存储器，涉嫌侵犯朗科公司专利。海关关员当即制发通知书到深圳市朗科科技股份有限公司，请权利人进行核实。9 月 26 日，经确认，此次深圳海关隶属机场海关在出口渠道查获的一批内存卡和移动存储器，侵犯了深圳市朗科科技股份有限公司的专利知识产权。据悉，这是全国海关开展“龙腾”行动以来，查获的首宗侵犯专利权案件。

（三）律师提示

海关依职权保护专利权的前提是权利人已在海关总署进行知识产权海关备案。对于尚未备案的或备案失效的，海关不能依职权采取保护措施。不同于商标权利，专利涉及较复杂的技术内容，海关部门在判断进出口产品是否侵犯专利权时较困难。因此，权利人最好提供较核心、较稳定的专利权进行海关备案，且积极主动与海关沟通，让海关熟悉侵权产品的特征，以提高海关依职权主动查扣的机会和成功率。

二、取得涉嫌侵权产品的进出口信息后，专利权利人可以主动申请海关中止涉嫌侵权产品通关

（一）要点解读

国家禁止侵犯知识产权的产品进出口，海关依照有关法律和《知识产权海关保护条例》实施知识产权保护。当权利人发现他人出口涉嫌侵害专利权的产品时，可以向海关申请采取知识产权保护措施。根据我国《知识产权海关保护条例》第7条的规定，"知识产权权利人可以依照本条例的规定，将其知识产权向海关总署申请备案；申请备案的，应当提交申请书。申请书应当包括下列内容：（一）知识产权权利人的名称或者姓名、注册地或者国籍等；（二）知识产权的名称、内容及其相关信息；（三）知识产权许可行使状况；（四）知识产权权利人合法行使知识产权的货物的名称、产地、进出境地海关、进出口商、主要特征、价格等；（五）已知的侵犯知识产权货物的制造商、进出口商、进出境地海关、主要特征、价格等。前款规定的申请书内容有证明文件的，知识产权权利人应当附送证明文件"。备案是申请海关采取保护专利的前提。为了保护自身权利，专利权利人可以将其专利权按照上述规定向海关总署申请备案。

备案之后，当权利人发现涉嫌专利侵权的货物即将出入境时，就可以将涉嫌专利侵权的货物的明确信息，包括货柜号、出口口岸、目的地口岸、离港时间等提供给海关并向海关申请扣留。权利人在提交扣留申请书的同时还应向海关提供不超过货物等值的担保，用于赔偿可能因申请不当给收货人、发货人造成的损失，以及支付货物由海关扣留后的仓储、保管和处置等费用。

（二）相关案例

上海海关查办进口专利权侵权纠纷设备案[1]

中微半导体设备（上海）有限公司（以下简称中微公司）是业内研发、组装集成电路等设备的先进企业，先后开发了具有自主知识产权的芯片设备，

---

〔1〕 参见《2017年知识产权边境保护典型案例》，载中国海关总署网站：http://www.customs.gov.cn/customs/302249/302425/1802371/index.html，2020年1月7日最后访问。

并在全球范围内申请了1200余项专利。随着国际市场份额的逐渐扩大,中微公司与美国某公司发生知识产权纠纷,双方在中国、美国等多地互相展开专利诉讼、无效宣告等知识产权司法与行政领域的诉争。福建省高级人民法院于2017年12月裁定美国某公司的子公司停止进口、制造、销售和许诺销售被诉侵犯中微公司专利权的设备。

中微公司根据法律程序向海关总署申请知识产权备案,并积极向货物进出口地海关寻求保护,在掌握了涉嫌侵犯其专利权的设备即将从上海浦东国际机场进口的情况后,立即向上海海关提出扣留侵权嫌疑货物的申请,并缴纳相应担保。上海海关依据我国《知识产权海关保护条例》的规定,及时启动知识产权海关保护程序。根据权利人的申请,暂停涉嫌侵权设备通关,该设备价值3400万元人民币。海关执法过程中,美国某公司主动与中微公司开展和解谈判,双方最终达成全球范围相互授权的和解协议。

(三)律师提示

权利人申请查扣需要在递交申请时提供明确的货柜号以及通关的口岸,否则海关部门较难启动依申请查扣。此外,权利人在申请扣留成功之后,应当及时采取下一步措施,或起诉,或和解,否则海关将在扣留侵权嫌疑货物之日起满20日后放行货物。

三、涉嫌专利侵权货物被扣留可申请海关反担保放行

(一)要点解读

进出口货物被海关以涉嫌侵犯专利权的名义扣留后,作为货物的发货人、收货人很可能面临逾期交货的违约责任,此时应如何应对?

根据我国《知识产权海关保护条例》第19条的规定,"涉嫌侵犯专利权货物的收货人或者发货人认为其进出口货物未侵犯专利权的,可以在向海关提供货物等值的担保金后,请求海关放行其货物。知识产权权利人未能在合理期限内向人民法院起诉的,海关应当退还担保金"。该法条具体的适用路径如下:第一,收货人或者发货人认为其货物未侵犯权利人的专利权,应当主动向海关提交书面说明及不侵犯涉案专利权的证据资料,表明此进出口货物的合法性。第二,针对海关依权利人申请扣留进出口货物的情形,

海关通常情况下不会对被扣留的货物是否侵权进行认定。故结合我国《知识产权海关保护条例》第24条第1款的规定，权利人自海关扣留货物之日起20个工作日应向法院起诉，若未及时向法院起诉导致海关在规定时间内未收到人民法院协助执行通知的，海关将放行被扣留的货物。而针对海关依职权扣留进出口货物的情形，海关自扣留之日起30个工作日内有权对被扣留的侵权嫌疑货物是否侵犯专利权进行调查、认定。若被扣留的货物，经海关调查后认定侵权的，由海关予以没收。海关不能认定货物是否侵权的，收货人、发货人向海关提供相当于货物价值的担保后，可以请求海关放行货物。实践中，因为专利侵权认定的复杂性，很少有海关直接认定侵权。同时海关依职权扣留货物的，自扣留之日起50个工作日内未收到人民法院协助执行通知，并经调查不能认定被扣留货物侵权时，应当放行被扣留货物。因此，收货人或发货人在认为不侵犯他人专利权的情况下，为保证货物及时放行，减少损失，应在第一时间提供担保金并请求海关放行。第三，担保金数额与货物等值。这是为了将来进出口货物被认定为侵权成立时确保专利权利人的各项损失能够得到较为充分的补偿。

（二）相关案例

宁波海关因被请求人提供反担保放行涉嫌侵权货物案[1]

A公司向国家知识产权局申请了名称为“电动平衡扭扭车”的外观设计专利，并获得授权，截至本书出版时该专利有效。涉案专利由六面正投影视图、立体图、使用状态参考图表示，最能体现外观设计要点的图片为立体图。2013年3月18日，B向国家知识产权局申请了名称为“电动两轮车”的外观设计专利。

2016年8月3日、5日，C公司向宁波海关申请报关出口两批电动滑板车，金额分别为2,954,362.9元、1,477,181.45元。同年8月8日，宁波海关向C公司发出《扣留侵权嫌疑货物通知书》，由于A公司已确认B公司于2016年8月3日、8月5日自海关出口的“电动滑板车”侵犯了A公司的“电

[1] 甬关法〔2016〕0498、0499号《扣留侵权嫌疑货物通知书》；甬关法〔2016〕0498、0499《解除扣留（封存）通知书》。

动平衡扭扭车”的外观设计专利权、实用新型专利权，宁波海关根据《知识产权海关保护条例》第15条的规定，扣留上述侵权嫌疑货物。同年8月10日，C公司向宁波海关交纳1,477,181元、2,954,363元反担保金。同年8月11日，宁波海关因C公司提出反担保放行申请并附随相关证据，向C公司发出《解除扣留（封存）通知书》，放行了案涉电动滑板车。

（三）律师提示

实践中，存在涉嫌侵权产品的发货人提供反担保之后，部分海关不留存样品就放行的情况，直接导致专利权人因缺少实物进行侵权比对而维权失败。因此，在涉嫌侵权货物被海关扣留之后，权利人应及时向有管辖权的法院申请证据保全。

四、申请海关扣留涉嫌专利侵权产品不当致损应当承担赔偿责任

（一）要点解读

我国《知识产权海关保护条例》第28条第2款规定：“知识产权权利人请求海关扣留侵权嫌疑货物后，海关不能认定被扣留的侵权嫌疑货物侵犯知识产权权利人的知识产权，或者人民法院判定不侵犯知识产权权利人的知识产权的，知识产权权利人应当依法承担赔偿责任。”第14条规定：“知识产权权利人请求海关扣留侵权嫌疑货物的，应当向海关提供不超过货物等值的担保，用于赔偿可能因申请不当给收货人、发货人造成的损失，以及支付货物由海关扣留后的仓储、保管和处置等费用；知识产权权利人直接向仓储商支付仓储、保管费用的，从担保中扣除。具体办法由海关总署制定。”结合上述条例可知，申请人向海关申请知识产权保护措施，其申请海关扣留不当进而导致被申请人的损害时，应当承担相应的赔偿责任。

申请海关知识产权保护措施属于临时保护措施的一种。在司法实践中，因申请海关知识产权保护措施损害责任的认定更多地倾向于对申请不当的主观过错程度上的把握，申请人在向海关申请知识产权保护措施前，应当知道自己在申请海关采取知识产权保护措施即享受该扣留利益的同时，也应当承担会因该扣留所造成的风险的义务，申请人仍愿意向海关提供等额价值的担保，这种明知风险而为之的主观状态，往往会受到具体案件情况

的影响而无法预先作出是否具有过错的判定。因此，我国《知识产权海关保护条例》对“申请过错”作出规定，即被查扣的货物未经海关、法院的法定程序认定侵权的，该申请行为应认定申请不当。换句话说，如果满足如下两个条件之一，都应当认定申请不当，申请人具有过错：(1)海关无法认定侵权；(2)法院作出不侵权的生效判决。

关于责任承担。在因申请海关知识产权保护措施损害责任纠纷案件中，申请不当的行为属侵权行为，申请人应对其侵权行为所造成被申请人的损失承担相应的赔偿责任，我国《知识产权海关保护条例》第 14 条规定中，要求申请人“向海关提供不超过货物等值的担保”亦出于该意图。但该责任的承担仅适用在申请不当的行为与该损失之间存在必然的因果关系的前提下产生。实践中，申请人通常需要承担关于滞箱费的赔偿责任。滞箱费是指在海上货物运输合同中，收货人、提单持有人及托运人超期使用集装箱而向承运人支付的费用。滞箱费的产生是基于各方当事人就海运商事行为而订立的合同，其性质应认定为以当事人超过约定期限归还集装箱而导致的违约金或损害赔偿金。但在认定权利人保全行为与对方当事人滞箱费之间存在因果关系的基础上，还应考虑该保全行为是否必然造成该损失的产生。若滞箱费损失的产生系因申请人申请不当的行为直接导致，行为与损害结果之间存在必然的因果关系，则申请人应当承担相应的赔偿责任。若承运人在收到海关扣留货物的通知后，在合理时间内完全能采取其他有效措施防止这类损失的扩大，而承运人放任该损失的发生且未采取相应的措施，导致该损失的扩大，该滞箱费损失扩大的部分则不应由权利人承担。

(二)相关案例

浙江美佳机电科技有限公司与白桦林(临安)休闲用品有限公司因申请海关知识产权保护措施损害责任纠纷案[1]

白桦林(临安)休闲用品有限公司(以下简称白桦林公司)系名称为“遮阳篷的可调臂座”的实用新型专利的专利权人。白桦林公司以浙江美佳机电科技有限公司(以下简称美佳公司)海关出口的货物涉嫌侵犯涉案专利权

[1] 浙江省宁波市中级人民法院(2014)浙甬知终字第 42 号民事判决书。

为由申请宁波海关扣留。随后白桦林公司以美佳公司制造、销售涉案专利侵权产品为由,将其诉至法院,法院终审判决认定美佳公司不构成侵权。后美佳公司以白桦林公司申请不当为由,请求法院判令白桦林公司承担因申请不当而导致船期延误产生的滞箱费及堆存费的损失的赔偿责任。

本案的主要争议焦点:白桦林公司申请海关查扣美佳公司货物的行为是否构成申请不当?因船期延误产生的滞箱费及堆存费的损失是否应由白桦林公司承担?

白桦林公司认为,其向海关申请采取知识产权保护措施扣货并不具有主观过错,其已尽到合理的注意义务,故不属于申请不当,不应承担赔偿责任。

浙江省宁波市中级人民法院二审认为:(1)申请不当的实质是申请错误,而是否错误关键在于申请人的专利侵权之诉的诉讼请求能否得到生效裁判的支持,如果未能判定侵权成立,则意味着申请人的申请失去应有的法律基础属于错误。故对申请错误的判断,本身具有延迟性,并非申请时即能显示,只有当司法机关对专利侵权作出生效裁决的结果时,才能作出是否申请不当或申请错误的判断。申请人在享受保全强制措施利益的同时,应承担相应风险的义务。而申请错误的损害赔偿可能已包含在申请人申请当时的风险之中,也为申请人申请当时所主观明知,这种申请人明知风险而为之的主观状态,受当时侵权结果未定的客观情况所限往往不能预先作出是否具有过错的判定,但当最终判定侵权不成立时,即可确认当时的申请人具有主观过错。故上诉人白桦林公司主张其申请的当时不具有主观过错的理由不能成立。(2)白桦林公司的行为构成申请不当,海关应白桦林公司申请而采取知识产权保护措施,已实际影响美佳公司按原定船期出运货物,故美佳公司延期储运所造成的损害后果与白桦林公司的申请海关扣货行为有因果关系,认为白桦林公司应当承担相应的滞箱费及堆存费损失。对此,二审法院最终认定白桦林公司的行为构成申请不当,判决白桦林公司承担相应的滞箱费及堆存费损失。

(三)律师提示

在申请海关知识产权保护措施的案件中,知识产权权利人应对自身的权利有具体的把握：一是明确自己的权利范围，在申请海关知识产权保护措施前应当对自己所能承担的风险与能够保护的利益之间形成一个预判，准确把握被申请的对象是否有侵权的情形；二是程序上做好维权的准备。在申请海关知识产权保护后，应当及时向法院提起诉讼，确认侵权。如果没有按时起诉，将会被法院确认具有主观过错，最终认定申请不当，会给自身造成巨大的损失。

在赔偿责任的承担方面，需注意：在这类纠纷案件中，虽然申请人自身的申请扣留货物的行为与对方主张的赔偿事项存在因果关系，但在实践中，被申请人往往也是承运人，具有防止损害扩大的义务，此点往往容易被被申请人忽略。若其放任该损害的扩大，此损害扩大的部分不应由申请人赔偿，而是由有防止损害扩大义务的被申请人自行承担。

五、海关查获的专利侵权产品总价可作为侵权赔偿情节依据

（一）要点解读

我国《专利法》第65条规定："侵犯专利权的赔偿数额按照权利人因被侵权所受到的实际损失确定；实际损失难以确定的，可以按照侵权人因侵权所获得的利益确定。权利人的损失或者侵权人获得的利益难以确定的，参照该专利许可使用费的倍数合理确定。赔偿数额还应当包括权利人为制止侵权行为所支付的合理开支。权利人的损失、侵权人获得的利益和专利许可使用费均难以确定的，人民法院可以根据专利权的类型、侵权行为的性质和情节等因素，确定给予一万元以上一百万元以下的赔偿。"本条确定了专利侵权赔偿数额的顺序：实际损失、侵权获益、专利许可使用费的倍数以及法定赔偿。

在司法实践中，因专利权人的实际损失、侵权人的侵权获益的举证难度较大，绝大多数的专利侵权案件采用法定赔偿来确定赔偿额。

而在海关保护知识产权案件中，结合海关具体案情，权利人申请海关查扣侵权产品后，侵权产品因被海关查获，未将侵权产品流入市场时，并未给权利人造成实际的损失。但海关查扣的行为及时阻断了侵权行为的损害结果，侵权人实质上实施了侵权行为，故不能因为海关的查扣行为而减轻或免除侵权人的赔偿责任。综上所述，在涉及申请海关保护的专利权侵权纠纷

案件中,海关查获的侵权产品总价可作为侵权赔偿情节依据。

（二）相关案例

深圳天轮科技有限公司与东莞易步机器人有限公司侵害发明专利权纠纷案[1]

陈某系名称为“自平衡式两轮电动车”的发明专利的专利权人。后专利权人变更为深圳天轮科技有限公司(以下简称天轮公司)。经天轮公司申请,大鹏海关查获并扣留了东莞易步机器人有限公司(以下简称易步公司)出口的两轮平衡车235辆。随后天轮公司向广州知识产权法院立案起诉易步公司侵害其专利权,要求易步公司赔偿经济损失20万元及维权合理开支4万元。广州知识产权法院(以下简称一审法院)一审认为易步公司侵害了天轮公司的专利权,全额支持了天轮公司的经济损失赔偿及维权合理开支的请求。易步公司不服一审判决,提起上诉。

本案的主要争议焦点:法院酌定赔偿中,以海关查获的侵权产品总价作为赔偿依据的考量因素是否合理。

易步公司认为,被诉侵权产品已被海关查扣,并未流入市场,未给权利人造成经济损失,一审法院的判赔额过高。

广州知识产权法院一审认为,在权利人未提供其因侵权所受损失的证据,也没有提供侵权人因侵权而获利的证据,且没有提供涉案专利许可费的证据的情况下,依法酌定本案的赔偿额。具体考量因素包括:(1)涉案专利权的类型及其市场价值;(2)侵权人侵权行为的性质与情节;(3)海关查获的被诉侵权货物价格总价。综合上述因素,权利人主张的经济损失合理,故予以全额支持。

广东省高级人民法院二审认为,在双方均未举证证明权利人因被侵权所受到的实际损失或者侵权人因侵权所获得的利益,也无专利许可使用费参考。一审法院酌情确定赔偿数额时具体考量上述三个因素,并确定的判赔数额符合《专利法》第65条之规定,故对易步公司的上诉请求不予支持。

---

[1] 广东省高级人民法院(2018)粤民终1919号民事判决书。

（三）律师提示

外贸出口的产品涉嫌侵犯专利权时，专利权利人可在海关进行专利保护备案。海关查处专利侵权的过程中形成的证据，对后续在法院的专利侵权诉讼有重要作用。但应注意请求法院及时到海关调取查扣证据，特别是与侵权产品数量与价值相关的证据。

第五章 专利无效宣告

第一节　专利无效之新颖性、创造性认定

一、工具书内能呈现完整技术手段内容的部分章节可以作为公知常识性证据使用

（一）要点解读

专利审查、复审和无效过程中，在认定专利文件中的技术手段为公知常识时，通常需要向国家知识产权局提供证据材料进行证明。实践中，需要明确哪些证据材料可以用于公知常识。

我国《专利审查指南》第 4 部分第 3 章 4.1（7）“审查范围”规定：“专利复审委员会可以依职权认定技术手段是否为公知常识，并可以引入技术词典、技术手册、教科书等所属技术领域中的公知常识性证据。”第 4 部分第 8 章 4.3.3“公知常识”规定：“当事人可以通过教科书或者技术词典、技术手册等工具书记载的技术内容来证明某项技术手段是本领域的公知常识。”

从以上规定可以看出，教科书或者技术词典、技术手册等工具书都可以作为证据材料用来证明某项技术手段是公知常识；但作为证明公知常识的证据材料，是否需要提供整本工具书，法律法规对此没有规定。目前，在向国家知识产权局提供证明某一技术手段为公知常识的工具书时，可以向国家知识产权局提供相关的整本工具书；提供整本工具书有难度的，也可以提供该工具书的部分章节，但该提供的部分章节应能够完整呈现待证明的技

术手段的内容。

（二）相关案例

北京摩拜科技有限公司针对深圳市吟云科技有限公司拥有的专利提出无效宣告请求案〔1〕

专利权人大连智慧城科技有限公司拥有一项专利号为ZL201310630670.7、名称为“互联网门禁临时用户授权装置和方法”的发明专利，该专利的申请日为2013年12月2日，授权公告日为2016年7月6日；后该专利的专利权人变更为深圳市吟云科技有限公司。针对该专利权，北京摩拜科技有限公司于2017年3月23日向专利复审委员会提出无效宣告请求。经过审查，复审委的审查结论为：宣告专利权全部无效。

本案的争议焦点之一：作为证据的教科书1为整本书，但只提交了部分书页，能否作为公知常识性的证据。

专利权人认为，证据教科书1的整本书，只提交了部分书页，因此存在以偏概全的可能，不能作为公知常识性的证据。

合议组认为，证据教科书1为清华大学出版社出版的、贾铁军主编的《网络安全实用技术》，该书的内容简介部分记载了其可以作为高校计算机与信息类、电子商务、工程与管理类等学科专业的教材，因此属于《专利审查指南》中规定的教科书的范畴，可以作为公知常识性证据。专利权人认为请求人只提交部分章节，存在以偏概全的嫌疑，但没有提交任何有说服力的证据。通过阅读教科书1可知，虽然其是该教材中的部分章节，但是其内容已经能够呈现某一技术手段的完整内容，能够用于证明该完整技术手段的存在，并且请求人仅主张教科书的部分内容作为公知常识性证据是符合相关举证要求的，因此对于专利权人的观点合议组不予认可。

（三）律师提示

在专利复审、专利无效以及专利侵权诉讼程序中，使用工具书或教科书

〔1〕参见《2017年专利复审无效十大案件》，载国家知识产权局网站：http://www.cnipa.gov.cn/mtsd/1123789.htm，2020年1月7日最后访问。

的部分章节作为公知常识证据时，除了审查该工具书部分章节是否完整呈现待证事实之外，还应审查该工具书是否为公开出版物，以及其出版时间是否在专利申请日之前等信息。此外，还应去公共图书馆（比如，国家图书馆）复印上述证据并开具文献复制证明。

二、不能用同一份对比文件内的多项技术方案组合评价专利文件的新颖性

（一）要点解读

在评价发明或实用新型的新颖性时，通常以单独一个对比文件与专利文件做比对，这种比对是否就一定正确呢？

我国《专利法》第22条第2款规定："新颖性，是指该发明或者实用新型不属于现有技术；也没有任何单位或者个人就同样的发明或者实用新型在申请日以前向国务院专利行政部门提出过申请，并记载在申请日以后公布的专利申请文件或者公告的专利文件中。"同时，我国《专利审查指南》第2部分第3章3.1(2)审查原则规定："判断新颖性时，应当将发明或者实用新型专利申请的各项权利要求分别与每一项现有技术或申请在先公布或公告在后的发明或实用新型的相关技术内容单独地进行比较，不得将其与几项现有技术或者申请在先公布或公告在后的发明或者实用新型内容的组合，或者与一份对比文件中的多项技术方案的组合进行对比。"因此，在新颖性评判的"单独比对"原则中，单独是指一项技术方案，而非一个对比文件。若一个对比文件中存在多项技术方案，不能将多项技术方案的组合与专利文件进行比对。

实践中很多人不能很好地理解或应用上述规定，即不能用同一份对比文件内的多项技术方案组合评价专利文件新颖性。例如，对比文件为一本教科书，在评价专利文件新颖性时，不能从该本教科书记载的多项技术方案中分别提取一些特征相组合而与专利文件的技术方案相比较；如果对比文件为一份专利文件，在评价专利文件新颖性时，也不能从该份专利文件记载的多个实施例中的技术方案中，抽出一些技术方案相组合而与专利文件的技术方案相比较。

（二）相关案例

苹果电脑贸易（上海）有限公司针对高通股份有限公司拥有的发明专利权提出的无效宣告请求案〔1〕

专利权人高通股份有限公司拥有一项专利号为 ZL201310491586.1、名称为“计算装置中的活动的卡隐喻”的发明专利，该专利的优先权日为 2008 年 5 月 23 日，申请日为 2009 年 5 月 18 日，授权公告日为 2017 年 3 月 1 日。针对该专利权，苹果电脑贸易（上海）有限公司（以下简称请求人）于 2017 年 12 月 12 日向专利复审委员会提出无效宣告请求。

本案的争议焦点之一：对比文件 1 中启发法包含多种具体的实现方式，每个应用程序只是选择了其中的一种或多种来应用启发法，这些具体的应用实例是否能够共同构成“一项技术方案”用以作为评价涉案专利新颖性单独对比的基础。

请求人主张，对比文件 1 将启发法用于确定触摸屏设备的命令，公开了手机多个功能的展开，各个功能相互之间并没有非此即彼的互斥关系，可以应用于同一个手机，且文中多处描述了“在一些实施例中”，其实质上描述了一个实施例。因而对比文件 1 中对浏览器网页、数字视频播放器、电话呼叫、相册等的相关操作及功能相当于公开了本专利权利要求 1 的完整技术方案。

专利权人认为，同一手势在不同的应用程序中启发法的定义不同，不同应用程序实施例中的启发法属于不同的技术方案。

对此，合议组认为，对比文件 1 的浏览器网页、数字视频播放器、电话呼叫、相册等分别属于不同的应用程序实施例。虽然对比文件 1 描述了将启发法用于根据手势确定用户指令，且多处提到“在一些实施例中”，但是对比文件 1 的启发法仅仅用于解释人机交互中手势识别的基本理论，在对比文件 1 的不同应用程序中，同一手势所对应执行的功能并不相同，因而对比文件 1 的多个实施例所记载的技术方案之间是相互独立的，不能共同构成一个单独的技术方案。从上述多个技术方案中各选取一些与手势操作相关的特征来组合评价本专利权利要求 1 的新颖性，不符合新颖性评判的单独对比原

---

〔1〕 参见《2018 专利复审无效十大案件》，载国家知识产权局网站：http://www.sipo.gov.cn/mtsd/1138630.htm，2020 年 1 月 7 日最后访问。

则。因而，对于请求人主张的权利要求1的各项特征分别被对比文件1的浏览器网页、视频播放器、电话呼叫、相册等实施例公开，合议组不予支持。

（三）律师提示

虽然同一份对比文件内的多项技术方案组合不能用于评价专利文件的新颖性，但其可组合用于评价专利文件的创造性；同时需要注意的是，“单独比对”原则中的单独不仅仅是指对比文件以技术方案为单位，被比对的对象也是以技术方案为单位，即不同的权利要求可以用相应不同的技术方案进行比对。

三、创造性判断应紧紧围绕非显而易见性而不必拘泥于严格执行“三步法”

（一）要点解读

我国《专利审查指南》记载了关于专利的创造性判断方法——“三步法”。三步法作为判断专利是否具有创造性的工作方法在专利领域实务中被普遍采用，但判断专利的创造性是否只能严格执行三步法？

我国《专利法》第22条第3款规定：“创造性，是指与现有技术相比，该发明具有突出的实质性特点和显著的进步，该实用新型具有实质性特点和进步。”其中，突出的实质性特点，是指对所属技术领域的技术人员来说，发明相对于现有技术是非显而易见的。进一步，根据我国《专利审查指南》第2部分第4章3.2.1.1的相关规定，判断要求保护的发明相对于现有技术是否显而易见，通常可按照以下三个步骤进行：(1)确定最接近的现有技术；(2)确定发明的区别特征和发明实际解决的技术问题；(3)判断要求保护的发明对本领域的技术人员来说是否显而易见。

事实上判断专利是否具有创造性的根本原则应该是“判断要求保护的发明相对于现有技术是否显而易见”；三步法只是判断创造性的一种优选方法，而非唯一方法。因此，在执行三步法时，不必严格执行三步法的每一个步骤。发明构思是指发明人为了解决技术问题而提出的技术改进思路，形象地说，专利申请文件所呈现的技术信息是一项发明创造的完整结果，是其外在的具体表现形式，即发明的“形”，而发明构思是形成于发明人头脑中的发明创造的灵魂和本质，即发明的“神”。如果某一发明创造与最接近的现有技术相比，发明构思不同，则说明此发明创造和最接近的现有技术是对同一技术问题的不同解决方案。因此该发明创造与最接近的现有技术相比，不存在需要解决的技术问题，当然也就不存在对最接近的现有技术进行改进的必要和产生改进的动机。这与前述实际中发明创造产生的过程不同，所以不能运用“三步法”来判断与最接近的现有技术整体发明构思不同的发明创造的创造性。[1]

（二）相关案例

埃意（廊坊）电子工程有限公司与王某专利无效宣告行政纠纷案[2]

本案涉及名称为“处于座垫下表面或座椅骨架上的压力型安全带提醒传感器”的实用新型专利（以下简称涉案专利），申请日为2009年12月23日，专利权人为王某。针对上述专利权，埃意（廊坊）电子工程有限公司（以下简称埃意公司）于2013年9月22日向专利复审委员会提出无效宣告请求，请求宣告本专利权利要求1~7无效。2014年1月28日，被申请人王某（涉案专利的专利权人）向专利复审委员会提交了意见陈述书及权利要求书的修改替换页，其将权利要求1删除并对编号进行了相应调整。复审委员会作出第24570号无效宣告请求审查决定（以下简称被诉决定）。该决定认为，原权利要求2-7均不具备《专利法》第22条第3款规定的创造性，宣告涉案专利权全部无效。案件经过一审、二审以及再审，一审法院驳回专利权人诉讼请求，二审撤销一审判决，最高人民法院撤销二审判决，维持一审判决。

本案的争议焦点：在认定原权利要求2是否具有创造性时应如何适用“三步法”。

最高人民法院认为，首先，“三步法”的适用有利于对权利要求是否具有《专利法》第22条第3款规定的创造性作出客观、准确的认定。但也要注意到“三步法”并非判断创造性的唯一方法。在准确、客观、全面地理解权利要

[1] 北京市高级人民法院（2018）京行终6665号行政判决书。

[2] 最高人民法院（2018）最高法行再33号行政判决书。

求限定的技术方案和现有技术的基础上，不排除对创造性的判断也可以通过“三步法”以外的其他方法来完成。而且，无论采用哪种方法，理应得到相同的结论。其次，在我国《专利审查指南》中，有关“突出的实质性特点（显而易见）”的认定方法也只是规定了“三步法”，并没有明确记载其他的判断方法。且长期以来，在专利审查实践以及司法实践中，“三步法”始终是认定创造性最为重要、最为基本的方法。因此，在认定发明创造是否显而易见，是否具有创造性时，一般应当通过“三步法”进行判断，但也有必要给其他判断方法留出适用、发展的空间。

“三步法”是判断权利要求是否显而易见的一种方法。对于“三步法”的适用，包括“三步法”中每一个步骤的适用，都应当立足并服务于认定发明创造是否显而易见，是否具有创造性这个根本目标。因此，在正确认定区别技术特征的基础上，即使被诉决定或一审法院对“第二步”中的实际解决的技术问题未作出认定，或者认定错误，亦不必然影响对权利要求是否具有创造性作出正确的认定。

（三）律师提示

虽然创造性判断不必拘泥于严格执行“三步法”，但为了提高沟通效率，建议实务中优选在审查意见答复以及无效过程中采用三步法进行创造性评述。创造性判断的“三步法”应为主原则，其他方法应为例外。无论采用何种方法，都应当紧紧围绕非显而易见性作为论述的宗旨。

四、若专利文件与对比文件中称谓不同的技术特征技术本质相同，则可认定两者为相同技术特征

（一）要点解读

对比文件是在判断发明或者实用新型是否具备新颖性或创造性等所引用的相关文件，包括专利文件和非专利文件。为防止在引用对比文件内容评价专利创造性时，不同的人在对比文件内容的理解上可能存在偏差，《专利审查指南》第2部分第3章2.3“对比文件”中作出了以下规定：“对比文件是客观存在的技术资料。引用对比文件判断发明或者实用新型的新颖性和创造性等时，应当以对比文件公开的技术内容为准。该技术内容不仅包括明确记载在对比文件中的内容，而且包括对于所属技术领域的技术人员来说，隐含的且可直接地、毫无疑义地确定的技术内容。但是，不得随意将对比文件的内容扩大或缩小。另外，对比文件中包括附图的，也可以引用附图。但是，审查员在引用附图时必须注意，只有能够从附图中直接地、毫无疑义地确定的技术特征才属于公开的内容，由附图中推测的内容，或者无文字说明、仅仅是从附图中测量得出的尺寸及其关系，不应当作为已公开的内容。”

以上《专利审查指南》内容虽然就判断专利新颖性和创造性时，对如何正确理解对比文件的内容给出了一些原则性的规定；但由于在对专利文件的新颖性和创造性判断过程中，面对的技术情况通常是复杂的，比如，在对比文件与专利文件相对比时，常遇到对比文件中所记载的技术特征称谓与专利文件中技术特征称谓不同的情况。实际上，技术特征称谓仅是用来初步判定其技术内容的初步证据，并不能决定其技术内容，对比文件中所记载的技术内容取决于其技术本质。即在判断两个技术特征是否相同时，既不能简单地认为同一名称为同一技术特征，也不能简单地认为不同名称为不同技术特征，应当从技术特征的原理、作用等角度出发分析得出技术特征的技术本质，若本质相同，则不论其名称是否相同，均应该视为相同的技术特征。

（二）相关案例

福建新大陆自动识别技术有限公司针对码捷（苏州）科技有限公司专利提出无效宣告请求案〔1〕

手持产品公司拥有专利号为ZL200680016023.5、名称为“具有全局电子快门控制的条形码读取装置”的发明专利，该专利的优先权日为2005年3月11日，申请日为2006年3月7日，授权公告日为2011年9月28日。后该专利的专利权人变更为码捷（苏州）科技有限公司。福建新大陆自动识别技术有限公司对该专利提出无效。经过审查，复审委的审查结论：宣告专利权部分无效。

本案的争议焦点之一：涉案专利权利要求所请求保护的技术方案中的“全局电子快门”与作为最接近现有技术的对比文件1（US2004/0190092A1）

〔1〕 参见《2017专利复审无效十大案件》，载国家知识产权局网站：http://www.sipo.gov.cn/mtsd/1123789.htm，2020年1月7日最后访问。

公开的“冻结帧快门”是否相同的事实认定。

涉案专利涉及一种具有全局电子快门控制的条形码读取装置，其通过采用全局电子快门图像传感器的方式，该全局快门能够同时曝光图像传感器阵列中的所有像素，从而避免现有技术采用卷帘式快门的图像传感器的条形码扫描器逐行曝光所产生的图形失真和图像变形的问题。

无效宣告请求人认为，对比文件1（US2004/0190092A1）涉及一种编码数据的扫描装置，该扫描装置采用的是冻结帧快门类型的图像传感器，对比文件1（US2004/0190092A1）中披露，该“图像传感器有益地为冻结帧类型而不是卷帘式快门类型，以避免连续扫描线之间的偏斜”。对比文件1所公开的冻结帧技术为涉案专利的“全局电子快门”。

专利权人认为，(1)请求人对于对比文件1（US2004/0190092A1）公开独立权利要求中特征“全局曝光/同时曝光整帧像素”的意见缺乏充分证据支持，不具有说服力；(2)对比文件1所公开的采用“冻结帧”的扫描装置无法用于扫描本专利独立权利要求所限定的“条形码”。

合议组认为，从涉案专利的图像传感器的工作原理分析可知，涉案专利的全局快门的图像传感器数据读取能力与传统的卷帘式快门相比并无改进，其改进点主要在于：全局快门图像传感器阵列中的每一个像素都具有一像素内的存储元件，可以将曝光后的光电数据暂存在像素内的存储元件中，以便在后续逐行进行读取。对比文件1（US2004/0190092A1）披露的冻结帧快门，其图像传感器阵列中的每个像素都具有用于感光的光敏二极管、用于对感光后的光电数据进行处理放大的放大器和用于对曝光后的光电数据进行存储的存储电容；因对比文件1（US2004/0190092A1）中冻结帧快门的图像传感器的每个像素内也具有一存储元件，其也具有同时曝光整帧像素的能力，并将曝光后的光电数据暂存在像素内的该存储元件中。

经过分析，合议组认为，涉案专利的全局快门的图像传感器与对比文件1（US2004/0190092A1）中的冻结帧快门的图像传感器工作原理和结构均相同，即二者的每个像素内都有一存储元件，并均具有曝光整帧像素的能力，将曝光后的光电数据暂存在像素内的存储元件中，以便在后续逐步进行读取。由此可以确定，全局电子快门图像传感器与对比文件的冻结帧快门的图像传感器为同一技术特征的不同称谓。

(三)律师提示

技术特征的命名存在申请人的主观性、行业习惯等因素。在专利撰写阶段,应尽量采用常用术语。若为非常用术语,应在说明书中进行充分解释。同时尽可能地通过实施方式结合附图,将每一个技术特征尤其涉及发明要点的技术特征的本质结构、功能作用都呈现清楚,避免在后续的无效、诉讼程序中造成模棱两可的不利局面。

五、医药化学领域权利要求中仅起到机理的分析阐释或技术效果描述作用的用途特征可能不对发明作出实质性特点贡献

(一)要点解读

在对医药化学领域的用途发明的权利要求进行创造性判断时,方法权利要求中的功能以及用途特征均应予以考虑。但每个特征的实际限定作用应最终体现在权利要求保护的整体技术方案上,并且应当区分该用途特征是基于发现产品新的性能而作出特定用途发明的技术特征,还是仅为已知产品或组分某种固有性质或使用效果的描述。如果方法权利要求中的用途特征仅是机理的分析阐释或者技术效果的描述,则无法使发明具备突出的实质性特点。

(二)相关案例

江苏恒瑞医药股份有限公司针对参天制药株式会社等拥有的发明专利提出的无效宣告请求案〔1〕

专利权人参天制药株式会社、旭硝子株式会社共同拥有一项专利号为ZL01815617.7、名称为"滴眼液"的发明专利,该专利的申请日为2001年9月13日,优先权日为2000年9月13日,授权公告日为2006年3月1日。针对该专利权,江苏恒瑞医药股份有限公司(以下简称请求人)于2016年6月24日向专利复审委员会提出了无效宣告请求。

本案的争议焦点之一:权利要求中的用途特征是产品新用途,还是对已

〔1〕 参见《2018专利复审无效十大案件》,载国家知识产权局网站:http://www.sipo.gov.cn/mtsd/1138630.htm,2020年1月7日最后访问。

知产品或组分某种固有性质或使用效果的描述。

请求人认为，权利要求1中的区别技术特征：(1)要求保护抑制滴眼液中他氟前列素含有率降低的方法；(2)权利要求1限定所加入的吐温80抑制了他氟前列素在树脂类容器上的吸附。然而，证据1公开的制剂隐含公开了制剂的制备方法，且其中含有吐温80，只是没有明确提及效果。区别特征(1)和(2)是吐温80的固有性质，其客观产生的效果相同，因此已被证据1所公开，证据2中公开了非离子表面活性剂能够抑制或阻止容器对前列腺素的吸附。

专利权人认为，(1)本发明的实质改进在于发现了吐温80在特定前列腺素滴眼液制造中的新用途，进而得到了抑制他氟前列素含有率降低的方法，其中用途特征体现出对现有技术的创造性贡献，在新颖性、创造性判断中应予考虑。(2)吐温80针对前列腺素化合物起不到抑制前列腺素含有率降低的作用，说明不同的前列腺素由于结构不同在制剂化方面存在显著的不同，针对特定的前列腺素化合物，如何得到能够长期稳定保存的制剂配方是特定的技术问题。

合议组认为，本专利为了提供一种适宜存储的他氟前列素滴眼液的配制方法，将吐温80和乙二胺四乙酸或其盐组合用于制备滴眼液，以抑制活性成分含有率降低，改善产品的稳定性。而证据1中同样也是将吐温80和乙二胺四乙酸等用于他氟前列素滴眼液的制备，以改善产品的稳定性，就二者的性能而言并无差别，其不属于利用产品的新性能而作出的用途发明。进一步地，权利要求1的主题是抑制滴眼液中他氟前列素含有率降低的方法，该方法的本质是抑制储存过程中有效成分含量的降低，从而获得一种较为稳定的产品，而抑制活性成分被容器吸附、抑制活性成分分解是对各组分如何实现预期效果的机理阐释。证据1具体处方中含有吐温80，也教导可以包含本领域常用的乙二胺四乙酸实现进一步的稳定，吐温80和乙二胺四乙酸在证据1滴眼液中所实现的效果与其在本专利滴眼液中所实现的效果是一样的，权利要求1并不会因为“含有率降低”这样效果的描述，以及“抑制……被容器吸附”“抑制……分解”这样对效果实现方式的阐述而具备创造性。

（三）律师提示

因用途和功能特征对权利要求构成限定作用，在撰写医药化学领域的专利申请文件时，如果是方法类权利要求，且部分技术特征为已知产品或组分，应注意合理地利用用途特征进行限定。比如，可以用已知产品或组分新用途、新应用以及新功能对该技术特征进行限定，应尽量避免仅对已知产品或组分固有机理的分析阐释或技术效果描述。

六、判断具有一定技术功能的外观设计特征对整体视觉效果的影响时需考虑其装饰性强弱

（一）要点解读

《专利权纠纷司法解释》第 11 条第 1 款规定："人民法院认定外观设计是否相同或者近似时，应当根据授权外观设计、被诉侵权设计的设计特征，以外观设计的整体视觉效果进行综合判断；对于主要由技术功能决定的设计特征以及对整体视觉效果不产生影响的产品的材料、内部结构等特征，应当不予考虑。"

含有技术特征的外观专利至少存在三种不同类型的设计特征：功能性设计特征、装饰性设计特征以及功能性与装饰性兼具的设计特征。不同类型设计特征对于外观设计产品整体视觉效果的影响存在差异。功能性设计特征是指那些在该外观设计产品的一般消费者看来，由所要实现的特定功能唯一决定而并不考虑美学因素的设计特征。功能性设计特征对于外观设计的整体视觉效果通常不具有显著影响；装饰性特征对于外观设计的整体视觉效果一般具有影响。功能性与装饰性兼具的设计特征对整体视觉效果的影响则需要考虑其装饰性的强弱，其装饰性越强，对整体视觉效果的影响可能越大；反之越小。当然，以上所述仅仅是一般原则，一种设计特征对于外观设计产品整体视觉效果的影响最终需要结合案件具体情况进行综合评判。

例如，某耳机的头梁形状是属于具有一定技术功能的外观设计特征。但若一般消费者通常也会考虑到该头梁是否美观时，那么该头梁形状的设计即属于功能性与装饰性兼具的设计特征。具体而言，如果其装饰性较强，对产品整体视觉效果影响就较大；如果该设计特征装饰性较弱，对产品整体视觉效果影响就较小。

（二）相关案例

高仪股份有限公司与浙江健龙卫浴有限公司侵害外观设计专利权纠纷案〔1〕

高仪股份有限公司（以下简称高仪公司）拥有一项专利号为ZL200930193487. X、名称为"手持淋浴喷头（NO. A4284410X2）"的外观设计专利，该专利的申请日为2009年6月23日，授权公告日为2010年5月19日。高仪公司认为浙江健龙卫浴有限公司（以下简称健龙公司）生产、销售和许诺销售的GL062、S8008等型号的丽雅系列卫浴产品侵犯了其外观设计专利权，遂向法院提起诉讼。

一审法院认定不侵权，理由：虽然涉案专利与被诉侵权产品在喷头的出水面设计上存在高度近似，但在喷头头部周边设计、喷头头部周边与出水面的分隔方式、手柄整体形状及细节设计、手柄与头部的连接方式及大小长度比例上均存在差别；根据一般消费者的知识水平和认知能力，淋浴喷头产品应包括头部和手柄两个主要部分，两者各自的设计特征以及两者的连接方式和比例大小，在产品使用时均容易被直接观察到，是构成淋浴喷头产品整体视觉效果的基础，赋予该类产品设计美感。应认定被诉侵权产品与涉案外观设计专利在整体视觉效果上存在实质性差异，两者并不构成近似。高仪公司不服，提起上诉。

二审法院认定侵权，理由：被诉侵权设计与涉案专利设计的主要区别在于前者缺乏后者在手柄位置具有的一类跑道状推钮设计。该推钮虽然可有不同的形状设计，但其在手柄上设置主要仍系基于功能性的设计，对产品的整体视觉效果并未产生显著影响；至于其他区别点，二审法院认为并未能使被诉侵权设计与涉案专利设计在产品的整体视觉效果上产生实质性差异。健龙公司不服，申请再审。

因被诉侵权产品的手柄位置具有一类跑道状推钮设计，而涉案专利设计手柄位置具有一类跑道状推钮设计，由于该推钮具有控制水流开关的功能，因此，本案再审争议焦点之一是该涉案外观设计手柄上的推钮是否为功能性设计特征。

再审法院认为，虽然淋浴喷头表面的推钮具有控制水流开关的功能，但

〔1〕 最高人民法院（2015）民提字第23号民事判决书。

一般消费者看到淋浴喷头手柄上的推钮时,也会关注其装饰性而考虑该推钮设计是否美观,而不是仅仅考虑该推钮是否能实现控制水流开关的功能;因此,再审法院认为该推钮设计特征装饰性效果较强,对整体视觉效果影响较大;而被诉侵权产品并不具有该推钮设计特征。据此,再审法院认定被诉侵权产品不构成侵权。

(三)律师提示

外观设计的功能性设计特征包括两种:一种是实现特定功能的唯一设计;另一种是实现特定功能的多种设计之一,但是该设计仅由所要实现的特定功能决定而与美学因素的考虑无关。在无效程序中,请求人不要轻易地将某种具有功能的设计特征认定为功能性设计特征;而应当从该设计是否由功能唯一确定,比如自行车的轮胎一定为圆形。若属于这种情况,则应该考虑举证该设计特征是实现特定功能的有限的设计方式之一,且该设计特征的设计由功能决定,而不考虑美学因素。

第二节 专利无效之保护标的及公开充分性认定

一、不对整体技术方案做出技术贡献的纯粹商业模式将不被授予专利权

(一)要点解读

传统的商业模式指的是企业实现价值创造所确定的交易结构,属于商业活动的范畴,非技术领域。随着 IT 行业的发展,新商业模式指的是利用互联网、大数据和云计算等技术手段,在高度垂直细分领域内整合交易主体、改变交易方法或者颠覆交易结构,提升交易效率同时解决用户需求的商业方法。[1] 关于商业模式的可专利性问题,实践当中,涉及商业模式的发明专利申请可分为单纯商业方法发明专利申请和商业方法相关发明专利申请,如涉及行政管理、支付方案、商业行销、购物、签单、拍卖、金融投资、税务处理、保险、保健服务、旅游服务、法律服务等的相关发明专利申请。单纯商业

[1] 参见闫文锋、苏丹:《试论新业态对专利制度的挑战》,载《知识产权》2018 年第 5 期。

方法发明专利申请是指以单纯的商业方法为主题的发明专利申请；商业方法相关发明专利申请是指以利用计算机及网络技术实施商业方法为主题的发明专利申请。

我国《专利法》第2条第2款规定："发明，是指对产品、方法或者其改进所提出的新的技术方案。"《专利法》第25条第1款第2项规定："对下列各项，不授予专利权：(二)智力活动的规则和方法。"智力活动，是指人的思维运动，它源于人的思维，经过推理、分析和判断产生出抽象的结果，或者必须经过人的思维运动作为媒介，间接地作用于自然产生结果。智力活动的规则和方法是指导人们进行思维、表述、判断和记忆的规则和方法。由于其没有采用技术手段或者利用自然规律，也未解决技术问题和产生技术效果，因而不构成技术方案。它既不符合《专利法》第2条第2款的规定，又属于《专利法》第25条第1款第2项规定的情形。因此，指导人们进行这类活动的规则和方法不能被授予专利权。[1] 也就是说，单纯的商业方法本身属于智力活动的范畴，不涉及任何技术手段，不属于对产品、方法或者其改进所提出的新方案。[2] 至于商业方法相关发明专利，2017年，国家知识产权局对《专利审查指南》进行了修改，其在《专利审查指南》第2部分第1章第4.2节第2项[3]之后新增一段示例："涉及商业模式的权利要求，如果既包含商业规则和方法的内容，又包含技术特征，则不应当依据专利法第二十五条排除其获得专利权的可能性。"即利用计算机和网络技术实现的、涉及模式的发明专利申请，如果其权利要求含有技术特征，不认为其属于我国《专利法》第25条第1款第2项所述的"智力活动的规则和方法"而予以排除。

不过，以商业模式为主题的发明专利申请虽存在获得专利权的可能性，审查员在对此类专利进行审查时，将会判断该商业模式对现有技术的贡献

---

〔1〕 参见中国人民共和国国家知识产权局：《专利审查指南》，知识产权出版社2010年版，第123页。

〔2〕 参见中国人民共和国国家知识产权局：《专利审查指南》，知识产权出版社2017年版，第123页。

〔3〕 除了上述(1)所描述的情形之外，如果一项权利要求在对其进行限定的全部内容中既包智力活动的规则和方法的内容，又包含技术特征，则该权利要求就整体而言并不是一种智力活动的规则和方法，不应当依据《专利法》第25条排除其获得专利权的可能性。

是否足以使其获得专利保护的对价交换。若其属于商业活动常见的商业模式，不对整体技术方案做出贡献，此类以商业模式为主题的发明专利申请将不被授予专利权。

（二）相关案例

深圳来电科技有限公司、深圳街电科技有限公司与深圳市拓特电子有限公司专利无效纠纷案〔1〕

深圳市拓特电子有限公司系专利号为 ZL201320826793.3、申请日为 2013 年 12 月 16 日、授权公告日为 2014 年 6 月 11 日、名称为"充电器租售机"的发明专利的专利权人。本专利授权公告时的权利要求 1 如下："1. 充电器租售机，其特征在于，包括有机柜，机柜上设有一个以上的充电模块保管仓，在充电模块保管仓中存放有移动充电模块；在机柜上还设有支付管理模块、主控电路模块、电子阀门模块及电源模块；支付管理模块，识别管理用户支付的费用，并连接主控电路模块，向主控电路模块提供检测识别信号；主控电路模块，管理控制电子阀门模块；电子阀门模块，控制充电模块保管仓的开启，以及向主控电路模块提供移动充电模块是否放回充电模块保管仓的存放检测信号；电源模块，用于为支付管理模块、主控电路模块和电子阀门模块供电，同时为移动充电模块充电。"

针对本专利，深圳来电科技有限公司（以下简称第一请求人）于 2017 年 8 月 23 日向专利复审委员会提出了无效宣告请求。深圳街电科技有限公司（以下简称第二请求人）于 2017 年 11 月 27 日向专利复审委员会提出了无效宣告请求。

复审委认为，证据 3 公开了一种便携电源发布系统（例如，电源站 1310）的付费租借系统，可以租借并取走移动充电模块为便携电子设备供电或充电，使用后可归还，从而能够灵活、方便地对便携电子设备供电或充电。因此，证据 3 中给出了对移动充电模块进行租借的启示，在证据 3 给出的启示的基础上，本领域技术人员很容易想到可以对证据 1 中的电池充换电机柜进

〔1〕 参见《2018 专利复审无效十大案件》，载国家知识产权局网站：http://www.sipo.gov.cn/mtsd/1138630.htm，2020 年 1 月 7 日最后访问。

行改造，在其中存放移动充电模块，从而实现对移动充电模块的租借，至于售卖则是在租借的基础上易于实现的常见的商业模式，对整体技术方案并未做出技术上的贡献。因此，本专利权利要求1相对于证据1和证据3的结合不具备实质性特点和进步，不具备《专利法》第22条第3款规定的创造性。

（三）律师提示

在撰写商业模式专利时，需要注意采用商业规则结合技术特征模式，技术特征可以是计算机角度的具体操作。因为纯商业规则的专利仍然不能获得授权。基于商业模式专利一般为方法专利，权利人若想维权，应充分收集产品说明书、操作手册或其他技术文档等证据，必要时需申请司法鉴定。

二、无效程序中通常不允许删除马库什式权利要求中的一个或多个变量

（一）要点解读

马库什权利要求是在一项权利要求中限定多个并列的可选择要素（马库什要素）的权利要求，其在化学领域专利申请中广泛采用。在无效程序中是否可以任意删除其中的可选择要素？

在我国专利实务中，存在两种不同的认识，即整体技术方案说和并列技术方案说。整体技术方案说认为马库什通式化合物权利要求是一种高度概括的撰写形式，并非必然是若干并列技术方案的集合，除非特殊情况下，该权利要求原则上应被视为一个技术方案。这种观点通常不允许专利权人在无效宣告程序中删除并列的马库什要素。而并列技术方案说通常认为马库什通式化合物是多个化合物的集合，其中每个化合物都是独立的，它们之间是并列选择关系，都可以相互替代而达到相同的效果。与整体技术方案说不同，并列技术方案说允许专利权人在无效宣告程序中删除并列的马库什要素，甚至删除到保护具体的化合物的程度。

根据最高人民法院的相关指导案例，化学领域的发明专利存在特殊性，尤其马库什权利要求，无论是对权利要求的解释还是修改均应当从严。马库什权利要求应该视为一种概括性的组合方案。选择一个变量应该生成一

种具有相同效果药物，即选择不同的分子式生成不同的药物，但是这些药物的药效不应该有太大差异，相互应当可以替代，而且可以预期所要达到的效果是相同的。正是因为马库什权利要求的高度概括性，允许对马库什权利要求进行修改的原则应当是不能因为修改而产生新性能和作用的一类或单个化合物，但是同时有关部门在审查的时候也要充分考量个案因素。

（二）相关案例

北京万生药业有限责任公司与国家知识产权局专利复审委员会专利行政纠纷案[1]

第一三共株式会社系名称为“用于治疗或预防高血压症的药物组合物的制备方法”、专利号为 ZL97126347.7 的发明专利（涉案专利）的权利人。涉案专利权利要求以马库什方式撰写。北京万生药业有限责任公司（以下简称万生公司）以涉案专利不具备创造性等为由向国家知识产权局专利复审委员会（以下简称专利复审委员会）提出无效宣告请求。2010 年 8 月 30 日，第一三共株式会社对权利要求进行了修改，其中包括：删除了权利要求 1 中“或其可作药用的盐或酯”中的“或酯”两字；删除权利要求 1 中 R4 定义下的“具有 1 至 6 个碳原子的烷基”；删除了权利要求 1 中 R5 定义下除羧基和式 COOR5a 外的其他技术方案。专利复审委员会在口头审理过程中告知第一三共株式会社，对于删除权利要求 1 中“或酯”的修改予以认可，但其余修改不符合《专利法实施细则》第 68 条的相关规定，该修改文本不予接受。第一三共株式会社和万生公司对此无异议。2011 年 1 月 14 日，第一三共株式会社提交了修改后的权利要求书替换页，其中删除权利要求 1 中的“或酯”。专利复审委员会作出第 16266 号无效宣告请求审查决定（简称第 16266 号决定），认为涉案专利权利要求 1 相比于证据 1 是非显而易见的，具有创造性，符合《专利法》第 22 条第 3 款的规定。遂在第一三共株式会社于 2011 年 1 月 14 日提交的修改文本的基础上，维持涉案专利权有效。万生公司不服，提起行政诉讼。案件经过一审、二审以及再审，一审判决维持第 16266 号决定，二审判决撤销第 16266 号决定，最高人民法院判决撤销二审判决，维持一审

[1] 最高人民法院（2016）最高法行再 41 号行政判决书。

判决。

本案的争议焦点:(1)以马库什方式撰写的化合物权利要求是概括的技术方案还是众多化合物的集合;(2)在宣告无效阶段,权利人可以采取什么方式修改马库什权利要求。

最高人民法院认为,马库什权利要求具有极强的概括能力,一旦获得授权,专利权保护范围将涵盖所有具有相同结构、性能或作用的化合物,专利权人权益将得到最大化实现。而从本质而言,专利权是对某项权利的垄断,专利权人所享有的权利范围越大,社会公众所受的限制也就越多。因此,从公平角度出发,对马库什权利要求的解释应当从严。马库什权利要求不管包含多少变量和组合,都应该视为一种概括性的组合方案。选择一个变量应该生成一种具有相同效果的药物,即选择不同的分子式生成不同的药物,但是这些药物的药效不应该有太大差异,相互应当可以替代,而且可以预期所要达到的效果是相同的,这才符合当初创设马库什权利要求的目的。因此,马库什权利要求应当被视为马库什要素的集合,而不是众多化合物的集合,马库什要素只有在特定情况下才会表现为单个化合物,但通常而言,马库什要素应当理解为具有共同性能和作用的一类化合物。

我国《专利审查指南》第4部分第6章4.6.1规定,无效宣告请求审查阶段,发明和实用新型专利文件的修改应仅限于权利要求书,其遵循的基本原则:(1)不得改变原权利要求的主题名称;(2)与授权的权利要求相比,不得扩大原专利的保护范围;(3)不得超出原说明书和权利要求书中的技术特征;(4)一般不得增加未包含在授权的权利要求书中的技术特征。但是,目前修改方式已经改为在满足上述修改原则的前提下,修改权利要求书的具体方式一般限于权利要求的删除、技术方案的删除、权利要求的进一步限定、明显错误的修正。权利要求进一步限定是指在权利要求中补入其他权利要求中记载的一个或者多个技术特征,以缩小保护范围。可见,在无效程序中,专利文件修改方式更加多样化。但是,化学领域发明专利申请审查存在诸多特殊问题,如化学发明是否能够实施需要借助于实验结果才能确认,有的化学产品需要借助于参数或者制备方法定义,已知化学产品新的性能和用途并不意味着结构或者组分的改变等。鉴于化学发明创造的特殊性,同时考虑到在马库什权利要求撰写之初,专利申请人为了获得最大的权利保护范围就有机会将所有结构方式尽可能写入一项权利要求,因此在无效阶段对马库什权利要求进行修改必须给予严格限制，允许对马库什权利要求进行修改的原则应当是不能因为修改而产生新性能和作用的一类或单个化合物，但是同时也要充分考量个案因素。如果允许专利申请人或专利权人删除任一变量的任一选项，即使该删除使得权利要求保护范围缩小，不会损伤社会公众的权益，但是由于是否因此会产生新的权利保护范围存在不确定性，不但无法给予社会公众稳定的预期，也不利于维护专利确权制度的稳定。

（三）律师提示

撰写化学类专利申请文件时可以将说明书中所公开的具体化合物撰写为从属权利要求。这样，即使马库什权利要求因无法修改而被无效，具体化合物仍然可以得到保护。如有可能，说明书中应公开尽可能多的具体化合物及其实验数据，这样可以获得更大的保护范围。

三、说明书中未公开的技术效果一般不得作为评价专利权是否符合法定授权确权标准的依据

（一）要点解读

技术效果是由技术方案所带来的有益效果。如果在专利申请文件中对技术效果没有充分的文字描述，是否会影响该专利的创造性判断呢？

我国《专利法》第 59 条第 1 款规定："发明或者实用新型专利权的保护范围以其权利要求的内容为准，说明书及附图可以用于解释权利要求的内容。"并且在第 26 条第 3 款规定："说明书应当对发明或者实用新型作出清楚、完整的说明，以所属技术领域的技术人员能够实现为准；必要的时候，应当有附图。摘要应当简要说明发明或者实用新型的技术要点。"

由上述法条可知，说明书是能够解释专利技术方案的最大范围来源，针对权利要求的所有的解释均不应超过说明书的范围。具体来说，技术效果的主张应当以说明书记载为主要依据，专利申请人在其申请专利时提交的专利说明书中公开的技术内容，是国务院专利行政部门审查专利的基础，亦是社会公众了解、传播和利用专利技术的基础。《专利法》中有关专利说明书应当对发明创造予以充分公开的规定，实为对专利说明书的最低限度要

求。在满足充分公开的前提下，专利申请人有权决定其在专利说明书中公开的技术内容的具体范围，适当保留其技术要点，但也应该承担由此可能带来的不利后果。

综上所述，专利申请人未能在专利说明书中公开的技术效果，不得作为评价专利权是否符合法定授权确权标准的依据。

（二）相关案例

中国石油化工股份有限公司石油化工科学研究院与李某专利无效行政纠纷案[1]

本案涉及名称为“一种冷再生催化剂循环方法及其设备”、专利号为ZL200810146601.8的发明专利（简称本专利），申请日为2008年9月2日，授权公告日为2012年7月4日，专利权人为李某。针对上述专利权，中国石油化工股份有限公司石油化工科学研究院（以下简称中国石化研究院）于2015年5月12日向专利复审委员会提出无效宣告请求，请求宣告本专利权利要求1－11无效。无效的理由之一为以对比文件1或对比文件14作为与本专利最接近的现有技术，用于评价权利要求1－11的创造性。复审委员会于2015年11月9日作出第27479号无效宣告请求审查决定（简称被诉决定）。该决定认为，本专利权利要求1相对于对比文件1或文件14至少具有以下区别技术特征：“催化剂冷却器下游设有催化剂混合缓冲空间，催化剂冷却器下游催化剂混合缓冲空间设置有一个、两个或多个催化剂出口”，因而维持本专利有效。案件经过一审、二审以及再审，一审法院判决专利复审委员会重新作出决定，二审撤销一审判决，再审撤销二审判决，维持一审判决。

本案的争议焦点：对比文件1或文件14是否公开技术特征“催化剂冷却器下游设有催化剂混合缓冲空间，催化剂冷却器下游催化剂混合缓冲空间设置有一个、两个或多个催化剂出口”，本专利权利要求1是否具备创造性。

最高人民法院认为，首先，对比文件1与本专利均是由李某申请的专利。对比文件1权利要求书载明：“所述的催化剂冷却器……设置有一个、两个或多个催化剂出口”，说明书载明：“本发明的催化剂冷却器有一个或多个催

---

〔1〕 最高人民法院（2018）最高法行再176号行政判决书。

化剂出口”,其说明书附图中也公开了相应的内容。在对比文件1的附图中,公开了催化剂冷却器8A、8B,其底部通入流化介质,流化介质推动经取热介质冷却后的再生催化剂,使催化剂在催化剂冷却器中呈流态化。将对比文件1附图中的冷却器8A与本专利附图中的冷却器8A相比,主要区别在于本专利附图中在冷却器8A的下部空间明确标注有9A(混合缓冲空间)。但在本专利说明书中,并未记载混合缓冲空间的具体结构或者技术效果。

其次,根据我国《专利审查指南》第2部分第4章3.2.1.1“判断方法”中规定,如果区别技术特征为公知常识,则通常认为现有技术中存在技术启示,权利要求请求保护的发明是显而易见的,不具备创造性。根据一审、二审法院以及本院查明的事实,在专利复审委员会口头审理过程中,李某明确陈述:“混合缓冲空间的内件有多种多样的形式,这不是本专利要保护的技术要点”“混合缓冲空间的结构,说明书也提到了在冷却器的下游,也可以增加容积、设置内件,这都是公知技术。”二审判决结合李某在二审中提交的证据及其庭审陈述,亦认定“在本专利所属技术领域,混合缓冲空间的功能作用属于公知常识”,而李某对此不持异议。在再审申请人提交的《流态化工程原理》中记载:“流化床的优点……(2)由于颗粒在床内混合激烈,使颗粒在全床内的温度和浓度均匀一致……全床热容量大,热稳定性高,这些都有利于强放热反应的等温操作。”《催化裂化工艺计算与技术分析》中,也公开了在取热管束和流化介质分布设施之间预留有空间。《炼油工程师手册》中记载:“外取热器分布管上方约1.8m范围内,不应设置取热管束。”综上所述,虽然对比文件1中没有明确公开在催化剂冷却器下方设置混合缓冲空间,但是其下方确实存在与本专利中的“混合缓冲空间”对应的特定空间。本领域技术人员结合前述公知常识,能够很容易想到该特定空间可以被设置为实现混合缓冲经冷却的再生催化剂的功能。

最后,专利权是一种法定的独占权,专利权人向社会公众充分公开其发明创造,是其获得专利权保护的前提。因此,未能在专利说明书中公开的技术效果等,一般不得作为评价专利权是否符合法定授权确权标准的依据。

（三）律师提示

在撰写专利文件时，切忌对技术效果进行笼统描述。应结合技术特征通过推导的方式得出技术效果。技术效果要充分全面，把全部可能的技术效果充分记载在原始专利申请文本中；以避免后续确权程序中，因技术效果记载不充分，导致专利无法授权或被无效。

四、专利申请日后补交的实验数据所证明的技术效果应当是所属技术领域技术人员能够从原始专利文件中得出的

（一）要点解读

实践中，从事药品研发的主体总是倾向于尽早地提出专利申请，主要是因为药品研发存在投资大、难度高、周期长的特点，由此导致在申请专利时研发成果可能还不是很完善，容易在专利审查过程中造成所提出的专利申请被质疑不具有创造性，申请人此时大多希望能通过补交实验数据来证明其技术效果。但是，如果不受限地允许申请人凭借申请日后补充的实验数据证明其技术方案具备创造性从而获得专利权，有可能违背《专利法》先申请原则和专利制度“以公开换保护”的本质。针对申请日后补交的实验数据，在满足申请人现实需求的情形下，应设立怎样的标准才能不违反《专利法》的制度设计和基本原则值得深究。

2017 年 4 月 1 日，我国《专利审查指南》第 2 部分第 10 章第 3 节中新增“3.5　关于补交的实验数据”一节，规定：“对于申请日之后补交的实验数据，审查员应当予以审查。补交实验数据所证明的技术效果应当是所属技术领域的技术人员能够从专利申请公开的内容中得到的。”从该条规定可以看出，对于申请日后补交实验数据的，审查员应当审查，但不一定接受。对申请人在申请日之后补交的实验数据，因其不属于专利原始申请文件记载和公开的内容，也不是本专利的现有技术内容，故根据先申请原则和专利制度“以公开换保护”的本质，该实验数据应达到本领域技术人员能够从专利申请公开的内容中得到的程度，才能用于证明专利文件中所声称的技术效果。

（二）相关案例

戴某良针对诺华股份有限公司拥有的专利提出无效宣告请求案〔1〕

专利权人诺华股份有限公司拥有专利号为ZL201110029600.7、名称为“含有缬沙坦和NEP抑制剂的药物组合物”的发明专利；该专利的申请日为2003年1月16日，优先权日为2002年1月17日，授权公告日为2015年4月8日。本专利是基于申请号为03802268.0的原案申请所提分案申请授权而来。针对该专利权，请求人戴某良于2017年4月5日向专利复审委员会提出了无效宣告请求。经过审查，复审委的审查结论：宣告专利权全部无效。

本案的争议焦点之一：能否接受申请日后补交的实验数据以证明发明中缬沙坦和N-(3-羧基-1-氧代丙基)-(4S)-对(苯基苯基甲基)-4-氨基-2R-甲基丁酸乙酯在降血压方面取得了预料不到的技术效果。

请求人认为，本专利要解决的技术问题是提供一种具有协同效果的治疗或预防高血压等多种疾病的药物组合物。而本专利说明书以“断言式结论”的方式记载了缬沙坦与NEP抑制剂可以产生协同作用，并未披露和记载实验方法，缺乏用来证明两种药物之间存在协同作用的实验证据。而且，本专利公开了药物组合物具有多种用途，但是说明书中没有实验数据支持该组合物具有所述的用途，也没有公开药物的协同效果出现在所有的疾病中，还是特定的疾病。所以本专利说明书公开不充分。

专利权人认为，本专利所要解决的技术问题是提供一种有效治疗高血压及其相关疾病的药物，只要本领域技术人员在阅读本专利说明书后能够实现权利要求1和要求2的技术方案所产生的抗高血压作用，本专利的说明书就满足充分公开的要求。而本发明组合物之间的协同作用属于进一步的预料不到技术效果。并且为证明缬沙坦和N-(3-羧基-1-氧代丙基)-(4S)-对(苯基苯基甲基)-4-氨基-2R-甲基丁酸乙酯的药物组合物在高血压动物模型中具有降低平均动脉压的协同作用，专利权人提交了反证1和反证3。

〔1〕 参见《2017年专利复审无效十大案件》，载国家知识产权局网站：http://www.cnipa.gov.cn/mtsd/1123789.htm，2020年1月7日最后访问。

对此，合议组认为，药效实验通常包括实验方法、实验数据和结果、实验结论等，其中实验方法相对容易获得，例如，可以借鉴已知的试验方法，实验数据和结果对于证明药物效果发挥着决定性作用，实验结论则建立在实验数据的统计分析结果基础之上。本专利说明书第0047~0062段公开了动物模型、给药方法、每日剂量、检测指标等实验方法，第0063段公开的“所获得的结果表明本发明的组合具有意想不到的治疗作用”属于实验结论，但说明书并没有公开具体的实验数据或结果。在本领域技术人员无法预期协同效果的前提下，没有实验数据和结果为基础的实验结论不能使本领域技术人员确认药物的协同效果。

另外，合议组还认为，专利权人提交的反证1和反证3属于申请日后补交的实验数据，其目的在于证明缬沙坦和N-(3-羧基-1-氧代丙基)-(4S)-对(苯基苯基甲基)-4-氨基-2R-甲基丁酸乙酯的药物组合物在高血压动物模型中具有降低平均动脉压的协同作用。该数据是申请日后补交的，不属于专利原始申请文件记载和公开的内容，也不是本专利的现有技术内容，根据先申请制原则和专利制度“以公开换保护”的本质，接受该数据的前提必须是其所证明的技术效果是从原说明书能够得到的。如前所述，缬沙坦和N-(3-羧基-1-氧代丙基)-(4S)-对(苯基苯基甲基)-4-氨基-2R-甲基丁酸乙酯的协同效果不属于本领域技术人员从原说明书能够得到的技术效果。因此，反证1和反证3不能用于认定本专利的技术效果。

(三)律师提示

因生物化学领域专利中实验数据的重要性，代理师撰写专利文件前，需要深度了解技术方案并检索现有技术。对于技术方案无对应技术效果的，或对于交底书中描述到的技术效果但无实验数据支持的，应及时找申请人索要。申请人暂时无法提供实验数据的，可先写明初步实验方案，以便日后要求优先权进行专利申请时，补充的实验数据能够被接受。

在无效程序中，若权利要求相比对比文件存在区别技术特征，但该区别技术特征的技术效果无法从原始专利说明书文本中得出，则该技术效果将不被接受。

五、专利申请说明书公开的技术效果或实验数据应达到本领域技术人员理解或确认的程度

（一）要点解读

我国《专利法》第 26 条第 4 款规定："权利要求书应当以说明书为依据，清楚、简要地限定要求专利保护的范围。"此为《专利法》对说明书内容要求的基本依据。说明书表述不清将很可能导致专利无效。《专利法》第 26 条第 3 款规定："说明书应当对发明或者实用新型作出清楚、完整的说明，以所属技术领域的技术人员能够实现为准；必要的时候，应当有附图。摘要应当简要说明发明或者实用新型的技术要点。"实践中，若所属领域技术人员能够理解技术方案并能够实现的，应当认定说明书的记载已经达到清楚、完整的程度。

（二）相关案例

常熟纺织机械厂有限公司与斯托布利—法韦日公司专利行政管理（专利）纠纷案[1]

斯托布利—法韦日公司（以下简称斯托布利公司）为专利号 ZL97123476.0、名称为"旋转式多臂机构及装有该多臂机构的织布机"的发明专利（简称涉案专利）的专利权人。2010 年 8 月 27 日，常熟纺织机械厂有限公司（以下简称常熟纺织公司）针对本专利权向国家知识产权局专利复审委员会提出无效宣告请求。2011 年 11 月 8 日，专利复审委员会作出第 17561 号无效宣告请求审查决定（简称被诉决定），维持本专利权全部有效。常熟纺织公司针对被诉决定起诉后，一审北京市第一中级人民法院判决维持该决定；二审北京市高级人民法院经审理后认为"由于本专利存在上述不符合《专利法》第 26 条第 3 款、第 4 款等明显实质性缺陷的情形，应当宣告无效"，因此判决撤销一审判决，专利复审委员会重新作出审查决定；该案提起再审后，最高人民法院最终认为涉案专利符合《专利法》第 26 条第 3 款、第 4 款的规定，撤销二审判决，维持一审判决。

---

〔1〕 最高人民法院（2016）最高法行再 94 号行政判决书。

关于说明书记载是否描述清楚,最高人民法院认为,说明书记载达到何种程度才算清楚、完整,与阅读者的水平有关。无论是判断专利说明书是否清楚、完整,还是判断说明书中是否存在错误,判断主体都是本领域技术人员,而非一般的公众。如果本领域技术人员在阅读说明书公开的内容时能理解、发现并更正其错误,尤其该理解和更正并不会导致权利要求的技术方案发生变化,进而损害权利要求的公示性和稳定性的情况下,若不对说明书的不清楚之处及标记错误作出更正性理解,将会导致专利权人获得的利益与其对社会做出的贡献明显不相适应。由于本专利说明书已对本发明的技术内容作出清楚、完整地说明,在此基础上,本领域技术人员也能够从本专利说明书公开的内容中得到本专利权利要求保护的技术方案,因此权利要求1~7符合《专利法》第26条第4款的规定。综上所述,本专利符合《专利法》第26条第3款、第4款的规定。

(三)律师提示

专利制度的核心就是技术的公开换取权利的保护。说明书清楚公开的标准必须达到相关领域的技术人员能够实施再现发明专利为标准,否则就丧失了专利制度的意义。申请人在专利撰写阶段,要确保实施方式的清楚完整性,最好通过流程图、结构图等图形结合多种变型的实施例,系统地阐述发明的技术方案,确保拥有本领域基本技术常识的人可以通过专利说明书再现发明的技术方案。

第三节　专利无效之举证及效力认定

一、应用软件版本标注的日期可以认定为该软件的公开日期

(一)要点解读

实践中,网络证据虽然具有范围广泛、易于获取的优点,但其真实性和公开时间在认定过程中很容易产生争议。为解决公开时间容易产生争议的问题,我国《专利审查指南》第4部分第8章5.1“互联网证据的公开时间”中写道:“公众能够浏览互联网信息的最早时间为该互联网信息的公开时间,

一般以互联网信息的发布时间为准。”虽然该条规定对认定网络证据公开时间提供了一个原则性规定，但在具体操作过程中，如何确认“互联网信息的发布时间”，也是一个非常容易产生争议的问题。

以图形用户界面外观设计专利为例，作为图形用户界面的主要应用方式，通常情况下，应用软件的公开也意味着图形用户界面的公开。应用软件在开发过程中，存在软件版本的不断更新和升级的情形，为便于内部管理，也便于提醒消费者更新软件版本，软件提供商通常会在更新软件版本时对不同版本标注日期。此外，一款软件从开发到发布过程中，往往会经过内测、公测等步骤，有时还会实行其他测试，如 Gamma 测试、Build 测试等，于此场合，应用软件版本后标注的日期是开发日期、测试日期还是公开日期，实践中存在不同认识。目前，如软件提供商主张在软件版本后标注的日期为开发日期或测试日期，应当提供证据进行证明。在没有证据证明的情况下，按照该领域的常识，版本下方标注的日期应当是各历史版本的发布日期，而非软件完成日期，应理解为相应版本的公开日期。

（二）相关案例

北京猎豹移动科技有限公司针对广州市动景计算机科技有限公司拥有的外观设计专利提出无效宣告请求案[1]

专利权人广州市动景计算机科技有限公司拥有一项专利号为 ZL201530383753.0、名称为“带图形用户界面的手机”的外观设计专利。该专利的申请日为 2015 年 9 月 30 日，授权公告日为 2016 年 2 月 24 日。针对该专利，北京猎豹移动科技有限公司（以下简称请求人）于 2016 年 10 月 24 日向专利复审委员会提出了无效宣告请求。请求宣告涉案专利无效，经过审查，复审委的审查结论为：宣告专利权部分无效。

本案的争议焦点之一：应用软件“Android U3 内核版 10.6.2.626”后标注的日期“2015－08－20”是否为该应用软件“Android U3 内核版 10.6.2.626”的公开日。

---

[1] 参见《2017 年专利复审无效十大案件》，载国家知识产权局网站：http://www.cnipa.gov.cn/mtsd/1123789.htm，2020 年 1 月 7 日最后访问。

请求人在提交无效请求时，提交了证据1，证据1第34页倒数第二个版本的信息为“Android U3内核版10.6.2.626”“18.2M”“2015－08－20”。

针对证据1，请求人认为，第34页下面带有“2015－08－20”的版本，遂主张“2015－08－20”是公开日。

专利权人认为，“2015－08－20”为软件完成日期，而非公开时间，理由是“UC优视2016版权所有”表明是2016年公开的，公开日在涉案专利申请日之后，具体公开日不清楚是哪一天，而且公证书第8步显示的安装文件名带有Build，表明是测试版本，正式的版本带有Release，Build之后的“150820”日期在编写程序时候已经写入，编写时是没有公开的。后来专利权人又表示所有UC浏览器历史版本都是2016年7月19日之后公开的，见第32页第一个版本的时间。最后专利权人又表示请求人主张的历史版本确实发布过，不清楚公开日是哪一天，公司内部也无法确认。

对此，合议组认为，根据公证书的记载，作为公司官网上公布的历史版本，若没有特别标注，应该按照公众的认知作出常识性理解，即各个历史版本是公众可以下载的正式版本，而非测试版本，版本下方标注的日期应当是各历史版本的发布日期，而非软件完成日期。因为下载版本面向的是普通大众消费者，而非特定测试对象。尽管手机用户在更新软件版本时不一定关注版本的发布日期，但作为官网上向公众公布的版本，其标注日期应当是各更新版本面向公众的下载日期，因此本案请求人主张使用的“Android U3内核版10.6.2.626”版本的发布日期“2015－08－20”也就是《专利法》意义上的公开日。此外，专利权人在口头审理中的陈述前后不一致。专利权人先是主张历史版本可能公开，具体公开日期是2016年10月之后；后表示历史版本确实发布，发布日是2016年7月19日后；最终又表示公开日不清楚，内部也无法确认。综上所述，考虑证据1的事实以及双方当事人辩论意见，通常情况下“2015－08－20”应为10.6.2.626版本的公开日。

（三）律师提示

软件的图形用户界面可以通过申请外观设计专利进行保护。在申请专利之前，不建议软件开发商或运营商向用户提供该软件的下载服务。同时，为了避免影响该专利申请的稳定性，建议开发商在开发软件时对软件命名时不要包含让人误以为是日期的数字。此外，测试版本可以增加保密协议限制软件为非公开版本，以避免作为影响专利稳定性的证据。

二、电子商务网站销售页面链接的发布时间不等同于销售页面所显示文字或图片内容的公开时间

（一）要点解读

在专利无效宣告请求程序中，网络证据作为现有技术证据的重要性也日益凸显，很多证据可通过互联网获得。我国《专利法》第 22 条第 5 款规定："本法所称现有技术，是指申请日以前在国内外为公众所知的技术。"网络证据所呈现的内容是否构成《专利法》意义上的现有技术，需要考虑该网络证据是否处于能够为公众获得的状态，以及公众能够获知该网络证据的时间是否在申请日之前。由于网络证据公开形式具有多样化的特点，例如，网络论坛、贴吧、QQ 空间、淘宝销售页面等，也为此类证据的公开日期的判断带来了诸多的问题。

关于网络证据的公开时间，我国《专利审查指南》第 4 部分第 8 章 5.1 规定："公众能够浏览互联网信息的最早时间为该互联网信息的公开时间，一般以互联网信息的发布时间为准。"虽然该条规定对认定网络证据公开时间提供了一个原则性规定，但在具体操作过程中，如何对"互联网信息的发布时间"进行确认仍值得深究。电子商务网站如阿里巴巴、淘宝等是为买卖双方提供的交易平台，基于这类平台网站具有交互性强的特点，网站上所显示的产品信息是由卖家（经销商）自行编辑或上传，在上传之后用户能够对自己发布的网页内容进行编辑、删除等操作，对相同链接地址所链接的产品图片可以由卖家随时更改，并且在网页内容上不容易留有编辑痕迹，因此对于此类网络证据，很难证明公开内容与公开时间的对应关系。而对于其公开日期，在没有其他证据进行相互印证或佐证的情况下，此类产品销售页面链接的发布时间并不能直接等同于销售页面所显示内容或图片的公开时间。对于网络证据公开时间认定时，应从网站信誉度、网站权限管理机制、网站的审核以及日志记录机制、网页的时间戳以及网页上能够体现日期的内容等多方面进行考量，以确定其是否能够作为现有技术/设计使用。

（二）相关案例

深圳市韵美饰界科技有限公司针对源德盛塑胶电子（深圳）有限公司拥有的实用专利提出无效宣告请求案〔1〕

源德盛塑胶电子（深圳）有限公司拥有专利号为ZL201420522729.0、名称为“一种一体式自拍装置”的实用新型专利，该专利的申请日为2014年9月11日，授权公告日为2015年1月21日。针对该专利权，深圳市韵美饰界科技有限公司（以下简称第一请求人）、东莞市品耀五金有限公司（以下简称第二请求人）均于2017年12月12日向原专利复审委员会提出了无效宣告请求。经过审查，原复审委的审查结论：维持该专利权有效。

本案的争议焦点之一：百度快照日期能不能作为该百度快照所链接的电子商务网页所呈现内容的公开日期。

请求人在所提出无效宣告请求时，提交了证据9，请求人在百度网站上搜索关键词“自拍杆—新款自拍杆—远点拍新款自拍杆自拍神器”得到的其中一条搜索结果为阿里巴巴网站上的自拍杆销售和性能介绍页面，请求人将点击进入该产品销售页面获得的网页内容作为证据9，并将该条搜索结果的百度快照日期2014年6月30日作为证据9的公开日。

请求人认为，百度在生成链接的时候是自动捕捉链接内产品相关信息的，而百度快照捕捉的产品信息时间，都是产品上线一段时间后，百度快照会根据产品相关信息，自动捕捉该产品部分信息，生成百度快照信息，其中就包括产品发布时间。因此，证据9完全可以证明网址内自拍杆的公开时间是在本专利的申请日之前。

专利权人认为，证据9所展示的阿里巴巴销售页面所属的阿里巴巴网站容易被修改且不容易留有修改痕迹，不足以证明其截图记载内容上的时间处于公众能够得知的状态。

对此，合议组认为，互联网信息的公开时间一般以互联网信息的发布时间为准，百度快照的时间一般仅能证明其链接的发布时间，由于其链接内容可能会发生变化，不能直接认定为点开链接进去后所得网页内容的公开时

〔1〕 参见《2018专利复审无效十大案件》，载国家知识产权局网站：http://www.sipo.gov.cn/mtsd/1138630.htm，2020年1月7日最后访问。

间。并且,电子商务网站是为买卖双方提供的交易平台,在该网站上所显示的产品信息由卖家(经销商)自行编辑、上传,对相同链接地址所链接的产品图片可以由经销商更改,对此类电子商务网站的互联网证据进行公证时,公证的仅是公证日当天获取的网页内容。对于本案,合议组当庭调查时,通过请求人提交的公证书所公证的获取方式,在百度搜索结果页面上并没有显示百度快照日期,在产品销售网页上也没有记载明确的公开日期,因此无法确定该产品销售网页的公开日期,更加无法确定该产品销售网页上的内容能够在本专利的申请日之前为公众所知。因此,在无其他证据佐证其公开性及其公开时间的情况下,不能证明证据9中所涉及产品图片在本专利申请日之前能够为公众所知。对于请求人所称证据9的公开日期为2014年6月30日的主张,合议组不予支持。

(三)律师提示

在实务中,电子商务网站如京东、阿里巴巴、亚马逊等均存在商品对应的用户评论区,评论区的评论一般不易被店主或他人修改。因此,可利用评论时间辅助证明产品的公开时间,优选带有图片的评论。

三、临床试验药物的行为不会必然导致该药物成分及其制造方法的公开

(一)要点解读

现有技术认定是新颖性和创造性审查的基础,也是专利侵权诉讼中现有技术抗辩的基础。我国《专利法》第22条第5款规定:"本法所称现有技术,是指申请日以前在国内外为公众所知的技术。"我国《专利审查指南》第2部分第3章2.1规定:"根据《专利法》第二十二条第五款的规定,现有技术是指申请日以前在国内外为公众所知的技术。现有技术包括在申请日(有优先权的,指优先权日)以前在国内外出版物上公开发表、在国内外公开使用或者以其他方式为公众所知的技术。"

根据以上规定可知,公开使用行为是使相关技术成为现有技术的方式之一。但实践中如何对公开使用行为进行认定,还存在很多争议。判断一项技术是否构成《专利法》意义上的现有技术,应当根据公开行为、公开方式、公开内容、公开对象以及获知途径等因素进行综合考虑。一项技术如果

成为现有技术,则必须在申请日或优先权日以前存在某种公开行为,足以使公众想得知就能够通过正当途径得知该技术的实质性技术内容。如果公众通过该公开行为无法获得所述技术方案的实质性技术内容,则不能仅仅因为该行为形式上的“公开”而认为该项技术成为现有技术。就药品的销售而言,通常认为,向公众公开销售药品,使得公众通过药品说明书或检测分析等手段能够轻易获知所述药物的组成及其结构信息,即构成使用公开。但对药品的临床试验行为,是否构成药品的使用公开,仍待考究。临床试验药物的行为是由医师或药师将药物提供给患者服用,以验证药物的治疗效果,根据该使用目的,医师或药师通常不会对药品进行额外检测以获取说明书记载信息以外的结构信息,接受治疗的患者更无对药品进行检测的可能。虽然在临床试验中存在通过窃取等非法手段获得某些化学组成和结构信息的可能性,但在没有相反证据可以证明这种情况存在的前提下,不应当考虑公众通过非正当途径获知技术内容的情况,否则将有悖于专利鼓励创新的本意。

（二）相关案例

江苏恒瑞医药股份有限公司针对上海宣创生物科技有限公司拥有的发明专利提出无效宣告请求案[1]

专利权人上海宣创生物科技有限公司拥有一项专利号为ZL201510398190.1、名称为“烟酰胺类衍生物的甲磺酸盐A晶型及其制备方法和应用”的发明专利。该专利的申请日为2015年7月8日,优先权日为2014年7月8日,授权公告日为2016年4月27日。针对该专利权,江苏恒瑞医药股份有限公司(以下简称请求人)于2017年3月28日向原专利复审委员会提出了无效宣告请求。经过审查,原复审委审查结论:宣告专利权全部无效。

本案的争议焦点之一:临床试验药物的行为是否造成该药物成分及其制造方法的公开。

请求人认为,其提交的证据2公开了涉案专利甲磺酸阿帕替尼(商品

[1] 参见《2017年专利复审无效十大案件》,载国家知识产权局网站:http://www.cnipa.gov.cn/mtsd/1123789.htm,2020年1月7日最后访问。

名:艾坦)于2014年12月13日获得国家食品药品监督管理总局批准用于治疗晚期胃癌,某院于2015年4月~2016年3月期间在临床上使用阿帕替尼(商品名:艾坦,江苏恒瑞医药股份有限公司,批准文号国药准字H20140105,规格:0.4259),由此可见,在本专利申请日之前,请求人生产的艾坦已上市销售。

专利权人认为,根据证据2看不出权利要求1的技术方案,看不出是一水合物,没有证据证明获得批准之后就公开销售了,临床使用不属于公开销售。

对此,合议组认为,临床试验是指由医师或药师将药物提供给患者服用,以验证药物的治疗效果为目的的系统性研究,根据该使用目的,医师或药师通常并不会对药品进行检测以获取其中相关药物成分除药品说明书以外的结构信息,接受治疗的患者更无对药品进行检测的可能性,否则违背临床试验的使用目的。根据证据2第2139页右栏最后一段的记载,2015年4月~2016年3月期间某院共有84例患者使用阿帕替尼114例次,即便该临床试验是公开进行的,相关人员也不会因临床使用而得知艾坦中甲磺酸阿帕替尼的晶体结构信息,因此本领域技术人员通过该临床使用无法得知艾坦中甲磺酸阿帕替尼的晶体结构信息,某院的临床试验不能破坏本专利权利要求的新颖性。

(三)律师提示

虽然临床试验药物的行为不会必然导致相应药物成分及其制造方法的公开,但临床试验药物的行为毕竟存在技术外泄的可能性。为防止竞争对手在临床试验时获得相关药物的可能性,建议在进行临床试验之前,首先申请专利,待专利申请受理之后,再开展临床试验。如因其他原因,需要先行开展临床试验的,建议与相关医院或医生签订保密协议,并严格监控试验药物的使用和流向,防止相应药物外流。

四、专利无效程序中国内公共图书馆馆藏证明能够辅助证明域外书籍证据的真实性

(一)要点解读

域外证据是指在中国领域外形成的证据。在我国的《民事诉讼法》、最高人民法院《关于民事诉讼证据的若干规定》、最高人民法院《关于行政诉讼

证据若干问题的规定》中,均规定当事人在提供域外证据时,应当办理公证、认证等证明手续。但是,在司法实践中,依不同的证据形式,对不同的法律行为、法律文书和法律事实以及在不同法律程序中均存在一些公证、认证的例外情形。与此相应的,《专利审查指南》第 4 部分第 8 章对域外证据作出规定,"当事人向专利复审委员会提供的证据是在香港、澳门、台湾地区形成的,应当履行相关的证明手续。但是在以下三种情况下,当事人可以在无效宣告程序中不办理相关的证明手续:(1)该证据是能够从除香港、澳门、台湾地区外的国内公共渠道获得的,如从专利局获得的国外专利文件,或者从公共图书馆获得的国外文献资料。(2)有其他证据足以证明该证据真实性的。(3)对方当事人认可该证据的真实性的"。

在国内,访问互联网、数据库或者国内公共图书馆,是获取国外文献资料最为常用的途径。根据上述《专利审查指南》的规定,域外证据并非必须要履行有关的公证认证手续,属于上述规定的例外情形的域外证据,可以不办理相关的公证认证手续。但该规定只是明确了一般情形下,不需办理相关公证认证手续的域外证据。实践中存在以下情况,从域外取得的域外书籍,因未获公证认证手续,在专利无效程序中无法进行认定,但在国内公共图书馆内刚好收录有该相应版本的域外书籍。该种情况下,能否用国内公共图书馆馆藏证明对该域外获得的域外书籍的真实性?事实上,如果有证据证明该在域外取得的域外书籍,与国内公共图书馆获得相应的书籍在内容上存在实质性对应关系,并且两者的 ISBN 号、作者、书名等均相同,则在域外取得的该域外书籍即使没有经过公证认证手续,国内公共图书馆馆藏证明也能够辅助证明域外书籍证据的真实性。

(二)相关案例

北京摩拜科技有限公司针对深圳市吟云科技有限公司拥有的专利提出无效宣告请求案〔1〕

专利权人大连智慧城科技有限公司拥有一项专利号为 ZL201310630670.7、

〔1〕 参见《2017 专利复审无效十大案件》,载国家知识产权局网站:http://www.sipo.gov.cn/mtsd/1123789.htm,2020 年 1 月 7 日最后访问。

名称为“互联网门禁临时用户授权装置和方法”的发明专利，该专利的申请日为2013年12月2日，授权公告日为2016年7月6日；后该专利的专利人变更为深圳市吟云科技有限公司。针对该专利权，北京摩拜科技有限公司于2017年3月23日向专利复审委员会提出无效宣告请求。经过审查，复审委的审查结论：宣告专利权全部无效。

本案的争议焦点之一：专利无效程序中国内公众图书馆馆藏证明能否辅助证明域外书籍证据的真实性。

请求人在提出无效宣告请求人，提交了以下证据：

证据5（以下简称对比文件5）：书名为《Access Controlin Data Management Systems》课程书籍的复印件，Elena Ferrari著，Morgan & Claypool出版社出版，共29页，公开日为2010年5月31日。

随后，为了证明证据5的真实性，请求人提交了国家图书馆科技查新中心出具并加盖有“国家图书馆科技查新中心”红章和骑缝章的证明编号为2017－NLC－GCZM－0702的文献复制证明（以下简称证明文件2），共17页，用于保持其与对比文件5形式上的一致性，并且主张证明文件2与对比文件5是一致的。

专利权人对于证明文件2的真实性表示认可，但是认为：(1)证明文件2仅能证明其中涉及的书籍被国家图书馆收录，但是该书籍与对比文件5在形式上存在差异，因此对比文件5与证明文件2中涉及的书籍不是源自同一本书，因此对比文件5的真实性无法认可；(2)对比文件5属于域外证据，没有相应的公证认证手续；(3)证明文件2仅能够证明在文献复制证明出具时该书籍已经被国家图书馆收录，而无法证明该书籍本身的出版发布时间。

合议组认为，经过比对后确定，对比文件5《数据管理系统中的访问控制》与证明文件2两者除在字号上存在一点细微的差异外，实质内容上完全相同，两者记载的ISBN号也相同，因此可以确认，对比文件5中公开的相关内容与证明文件2中的相关复印件的内容是相同的，并且这部分内容已经被国家图书馆收录，虽然对比文件5与证明文件2并非指向同一本书，但是实质是指向了相同的出处和内容，即均指向了由Morgan & Claypool出版社于2010年出版的、埃琳娜·法拉利著的《数据管理系统中的访问控制》，因此对比文件5的真实性可以确认。根据《专利审查指南》的规定，由于请求人已经提交了证明文件2来证明对比文件5是从公共图书馆能够获得的国外文献资料,因此在无效宣告程序中不再需要办理相关的证明手续。

(三)律师提示

因互联网的检索便捷性,无效程序中常常会通过互联网检索无效证据。当检索到的有利证据是域外证据(如图书、杂志、类出版物等)时,可进一步根据域外证据的线索再通过国内公共图书馆反向寻找与该域外证据相应的证据材料,从而辅助证明该域外证据的真实性。

五、作为本国优先权基础的中国在先专利申请应是在世界范围内的第一次申请

(一)要点解读

优先权原则是世界知识产权组织《保护工业产权巴黎公约》(Paris Gonvention for the Proteltion of Industrial Property,以下简称《巴黎公约》)确定的主要原则之一。根据这一原则,《巴黎公约》成员国的任何国民依据在成员国提出的工业产权申请,在6个月或12个月内可以在其他成员国申请保护;其中在后的申请被视为是在先申请的同一日提出,即享有在先申请的优先权。按照我国的法律法规规定,我国的专利申请优先权分为本国优先权和外国优先权;其中,对本国优先权,我国《专利法》第29条第2款作出以下规定:"申请人自发明或者实用新型在中国第一次提出专利申请之日起十二个月内,又向国务院专利行政部门就相同主题提出专利申请的,可以享有优先权。"实践中,对本条规定中的"在中国第一次提出专利申请"存在两种不同的理解:一种理解是,只要是"在中国"的第一次申请即可,不需考虑是否是世界范围内的第一次申请;另一种理解是,应当是世界范围内的第一次申请,并且该第一次申请在中国提出。

作为《巴黎公约》成员国,我国设置本国优先权的主要目的是,在优先权层面上使中国申请与外国申请处于同等地位,弥补我国申请人在我国再次就相同主题提出的专利申请不能要求其首次申请优先权的法律空白。因此,我国《专利法》第29条第2款有关本国优先权规定中的"在中国第一次提出专利申请"的"第一次",应当理解为就相同主题在世界范围内首次提出的申请,该世界范围内的首次申请是在中国提出的。

（二）相关案例

纳恩博（北京）科技有限公司等针对深圳天轮科技有限公司拥有的发明专利提出无效宣告请求案[1]

专利权人陈某拥有一项专利号为ZL201110089122.9、名称为“电动独轮自行车”的发明专利，该专利的申请日为2011年4月1日，本国优先权日为2010年9月6日，授权公告日为2013年8月21日；后该专利的专利权人变更为深圳天轮科技有限公司。针对该专利权，廉某芳、安某锦、纳恩博（北京）科技有限公司于2016年10月分别向原专利复审委员会提出了无效宣告请求。

本案的争议焦点之一：本国优先权规定中的“首次申请”是世界范围内的第一次申请，还是在中国范围内的第一次申请。

请求人在提出无效宣告请求，提交了若干证据，证据1.11：公开日为2011年9月15日，公开号为US2011和0220427A1的美国专利公开说明书的复印件，其中包含的两件美国临时申请的申请日分别为2010年3月9日和2010年3月18日。

请求人认为，本专利的公开文本与证据1.11美国专利申请公开文本完全对应，属于同一主题的相同申请，证据1.11包含的两项美国临时申请的申请日均早于被本专利要求本国优先权的中国在先申请（以下简称中国在先申请）的申请日，由此可知中国在先申请不是相同主题的首次申请，本国优先权规定中的“首次申请”应当是世界范围内的第一次申请，因此本专利不能享有本国优先权。

专利权人认为，本专利所要求的本国优先权成立。对于本国优先权，被要求优先权的申请应该是在中国范围内的第一次申请，而非请求人提到的世界范围内的第一次申请，作为本专利优先权基础的中国在先申请是相同主题在中国范围内的第一次申请，因此本专利可以享有本国优先权。本专利的申请人和专利权人都是陈某，而证据1.11的美国专利的申请人是陈某星，两者的申请人不同，对本专利的申请人陈某而言，其在2010年9月6日

---

[1] 参见《2018专利复审无效十大案件》，载国家知识产权局网站：http://www.sipo.gov.cn/mtsd/1138630.htm，2020年1月7日最后访问。

向中国专利局提交的申请才是其首次申请,本专利可以享有该申请的本国优先权。

对此合议组认为,优先权原则源自《巴黎公约》,其目的是使成员国国民就其发明创造在本国提出专利申请后,在一定期限内就同一主题在其他成员国提出的在后申请,在某些方面被视为是在首次申请的申请日提出。根据《巴黎公约》的规定,作为优先权基础的在先申请必须是针对相同主题的世界范围内的首次申请。设立本国优先权的目的之一在于,在优先权层面上使中国申请与外国申请处于同等地位,以弥补我国申请人在我国再次就相同主题提出的专利申请不能要求其首次申请优先权的法律空白。本国优先权的成立条件应当与外国优先权的成立条件同样适用《巴黎公约》的规定。《专利法》第29条第2款所述的“在中国第一次提出专利申请”中的“第一次申请”应当理解为就相同主题在世界范围内首次提出的申请,只不过对于本国优先权,该世界范围内的首次申请是在中国提出的。故合议组对专利权人“中国在先申请是在中国范围内的第一次申请”的主张不予支持。

(三)律师提示

实务中,判断优先权是否成立,除了要判断其主题是否相同之外,还应审查其在世界范围内的首次申请是在国内提出还是在国外提出。如果在世界范围内首次申请是在国外提出的,再次在国内提出专利申请时,可要求该首次申请的外国优先权。如果世界范围内第一申请是在国内提出的,再次在国内提出专利申请时,可以要求该首次申请的本国优先权。

需要注意的是,如果在国外提出首次申请后,在没有要求该首次申请的外国优先权情况下直接在国内提出专利申请,该在国外提出的首次申请很有可能会使该国内的专利申请丧失新颖性。

六、无效宣告请求审查决定书的决定日为无效决定的生效时间点

(一)要点解读

无效审查决定具有决定日、发文日以及送达日三个法律意义的时间点,哪个时间点为无效审查决定的生效时间点呢?

决定日，即无效审查决定作出的时间，决定日在无效宣告请求审查决定书上有明确记载；发文日，是专利复审和无效审理部向当事人发送无效宣告请求审查决定的时间，是送达过程的开始时间，该时间在无效宣告请求审查决定书上亦有明确记载；送达日，是当事人收到无效宣告请求审查决定的时间，是可提起行政诉讼期间的起算点。送达日无法在无效宣告请求审查决定书上载明，只能根据送达当事人的具体情况予以查明。

我国《专利法》第46条规定："专利复审委员会对宣告专利权无效的请求应当及时审查和作出决定，并通知请求人和专利权人。宣告专利权无效的决定，由国务院专利行政部门登记和公告。对专利复审委员会宣告专利权无效或者维持专利权的决定不服的，可以自收到通知之日起三个月内向人民法院起诉。人民法院应当通知无效宣告请求程序的对方当事人作为第三人参加诉讼。"上述法条对当事人对无效审查决定不服向法院起诉的起始日期作了明确规定，但目前暂无法律明确规定无效审查决定的生效时间点。

无效宣告请求决定一经作出即对专利复审和无效审理部产生拘束力，不得随意撤销或者变更。无效宣告请求审查决定作出后，无论是发文日还是送达日均可能由于人为因素发生变动，有时甚至远迟于决定作出日。如果以发文日或者送达日作为专利权被宣告无效的时间点，则决定作出日至发文日或者送达日这一时间间隔可能被当事人利用，通过恶意加快或者拖延执行或履行来影响无效宣告请求审查决定的追溯力，从而获得有利于自己的追溯力结果。可见，无论是以无效宣告请求审查决定的发文日还是送达日作为宣告专利权无效的时间点，均可能造成不合理的结果。相反，以无效宣告请求审查决定的决定日作为确定专利权被宣告无效的时间点，不仅具有对世性和确定性，还可以在一定程度上增加无效宣告请求审查决定发挥追溯力的机会，实现结果公正。因此，宣告专利权无效的时间点应以无效宣告请求审查决定的决定日为准。

（二）相关案例

陕西秦丰农机(集团)有限公司与陕西东明农业科技有限公司侵害实用新型专利权纠纷案[1]

陕西秦丰农机(集团)有限公司(以下简称秦丰公司)于2004年12月购买取得专利号为ZL200420041558.6的实用新型专利(以下简称本案专利)。2007年年初秦丰公司在市场上发现陕西东明农业科技有限公司(以下简称东明公司)生产的1YG－7.5型遥控微耕机涉嫌侵犯本案专利权，遂向陕西省西安市中级人民法院起诉。东明公司在提交答辩状期间向专利复审委员会提出专利权无效宣告请求。2008年9月27日专利复审委员会作出第12379号无效宣告请求审查决定，宣告本案专利权利要求1、4、5、6无效，在权利要求2、3的基础上维持有效。2009年6月5日，陕西省西安市中级人民法院作出(2008)西民四初字第18号民事判决，认定东明公司构成对本案专利的制造和销售侵权行为。东明公司不服判决，提起上诉，陕西省高级人民法院维持一审判决。东明公司不服二审判决，向最高人民法院申请再审称，2011年3月25日，专利复审委员会作出第16225号无效宣告请求审查决定(以下简称第16225号决定)，宣告秦丰公司的本案专利权全部无效。根据我国《专利法》第47条第1款的规定，宣告无效的专利权视为自始即不存在。

本案的争议焦点：宣告专利权无效的时间点应以哪个时间点为准，以此判断宣告本案专利权无效的决定对于本案原审判决是否具有追溯力。

最高人民法院认为，决定日是无效宣告请求决定的作出时间。原一审、二审判决执行完毕日是2011年3月16日。根据前述理由，本案专利权被宣告无效的时间应为2011年3月15日。在该日之前，法院作出的专利侵权判决并未执行完毕，故本案不属于2008年修正的《专利法》第47条第2款规定的不具有追溯力的情形。由于出现了本案专利权被宣告无效这一新的事实和证据，原一审、二审判决认定侵权成立的权利基础已不复存在，应予撤销。

---

〔1〕 最高人民法院(2012)民提字第110号民事判决书。

(三)律师提示

确定涉案专利无效决定生效日的意义在于,判定侵权的判决书是否还有继续执行的必要。因此,被诉侵权人在遭遇专利侵权诉讼并认为涉案专利权不够稳定时,应及时向国家知识产权局专利局复审和无效审理部请求无效涉案专利。在专利诉讼的答辩期内提交无效申请可以进入无效审理的快速程序,该程序可以帮助被诉侵权人尽早获得无效决定。

七、宣告专利权无效的决定对在决定前人民法院已执行完毕的专利侵权判决不具有追溯力

(一)要点解读

当遇到专利侵权纠纷时,对涉案专利提出无效请求是一种常规的反制手段。若专利权被无效,被诉侵权人已付的专利侵权赔偿金可以返还吗?

我国《专利法》第 47 条第 2 款、第 3 款规定:“宣告专利权无效的决定,对在宣告专利权无效前人民法院作出并已执行的专利侵权的判决、调解书,已经履行或者强制执行的专利侵权纠纷处理决定,以及已经履行的专利实施许可合同和专利权转让合同,不具有追溯力。但是因专利权人的恶意给他人造成的损失,应当给予赔偿。依照前款规定不返还专利侵权赔偿金、专利使用费、专利权转让费,明显违反公平原则的,应当全部或者部分返还。”同时《专利权纠纷司法解释二》第 29 条第 1 款规定:“宣告专利权无效的决定作出后,当事人根据该决定依法申请再审,请求撤销专利权无效宣告前人民法院作出但未执行的专利侵权的判决、调解书的,人民法院可以裁定中止再审审查,并中止原判决、调解书的执行。”此规定仅对“专利权无效宣告前人民法院作出但未执行的专利侵权的判决、调解书”的情形适用。根据以上法律和司法解释可知,宣告专利权无效的决定对在宣告专利权无效前的法院作出并已执行的专利侵权的判决不具有追溯力。除非明显违反公平原则,在专利权无效决定生效前已支付的赔偿金一般不能返还。

（二）相关案例

深圳市精华隆安防设备有限公司与上海优周电子科技有限公司侵害实用新型专利权纠纷案[1]

深圳市精华隆安防设备有限公司（以下简称精华隆公司）系名称为“红外线探测器支架”、专利号为ZL200920131979.0的实用新型专利（涉案专利）的权利人。精华隆公司通过公证程序购买被诉侵权产品向深圳市中级人民法院起诉上海优周电子科技有限公司（以下简称优周公司），案件经过一审、二审以及再审，一审和二审均判决侵权行为成立，二审于2015年4月10日作出判决，要求优周公司停止侵权，并赔偿5万元，优周公司于2015年6月10日支付赔偿金。在此期间，优周公司针对涉案专利向国家知识产权局专利复审委员会提出无效宣告，涉案专利被宣告无效决定日是2015年8月13日。优周公司以此为由，向最高人民法院请求再审，请求撤销一审和二审判决，返还赔偿金。最高人民法院认为，因为二审判决在涉案专利权被宣告无效之前已经执行，根据我国《专利法》第47条第2款之规定，无效决定对本案二审判决不具有追溯力，对优周公司的再审申请不应予以支持。但是，鉴于涉案专利权已经无效，该专利的技术方案已经进入社会公有领域，任何单位和个人实施该技术方案，即制造、使用、许诺销售、销售、进口涉案专利产品都不构成侵权，精华隆公司无权制止。

（三）律师提示

若专利侵权诉讼中的被诉侵权人认为涉案专利权不稳定，可在第一时间对涉案专利提起无效宣告请求。争取法院执行完毕前获得有利的无效决定，避免支付高额的侵权赔偿金。并且可将涉案专利的无效材料提交至法院，请求中止审理，对于实用新型和外观设计专利若无效材料具有较大威胁性，法院一般会考虑中止。

[1] 最高人民法院（2016）最高法民再384号民事判决书。

第六章

专利侵权之美国专利诉讼

一、成立引诱侵权的主观要件要求明知和故意

(一)要点解读

《美国专利法》(Patent Laws of the United States)规定了两种专利侵权类型:直接侵权及间接侵权。直接侵权规定在《美国专利法》第 271 条(a)"除本编另有规定外,任何人在美国境内,在专利权期限内,未经授权而制造、使用、为销售而提出要约、销售任何专利发明,或者向美国进口任何专利发明的,即侵犯了专利权"。间接侵权包括诱导侵权以及帮助侵权,分别规定在《美国专利法》第 271 条(b)"任何人积极诱导侵犯专利权的,应作为侵权人承担责任",以及《美国专利法》第 271 条(c)"规定任何人在美国为销售而提出要约、销售或者向美国进口,获得专利的机器、制造品、结合物或组合物的一个部件,或者用以实施专利方法的一种材料或设备,而此种部件、材料或设备是构成发明的重要部分,并且明知此种部件、材料或设备是为了侵犯此种专利权而特别制造或特别改造,并不是适合于实质上非侵权用途的商业上的通用物品或商品的,应作为帮助侵权人承担责任"。

直接侵权的认定采用严格责任制,侵权方是否知道或是否有意实施侵权行为并不重要。从法条看,间接侵权的"帮助侵权"成立的要件包括"明知提供的组成部分是供他人侵犯专利之用"。因此,帮助侵权的成立要件包括主观上"明知"其提供的部件是用在侵权产品上。

然而,对于间接侵权的另一侵权类型"诱导侵权",即第三方指示、引导

或建议其他方实施侵权行为,美国各法院在《美国专利法》第271条(b)制定以后的50多年里无休止地争论着该条款是否要求第三方知道行为侵权或有侵权的故意的问题。

美国联邦法院在里程碑案件DSU Med. Corp. v. JMS Co.后达成了一致的意见,认为既然是"积极地诱导",必然要求诱导方存在"明知"和"故意"。[1] 尽管如此,所谓的"明知"要求的程度仍然不确定,要明知哪些事项?是要明知自己的行为会导致其制造或销售产品,还是必须明知专利的存在?由于法条的不明确,引发了2011年美国联邦最高法院的Global - Tech Appliances, Inc. v. SEB S. A.案。

(二)相关案例

Global - Tech Appliances, Inc. v. SEB S. A.案

本案原告SEB S. A.(以下简称SEB)为一家法国家电制造商,其发明了一种不会烫手的油炸锅产品,并于1991年获得美国专利,专利号为4995312。SEB公司通过其在美国的合作对象T - Fal公司在美国境内销售油炸锅产品。本案被告是中国香港公司Pentalpha,也是一家家电制造商,是美国公司Global - Tech Appliances, Inc.(以下简称Global - Tech)的子公司。

1997年,SEB的美国竞争对手Sunbeam Products, Inc.(以下简称Sunbeam)曾委托Pentalpha设计类似于SEB销售的不会烫手的油炸锅。为此,Pentalpha在香港购买并仿制SEB外销至美国境外的油炸锅设计,再销售给Sunbeam。Sunbeam随后于美国境内出售Pentalpha所供应的油炸锅。

Pentalpha公司在中国香港购买的这款SEB油炸锅,因为属于海外销售,在产品上并没有标示美国专利号。Pentalpha公司仿制了SEB的油炸锅后,聘请了一位律师进行专利分析,但Pentalpha公司没有告诉律师此设计直接仿制了SEB公司的产品。因此,该律师并没有发现SEB公司的美国专利,在1997年8月,其提出分析意见,认为Pentalpha公司的油炸锅并没有侵害任何人的专利。原告SEB声称,Pentalpha公司的总裁熟悉美国专利体系,并知悉SEB在美国获取过专利。而且Pentalpha公司与SEB曾有过

[1] 参见判决书:DSU Med. Corp. v. JMS Co., 471 F. 3d 1293, 1306 (Fed. Cir. 2006)。

商业合作,并知道 SEB 的美国竞争对手 Sunbeam 计划在美国出售其设计的油炸锅。

1998 年,SEB 控告 Sunbeam 侵犯 4995312 号美国专利。Sunbeam 公司随即通知 Pentalpha 公司涉诉情况。然而,Pentalpha 公司并未停止供应油炸锅,继续向其他客户包括 Montgomery Ward 销售涉嫌侵权的油炸锅。SEB 于 1999 年起诉 Pentalpha 及 Montgomery Ward 专利侵权。

1. 美国地区法院阶段

SEB 提出两点主张:(1)Pentalpha 公司将油炸锅卖给 Sunbeam 的销售行为直接侵犯了 SEB 的专利;(2)Sunbeam 在美国境内转售油炸锅的行为直接侵犯了 SEB 美国专利,由于油炸锅是由 Pentalpha 所供应,故 Pentalpha 公司的行为还构成诱导侵权。

Pentalpha 公司辩称,并没有足够证据可证明其违反《美国专利法》第 271 条(b),因为 Pentalpha 公司在 1998 年 4 月得知 Sunbeam 被控告之前,并未真正知道 SEB 公司的专利存在。

2006 年,美国地区法院判决 Pentalpha 公司恶意侵权、诱导侵权,并责令其赔偿原告经济损失 465 万美元。Pentalpha 公司针对美国地区法院的多项裁定提出上诉,其中包括美国地区法院对其要求法官针对诱导侵权指控做出法律判决的动议驳回的裁定。Pentalpha 公司认为,其请求法官对诱导侵权主张进行法律判决的动议是正确的,因为其对专利的存在并不知情。

2. 美国联邦巡回上诉法院阶段:"刻意忽视"标准

美国联邦巡回上诉法院支持美国地区法院针对诱导侵权指控的判决,认为《美国专利法》第 271 条(b)的诱导侵权,必须有两个要件:

(1)原告证明,侵权人明知或应知其行为将引起真正的侵权;

(2)原告证明,侵权人明知涉案专利存在。

美国联邦巡回上诉法院认为,虽然没有明确证据证明 Pentalpha 公司在 1998 年 4 月以前明知该专利之存在,但有证据证明,Pentalpha 公司刻意地忽视一个已知的风险,就是 SEB 拥有受保护专利的风险。美国联邦巡回上诉法院认为,这种忽视,与"真正知情"并无不同,属于"真正知情"的一种形式。套用这种理解,Pentalpha 公司抄袭 SEB 油炸锅的设计、向律师隐瞒抄袭的事实以及熟悉《美国专利法》操作均表明,Pentalpha 公司刻意忽视该产品受专利保护的风险。因此,美国联邦巡回上诉法院维持了对 Pentalpha 不利的美国地区法院判决。

3. 美国联邦最高法院阶段:“蓄意视而不见”标准

Pentalpha 公司上诉到美国联邦最高法院,认为诱导侵权的要件中必须要求侵权人明知该专利的存在,而不可以用美国联邦巡回上诉法院的“刻意忽略已知侵权风险”的标准取代。

美国联邦最高法院维持了美国联邦巡回上诉法院关于 Pentalpha 成立诱导侵权的判决,但不支持“刻意忽视”这一主观标准,认为“蓄意视而不见”才是《美国专利法》第 271 条(b)要求的主观认知标准。

首先,美国联邦最高法院认同,《美国专利法》第 271 条(b)虽然没有规定“明知”的要件,但是既然要求引诱方“积极引诱”,诱导方必然采取积极的步骤,带来想要的结果。因此,引诱必然是故意的行为,要求“明知”的心理状态。其次,美国联邦最高法院认为,“明知”包含两层含义:一是明知自己的诱导行为,二是明知涉案专利的存在。

但是,在衡量侵权人是否“明知”的标准上,美国联邦最高法院不认同美国联邦巡回上诉法院的标准,而援引了美国刑法上的“蓄意视而不见”的标准。这个标准需具备两个要件:

(1)被告主观上相信,某事实的存在具有高度可能性;

(2)被告采取刻意的行为以避免得知该事实。

就第一要件,美国联邦最高法院的标准不仅要求侵权人知道“已知风险”,而且要求其知道某个事实存在的“高度可能性”。即美国联邦最高法院的标准对原告的诱导侵权的举证责任的要求更高。美国联邦最高法院认为,“蓄意视而不见”的范围相对“刻意忽略”较窄,更合理,尤其对于专利密集度高的行业如半导体行业。在半导体行业,企业几乎为每一步的创新都申请专利保护,在专利保护如此密集的行业里,企业只要推出新产品就很容易被认定为知道相关产品存在专利保护的风险,从而被指控诱导下游企业专利侵权,这样对上游企业的加工生产是极为不利的。

就第二要件,美国联邦最高法院的标准要求被告采取刻意的行为,以避免得知第一要求中的事实,而美国联邦巡回上诉法院的“刻意避免”的标准不要求侵权人主动采取措施。

回到本案,美国联邦最高法院认为,Pentalpha 公司曾经做过市场调查,知道 SEB 油炸锅的销售量在增加,可以推测其必然存在比较特殊的技术。

这也使得 Pentalpha 公司决定仿制 SEB 的产品。而且,Pentalpha 公司刻意购买了在中国香港销售的 SEB 油炸锅,其应该知道在海外销售之产品上不会标示美国专利字号。此外,Pentalpha 公司找律师进行专利分析时,刻意不告知其产品乃仿制自 SEB 油炸锅的信息。以上种种,均足以让陪审团认定:(1)被告 Pentalpha 公司主观上相信有高度可能性 SEB 油炸锅有专利保护;(2)Pentalpha公司采取刻意步骤避免得知该事实。因此,美国联邦最高法院认定,Pentalpha 公司蓄意地视而不见其产品会侵权的事实。

4. 司法实践中"蓄意视而不见"标准的具体适用〔1〕

(1)第一要件:被告主观上相信,某事实的存在具有高度可能性。

在司法实践中,美国法院通常依据哪些事实来认定"被告主观上相信,某事实的存在具有高度可能性"呢?

美国法院首先会判断被告对某一事实的知情是"笼统的"还是"具体的"。如果是前者,美国法院会认定,被告主观上并不相信某一事实的存在具有高度可能性。那么,如何区分"笼统的"知情和"具体的"知情呢?

第一,被告和原告的关系。法官通常会根据被告对原告业务的了解程度来判断。例如,被告和原告在案发之前是否曾有合作关系,两者在行业内的竞争程度等。第二,专家报告或意见的结果。例如本案,如果被告在委托律师事务所出具专利侵权风险调查报告前全面向律师披露相关知识,而律师事务所出具的报告是 Pentalpha 公司不会侵犯任何知识产权。在这种情况下,法院会倾向于认定,被告主观上并不相信某一事实的存在具有高度可能性。第三,被告本身具有的相关专业能力。法官在适用上述第一要件的时候,经常参考被告在相关领域具有的专业能力。如被告具有相关的专业能力,那么法官更倾向认定被告主观上相信某一事实的存在是可能的。例如本案中,Pentalpha 公司的主营产品也是不烫手的油炸锅产品,所以对产品的技术应该比较熟悉。更重要的是,Pentalpha 公司知道其反向工程的产品就是 SEB 公司制造的,并且知道 SEB 在美国销售该油炸锅。在这一点上,如果 Pentalpha 公司抄袭的产品没有任何线索指向 SEB 公司,那么美国联邦最高法院在第一要件的认定上,就很有可能做出 Pentalpha 公司不会明知其抄

---

〔1〕 参见杨智杰:《美国专利法与重要判决》,台北,五南图书出版股份有限公司 2015 年版,第 152 页。

袭的产品存在专利保护的认定。

(2)第二要件:被告采取刻意的行为以避免得知该事实。

第二要件中的"采取刻意的行为"通常指"明显的身体行为"或纯"心理上的避免"。[1] 前者指被告主动将自己与某一事实"绝缘",这样可以否认知道某一事实的存在。顾名思义,"明显的身体行为"要求被告采取主动的行为来避免得知某一事实。后者指应当采取而未采取基础的调查从而导致对基础的事实不知情,是心理上的放任状态。

按照上面的分类标准,Pentalpha公司向律师隐瞒SEB是其抄袭产品的制造商这一行为应归类于"明显的身体行为",因为其刻意回避告诉律师真相,避免了律师知道SEB专利存在这一事实。退一步讲,假设Pentalpha公司并非主动隐瞒,而是忽略了律师报告存在的错误或缺失,或者律师事务所报告本身就存在信息不足或瑕疵,那么美国联邦最高法院会认定被告"采取刻意的行为"吗?

基于案件的事实,美国联邦最高法院认为,即使Pentalpha公司并非主动隐瞒,但是由于Pentalpha公司先前与原告存在专利诉讼或和解以及油炸锅领域内先前的侵权诉讼或和解,Pentalpha公司一直知道SEB公司的油炸锅是创新型的产品并在美国销售,并且Pentalpha公司对《美国专利法》体系非常熟悉,这些事实足以认定Pentalpha公司存在"心理上的避免"。

5. 结论

通过Global - Tech Appliances, Inc. v. SEB S. A. 案,美国联邦最高法院在专利诱导侵权的问题上引入美国《刑法》上的概念"蓄意视而不见"的主观要件,将其等价于"真正知情",并明确必须明知:(1)知情相关专利的存在;(2)明知所诱导行为侵权专利。

(三)我国的相关立法

2016年我国《专利权纠纷司法解释二》第21条明确规定了"帮助侵权"及"诱导侵权":"明知有关产品系专门用于实施专利的材料、设备、零部件、中间物等,未经专利权人许可,为生产经营目的将该产品提供给他人实施了

[1] 参见判决书:Carrillo, 435 F. 3d at 780 [quoting United States v. Craig, 178 F. 3d 891, 896 (7th Cir. 1999)]。

侵犯专利权的行为，权利人主张该提供者的行为属于侵权责任法第九条规定的帮助他人实施侵权行为的，人民法院应予支持。明知有关产品、方法被授予专利权，未经专利权人许可，为生产经营目的积极诱导他人实施了侵犯专利权的行为，权利人主张该诱导者的行为属于侵权责任法第九条规定的教唆他人实施侵权行为的，人民法院应予支持。"

从上述规定看出，我国的立法和美国有异曲同工之妙，"诱导侵权"同样要求引诱侵权方必须明知：(1)相关产品、方法受《专利法》保护；(2)明知所诱导行为侵犯专利。

(四)律师提示

美国联邦最高法院通过上述案件对诱导专利侵权的规则的重新制定，反映出间接侵权在知识产权案件中的重要性。此案被告是为美国品牌企业进行定牌加工生产(ODM)的中国香港小家电生产和设计企业，并未在美国境内制造、销售、许诺销售或进口，貌似《美国专利法》"鞭长莫及"。但是，从上面的分析可见，引诱侵权者可以在美国境外实施诱导行为。所以，美国境外的企业应当及时调整经营策略，防患于未然。

二、善意相信专利无效不构成引诱侵权的抗辩

(一)要点解读

2011 年美国联邦最高法院在 Global - Tech Appliances, Inc. v. SEB S. A. 案中认定，构成诱导侵权，被告在主观要件上须满足：(1)被告须"明知"或"蓄意视而不见"相关专利的存在；(2)被引诱的行为构成专利侵权。[1]在该案以前，美国上诉法院有这样的先例："被告是否善意相信自己的行为不侵权"可以作为依据考虑被告的主观动机并最终用于酌定被告的赔偿额。而且，在司法实践中，美国上诉法院并未原则上区分"被告善意相信涉案专利无效"与"被告善意相信自己的行为不侵权"，认为这两种情形等同，均可作为诱导侵权的抗辩理由，无形中扩大了对被告"主观意图"范围的认定。

美国联邦最高法院在 2015 年 Commil USA, LLC v. Cisco Sysems, Inc. 案中，明确认定"被告善意相信涉案专利无效"不能作为诱导侵权的抗辩理

---

[1] 参见判决书：Global - Tech Appliances, Inc. v. SEB S. A., 563 U. S. 754 (2011)。

由。专利无效不是侵权行为的抗辩理由,而是侵权责任的抗辩理由。美国联邦最高法院的法官进一步分析了直接侵权的情形,直接侵权虽然是严格责任制,无须考虑被告的主观意图,但是在判定被告是否恶意侵权这个问题上,与诱导侵权类似,同样需要分析被告的主观意图。同时,美国联邦最高法院在判决中也明确认定,“被告善意相信涉案专利无效”同样不能作为恶意侵权的抗辩理由。

(二)相关案例

Commil USA,LLC v. Cisco Sysems,Inc. 案

本案中,专利权人是 Commil USA 公司(以下简称 Commil),其专利是一个执行短距离无线通信网络的方法专利。被告 Cisco Sysems 公司(以下简称 Cisco)是制造和销售无效通讯网络设备的公司。2007 年,原告 Commil 在美国得克萨斯州东区联邦地区法院(以下简称美国得州东区地区法院)对被告 Cisco 提起侵权诉讼。Commil 主张,Cisco 因为制造及销售网络通讯设备,而直接侵害其专利。此外,Commil 也主张,Cisco 因销售侵权设备给其他人使用亦构成诱导侵权。

1. 美国地区法院阶段

美国得州东区地区法院一审判决:陪审团裁决 Commil 的专利有效,且 Cisco 构成直接侵权,判决被告需赔偿 370 万美元。但陪审团认为 Cisco 不构成诱导侵权。对此判决结果,原告 Commil 认为,Cisco 的律师在审判中做出一些不适当的说明,而要求重新组成陪审团重新审理,美国得州东区地区法院准许了此请求。

陪审团审理过程中,关于诱导侵权的主张,Cisco 辩称,其基于善意相信 Commil 专利为无效,并提出支持此主张的证据。但是美国得州东区地区法院裁定,不准许 Cisco 向陪审团提出此证据。美国得州东区地区法院法官对于此裁定并没有说明理由。但法院似乎认为,当原告主张被告构成诱导侵权时,被告相信该专利为无效,并不能成为“不构成诱导侵权”的抗辩。最终,一审陪审团认定,Cisco 构成诱导侵权,并赔偿 Commil 6300 万美元。

2. 美国联邦上诉巡回法院阶段

Cisco 不服,提起上诉,上诉的几个理由中特别提出,其认为基于善意相信专利无效，属于诱导侵权的一种抗辩理由。美国联邦上诉巡回法院负责审理的三位法官中，两位法官支持 Cisco 的见解，认为若被告基于善意相信该专利无效，可以推翻诱导侵权中所要求的故意的主观要件。[1]另一位法官提出不同意见，认为被告善意相信专利无效不可作为诱导侵权的抗辩理由，因为是否构成侵权与被告“觉得有机会使该专利无效”的信念无关。当事人双方都申请美国联邦上诉巡回法院全席审理，多数意见拒绝受理。当事人又上诉至美国联邦最高法院，美国联邦最高法院受理了此案。

3. 美国联邦最高法院阶段

美国联邦最高法院认为，讨论此问题也涉及了直接侵权、帮助侵权的解释，应先从《美国专利法》第 271 条(a)的直接侵权说起。《美国专利法》第 271 条(a)规定：“除本编另有规定外，任何人在美国境内，在专利权期限内，未经授权而制造、使用、为销售而提出要约、销售任何专利发明，或者向美国进口任何专利发明的，即侵犯了专利权。”从条文来看，被告的心理状态并不重要。即直接侵权属于严格责任。

帮助侵权规定于《美国专利法》第 271 条(c)，其明文规定了“知情”要件，因此，被诉侵权人须知道该专利存在，且知道其辅助之行为构成专利侵害。相对地，诱导侵权规定于《美国专利法》第 271 条(b)，其规定：任何人积极诱导侵犯专利权的，应作为侵权人承担责任。虽然条文中没有提到“知情”，但根据 2011 年美国联邦最高法院判决的 Global – Tech Appliances v. SEB S. A. 案(参见本章第一篇案例)，其认为诱导侵权与帮助侵权源自同一个理论，故诱导侵权应如同帮助侵权一样，被告必须“知道该专利存在”，且知道所引起的侵害行为。

而本案争议与上述问题有所不同，本案被告虽知道该专利存在，但相信该专利无效。因此，本案要探讨的是，要构成《美国专利法》第 271 条(b)之诱导侵权，是否必须知道或相信该专利有效？换句话说，若被告基于善意相信该专利无效，是否可将其作为诱导侵权之抗辩？诱导侵权包括“明知该专利存在”与“明知诱导之行为构成专利侵害”。相信专利无效并非诱导侵权

[1] 参见判决书：Commil USA, LLC. v. Cisco Sys. Inc., 135 S. Ct. 1920, 1926 (2015)。

之抗辩。[1]

进而,美国联邦最高法院要讨论,到底被告相信涉案专利无效可否作为诱导侵权之抗辩。美国联邦最高法院认为,诱导侵权的主观要件关心的是"侵害行为",而侵害行为与专利有效性属于不同的问题。《美国专利法》第271条(b)仅要求被告"积极地引起侵害行为"。而由于"侵害行为"与"专利有效性"在《美国专利法》中属于不同的问题,因此"相信专利无效"并非诱导侵权的主观要件。

长久以来,专利权人提起侵害诉讼,其专利都被推定为有效。亦即专利权人不需要先证明其专利有效即可提出侵害诉讼。被告若要在诉讼中推翻此推定,必须以清楚且具说服力之证据标准推翻此推定。但是,倘若"相信专利无效"可作为诱导侵权之抗辩,则被告只要证明其合理地相信该专利为无效,即可免除诱导侵权责任,那么,对于专利有效之推定就会大打折扣。

当然,若专利无效,就绝对不会构成侵权。但是,专利制度要想良好运作,需要法院解释和执行《美国专利法》的体系决定各种程序与顺序(例如,证明构成侵权行为、主张专利无效),以让当事人得以遵循。因此,专利无效与专利侵害在程序上乃不同之程序,不可混淆。

如果被告真的相信该专利无效,本来就有其他渠道可以使用。例如,其可以提起确认诉讼,要求美国联邦法院确认该专利无效;也可以向美国专利商标局申请多方复审程序主张专利无效,12个月至18个月内就可以得到结果。又或者,如同本案中Cisco所使用的,向专利商标局申请单方再审查。最后,被告也可在侵权诉讼中提出专利无效抗辩。因此,美国联邦最高法院撤销美国联邦上诉巡回法院之见解,将本案发回重审。

(三)律师提示

善意相信专利无效不是法庭上对抗侵权的抗辩理由,但一旦专利被官方正式宣告无效,侵权将无从谈起。因此,一旦企业或个人涉诉,而且专利侵权已经不可避免,涉嫌侵权方可以尽快收集专利无效的证据,向专利无效审查部门申请宣告专利无效。

---

〔1〕 参见杨智杰:《美国专利法与重要判决》,台北,五南图书出版股份有限公司2015年版,第162页。

三、成立分离式专利侵权行为要求存在"指示或控制"

(一)要点解读

什么是分离式侵权?《美国专利法》规定了两种专利侵权类型:直接侵权、间接侵权。《美国专利法》第 271 条(a)规定了直接侵权,当被诉侵权人实施了争议专利的全部技术特征时将被认定直接侵权。对方法专利而言,如要认定直接侵权,专利权人须证明被诉侵权人实施了专利方法的全部步骤。

间接侵权包括诱导侵权以及帮助侵权,分别在《美国专利法》第 271 条(b)及《美国专利法》第 271 条(c)中有规定。根据《美国专利法》第 271 条(b),如果被诉侵权人引诱另一方实施了侵犯专利权的行为,则被认定诱导侵权。根据《美国专利法》第 271 条(c),一方如果销售、许诺销售或进口获得专利权的机器、产品等的零部件或用于实施专利方法的材料或仪器,且这些物品是发明的重要组成部分,并且明知提供的组成部分是供他人侵犯专利之用而非通用产品,则会被认定帮助侵权。

分离式侵权属于直接侵权的一种侵权责任类型,或者可以说是一种被控侵权的抗辩理由,主要是由两个或两个以上的主体分别实施专利方法的部分步骤,没有任何一个主体实施完整的专利方法,而是各主体实施的结果相加后落入争议专利的权利保护范围。

2014 年美国联邦最高法院在"Akamai Technologies v. Limelight Networks 案"中推翻美国联邦巡回上诉法院的判决,认为除非方法专利的全部步骤都可归责于同一个主体,否则不能认为方法专利的全部步骤被实施。美国联邦巡回上诉法院随后全席重审本案,重新考虑了"单一主体"的定义,认为在下面两种情形下实施多个步骤的多个主体可以视为一个单一的主体,可以认定直接侵权:(1)一个主体指示或控制其他实施方的行为;(2)所有实施方形成共同的事业体,并将"指示或控制"法则下认定单个实施体的责任扩大适用至下面的情形:当被诉侵权人决定了实施专利方法步骤时的具体动作或是该动作的利益获得者,并且建立了实施动作的方式或时间点时,可以认定直接侵权。[1]

---

[1] 参见杨智杰:《美国专利法与重要判决》,台北,五南图书出版股份有限公司 2015 年版,第 170 页。

（二）相关案例

【案例一】BMC Resources, Inc. v. Paymentech, L. P. 案

美国各级法院对于如何判断方法专利的分离式侵权并无一致的标准，直至2007年美国联邦巡回上诉法院的BMC Resources, Inc. v. Paymentech, L. P. 案。通过该案，美国联邦巡回上诉法院统一了分离式侵权的各种不同的判决标准，正式确立“控制或引导”(controlordirect)的标准，这个标准一直沿用至今。

该案原告BMC Resources（以下简称BMC）拥有两个方法专利，分别为NO. 5718298及NO. 5870456。专利涉及一种使用借记卡而无须提供个人验证码的支付方法，该发明要求多个实施方共同完成专利方法的步骤，包括消费者、账单处理者（互动式语音系统）以及金融机构。该方法的实施步骤包括：(1)消费者在显示的界面上通过电话按键进行实时交易，通过互动式语音系统进行身份验证，输入付款金额；(2)界面整合付款信息后经借记网络传输至金融机构，金融机构确认客户账户内是否有足够金额，如果是，进行扣款，最后将交易结果汇报至消费者，完成整个交易。

被告Paymentech在2002年开始将这种无须个人验证码的借记交易处理方法引进市场，但是仅实施“整合付款信息并把付款信息传递给借记网络”，之后的步骤由借记网络及金融结构实施。BMC发现Paymentech提供给消费者的服务后，根据《美国专利法》第271条(a)的直接侵权责任以及《美国专利法》第271条(b)的引诱侵权责任将Paymentech起诉至美国地区法院。

美国地区法院审判的焦点：根据全要件规则，单一行为人必须亲自实施方法专利的所有步骤才构成直接侵权。假如被诉侵权人实施涉案专利的部分步骤，其他行为人实施该专利的剩余步骤，则被诉侵权人与其他行为人之间应该满足什么标准才能构成直接侵权？

由于之前没有统一的判断标准，在参考了多个判决先例后，美国地区法院最终认为：在两方或多方行为人分别实施专利步骤时，被诉侵权人与其他行为人之间必须有紧密的关系或联结，即必须有代理关系或其他行为人必须在被诉侵权人的控制或指示之下实施方法的其他步骤，被诉侵权人才构成直接侵权。由于该案的被告并未亲自实施专利的所有步骤，而且原告未

提供证据证明借记网络及金融机构是在被告的控制或指示下实施其他步骤,因此美国地区法院判决被告不构成直接侵权。

原告BMC不服判决,提出上诉。美国联邦巡回上诉法院在后来的判决中明确指出,必须证明一方控制或引导了另一方的行为,才能认定直接侵权。因为《美国专利法》第271条(a)的直接侵权为严格责任,如果采用相对宽松的标准,则会过度扩张直接侵权责任的认定,导致很多无辜的第三方承担直接侵权的责任,这是极为不合适的。而且,如果采用相对宽松的标准,原告就只会寻求《美国专利法》第271条(a)款的救济,而不会适用《美国专利法》第271条(b)关于间接侵权的规定。因为间接侵权的认定更为严格,不仅要求直接侵权为基础,而且要求侵权人主观上明知涉案专利的存在。这样,《美国专利法》第271条(b)及《美国专利法》第271条(c)就会形同虚设,这也不符合美国国会分别规定《美国专利法》第271条(a)、《美国专利法》第271条(b)、《美国专利法》第271条(c)条款的初衷。

【案例二】Muniauction, Inc. v. Thomson Corp案

如果说BMC案首次统一分离式侵权中的"控制或引导"的标准,那么另一个里程碑案件Muniauction, Inc. v. Thomson Corp.则将这个标准进一步量化,对适用的细节进行了规定。

美国联邦巡回上诉法院在Muniauction, Inc. v. Thomson Corp.案中提高了在BMC案中确立的"控制及指示"标准,即"控制及指示"必须达到某种程度:使人觉得由一方完全实施了涉案专利的全部步骤。Muniauction案的涉案专利6161099是美国专利涉及一种拍卖地方政府债券的方法,发行方将债券向投标方发放,投标方通过网络购买发放的债券。通过涉案专利,债券的发行方及投标人可以通过网络进行交易而无须使用专门的软件。美国联邦巡回上诉法院认为,该案的被告Thomson运营一种类似的使用普通浏览器进行的线上投标平台,而不是专门的计算机网络。但是,被告并未执行该方法的全部步骤,因为"输入与至少一项投标相关的数据至投标人的计算机"这个步骤是由投标人来实施的。美国联邦巡回上诉法院引用了BMC案,指出"控制或指示"的标准要求存在一个主要责任人,方法专利全部步骤的实施都可归责于该主要责任人。美国联邦巡回法院认为,Thomson通过其

系统对投标人的指示并未达到须承担直接侵权责任的程度,因为被告并未让另一方代表自己来实施任何一个步骤。

在 BMC 案及 Muniauction 案以后,对于两个以上的侵权人实施方法专利的侵权问题,美国联邦巡回上诉法院认为此类案件中都有一个主要责任人实施方法专利部分步骤,并安排其他行为人实施剩余的步骤。如果其他行为人是在这个主要责任人的"控制或指示"下实施剩余的步骤,这个主要责任人的行为视为直接侵权,其他行为人则有可能成立间接侵权。

尽管如此,美国联邦巡回上诉法院也注意到,"控制或指示"原则在适用上存在漏洞,容易被侵权人钻空子,因为多个行为人之间可通过签订独立主体协议来规避侵权责任。针对这个问题,美国联邦巡回上诉法院认为,专利权人可以在申请阶段通过良好的权利要求的撰写来避免这个问题。以 BMC 公司的方法项为例,权利人完全可以把原本由多个实施主体分别实施的方法权利要求写成由单一行为人实施。权利人在撰写发明的时候应小心谨慎,减少分离式侵权出现的可能性。

【案例三】Akamai Technologies v. Limelight Networks 案

2006 年,原告 Akamai Technologies 公司(以下简称 Akamai)于美国马萨诸塞州地区法院控告 Limelight Networks 公司(以下简称 Limelight)直接侵权及诱导侵权其 6108703 号美国专利(以下简称 703 专利)。此诉讼至 2016 年结案,历经多次判决,参见表 6-1。

表 6-1 Akamai 案判决经过

时间	案件	法院	法条	判决
2006 年	Akamai	美国地区法院	《美国专利法》第 271 第(a)直接侵权	陪审团裁定 Limelight 侵权成立,并赔偿原告 4000 美元
2009 年	Akamai	美国地区法院	《美国专利法》第 271 第(a)直接侵权	判决未生效期间,美国联邦巡回上诉法院 2008 年审结 Muniauction, Inc. v. Thomson Corp. 案。Limelight 要求美国地区法院根据 Muniauction 案的标准重新审理。重新审理后,美国地区法院依法判决被告 Limelight 不侵权

续表

时间	案件	法院	法条	判决
2010 年	Akamai Ⅰ	美国联邦巡回上诉法院(合议庭)	《美国专利法》第 271 第(a)直接侵权	维持美国地区法院不侵权的判决(Limelight 与其客户之间无代理的关系)
2012 年	Akamai Ⅱ	美国联邦巡回上诉法院(全席审判)	《美国专利法》第 271 第(b)诱导侵权	改判,判决被告构成《美国专利法》第 271 条(b)的诱导侵权,认为虽然诱导侵权的前提是直接侵权成立,但诱导侵权中的直接侵权并不要求必须单一实体这一要件,所以非由单一实体执行也可能造成诱导侵权
2014 年	Akamai Ⅲ	美国联邦最高法院	《美国专利法》第 271 条(b)诱导侵权	推翻 Akamai II,裁定发回重审。若专利方法的全部步骤无法归因于单一实体,则不成立直接侵权,无直接侵权则无诱导侵权。美国联邦最高法院建议美国联邦巡回上诉法院重新考虑使用《美国专利法》第 271 第(a),而非修改《美国专利法》第 271 条(b)的侵权条件
2015 年	Akamai Ⅳ	美国联邦巡回上诉法院(全席判决)	《美国专利法》第 271 第(a)直接侵权	在所有步骤皆可归因于单一实体的情况下,才成立直接侵权。扩大直接侵权的定义,降低了引导或控制的标准。除了代理或合约关系外,新增了以下标准:当被诉侵权人决定了实施专利方法步骤时的具体动作或是该动作的利益获得者时,并且建立了实施动作的方式或时间点时,可以认定直接侵权
2016 年		美国联邦最高法院		拒绝 Limelight 提出的调卷令
2016 年		美国地区法院		判决 Limelight 侵权成立

该案原告 Akamai 是网络内容传送服务提供商,拥有包括 703 专利在内的关于网络内容传送服务的方法专利,该专利允许在分布于世界各地的成千上万个服务器中,快速为用户查找与用户地理位置最近的网页并获得需要的数据。该专利技术提供更快的网络内容传送服务,需要由网络内容提供商 Akamai 以及网页提供商两个主体来完成，为了将一个文件内容推送至 Akamai，网页提供商必须先执行一个“标记”的步骤来修改内容的网络地址。这个标记步骤可以识别出网页提供商希望 Akamai 推送给消费者的内容。

被告 Limelight 也是网络内容传送服务的提供者，除了标记步骤是由消费者自己实施以外，Limelight 实施了方法专利的所有步骤。对于标记步骤，Limelight 给出了如何实施的技术帮助及必要的指示。

1. 美国联邦巡回上诉法院（合议庭）作出的判决：Akamai Ⅰ

在本案中，由于被告并未亲自实施专利的所有步骤，必须判断被告和网页提供商之间是否存在“指示或控制”的关系。在解释这个关系的时候，法院引用了“代理”的关系标准，认为在分离式侵权行为下，如果被诉侵权人与其他行为人之间存在“代理”关系，或行为人基于合同的义务实施剩余步骤的时候，被诉侵权人才能构成直接侵权。由于本案被告并未指示或控制网络提供商实施剩余步骤，美国联邦巡回上诉法院认为被告行为不构成直接侵权。

2. 美国联邦巡回上诉法院（全席审理）作出的改判：Akamai Ⅱ

2011 年美国联邦巡回上诉法院批准对该案进行全席重审。令业界惋惜的是，该法院并未就“指示或控制”原则提出任何新的看法，反而适用《美国专利法》第 271 条（b）对于诱导侵权的规定，而非一贯使用的《美国专利法》第 271 条（a）直接侵权的条款。

Akamai Ⅱ 指出：在被告实施一项方法专利的部分步骤，其他方实施剩余步骤的分离式侵权情况下，即使共同实施方法的多实施方之间不满足代理的关系标准，也不满足控制和指示的标准，没有任意一方被认定为直接侵权的前提下，被告也可能承担间接侵权责任。可见，Akamai Ⅱ 的观点是颠覆性的，与长久以来的判决先例并不相符。在 BMC 案以前，美国许多专利判决都已揭示：欲主张间接侵权，须先证明直接侵权。

具体而言，美国联邦巡回上诉法院认为，Limelight 及用户之间并未存在代理的关系，没有侵权的合意，被告更多的是建议、鼓励甚至诱导用户实施标记的步骤。因此，用《美国专利法》第 271 条（b）更能解决本案的问题。并且，从立法的角度来看，1952 年制定的《美国专利法》第 271 条（b）表达了解决分离式侵权行为的意图，因为该款适合没有单一实体需要承担直接侵权责任的情形。并且，《美国专利法》第 271 条（b）的字面含义并未强调（b）条款下的侵权行为必须是满足(a)款的直接侵权行为的要求。

最后,美国联邦巡回上诉法院认为在判断是否构成引诱侵权的时候,并不需要考虑行为主体的个数,只要全部专利方法的步骤都被实施即可。换言之,面对多个行为人共同实施方法专利时,专利权人只要能够证明其专利的步骤确实被多个行为人所实施,就有成功主张引诱侵权的机会。可见,美国联邦巡回上诉法院试图在 Akamai Ⅱ的判决中扩大直接侵权的定义。这样,引诱侵权的认定标准明显降低,可能会造成方法专利诉讼的大幅增加,也可能增加滥诉的风险。

3. 美国联邦最高法院作出的终审判决:Akamai Ⅲ

本案被告 Limelight 不服美国联邦巡回上诉法院全席判决,认为判决中所阐述的"在专利侵权案件中,即使不存在单一行为人构成《美国专利法》第 271 条(a)项的直接侵权,仍然可能成立第 271 条(b)项的诱导侵权"见解有误,以此为由,向美国联邦最高法院提起上诉。最终美国联邦最高法院认定被告上诉有理由,撤销美国联邦巡回上诉法院的全席判决,发回重审。

美国联邦最高法院认为,美国联邦巡回上诉法院的分析逻辑存在根本性的错误,误解了"侵犯一方法专利"的意义。方法专利由多个步骤组成,结合之后才构成申请专利的范围。方法专利的每一个步骤都必须由同一主体实施,或可归咎于同一主体,才构成专利方法的侵犯。如果采取上诉法院的判决,必然存在两套不同的专利侵权法则,一套是直接侵权责任,另一套是诱导侵权责任,这个完全违背了《美国专利法》现有的精神,破坏了现有的体系架构。

美国联邦最高法院反复引用了美国联邦巡回上诉法院在 Muniauction 案中建立的规则,除非方法专利的全部步骤都可归责于同一个主体,否则不能认为方法专利的全部步骤被实施。归责的原因可以是被告切切实实实施了全部步骤,或者被告指导或控制其他实施主体实施了其他步骤。总而言之,如果不存在《美国专利法》第 271 条(a)的单一行为体的直接侵权责任,则不存在《美国专利法》第 271 条(b)的诱导侵权。

不难看出,美国联邦最高法院的判决存在瑕疵,侵权人为了逃避侵权责任,可以设计与另一方(不存在任何指示或控制关系的一方)分担方法专利的步骤,从而规避认定直接侵权责任。这个漏洞在互动式技术领域、基于网络实现的商业方法以及医药领域尤为明显。这督促美国联邦巡回上诉法院在美国联邦最高法院发回重审的裁定后寻求方法放宽多个实施体之间关系的认定，从而可以合理依据《美国专利法》第271条(a)认定分离侵权。

4. 美国联邦最高法院发回重审后美国联邦巡回上诉法院作出的判决：Akamai Ⅳ

美国联邦巡回上诉法院全席重审本案，根据美国联邦最高法院的要求重新考虑了Muniauction案的在先案例。美国联邦巡回上诉法院扩大了直接侵权情形中"单一主体"的定义，认为在下面两种情形下多个主体可以视为一个单一的主体来认定直接侵权：(1)一个主体指示或控制其他实施方的行为；(2)所有实施体形成共同的事业体。可见，美国联邦巡回上诉法院放宽了"单一实施体"的定义。

在美国联邦最高法院对本案的终裁后(Akamai Ⅲ之后)，美国地区法院倾向认为，仅在一个实施体通过代理关系或合约关系使其他实施体实施方法专利的一个或多个步骤的情况下，才能认为满足"指示或控制"的标准。这种标准过于狭窄，会导致不适用于诸如Akamai此类的案件(比如，软件的终端用户按照软件提供商的指示来实施方法专利的一个或多个步骤)。很多医药专利面临同样的困境，因为病人虽然是在主治医生的指导下实施治疗方法的一个或多个专利步骤，但是不满足代理关系或合约关系。

美国联邦巡回上诉法院重新审查Akamai案后，将"指示或控制"法则下认定单个实施体的责任认定扩大适用至下面的情形：当被诉侵权人决定了实施专利方法步骤时的具体动作或是该动作的利益获得者时，并且建立了实施动作的方式或时间点时，可以认定直接侵权。根据这个标准，美国地区法院可以认定Limelight指示并控制了内容提供商做出"标记"这个步骤。具体而言，Limelight通过和客户签署合同，要求客户承诺执行某些步骤(包括标记)来使用Limelight的系统，并明确给出了如何使用该系统的指示。

可以看出，这个判决后，涉嫌侵权人很难轻易通过让软件使用者实施其中一个或多个步骤的方式来逃避侵权责任。类似的，在医药专利诉讼中，法院也不再接受涉嫌侵权人认为其中一个或数个步骤是由病人或医生(病人或医生和侵权人之间一般不会有代理或合同关系)来实施的这种抗辩理由。

5. Akamai Ⅳ判决后的重要案件：Eli Lilly v. Teva

美国印第安纳州南区地方法院是首个在Akamai Ⅳ判决后适用新"指示

或控制"标准的法院。Eli Lilly v. Teva 一案的焦点仍然是是否有一个单一的实施体直接侵犯了涉案专利。根据美国联邦巡回上诉法院的 Akamai Ⅳ 判决,该法院认定,医生可以通过指示并控制病人实施其中一个或多个步骤从而被认定为直接侵权。

Eli Lilly 是 7772209 号美国专利(以下简称 209 专利)的专利权人,该专利保护的方法要求医生在给予叶酸和维生素 B12 的同时要给予一种 ALITMA®的药物。该药物服用说明书中包括处方信息以及病人的信息,这些信息和方法专利中表述的一致。根据 209 专利以及药物说明书,ALITMA®通过输液输入人体,维生素 B12 通过注射,叶酸通过口服。涉案双方对医生需要给予 ALITMA®以及维生素 B12 毫无疑义,但是医生仅仅是指示病人在医生给药 ALITMA®以及维生素 B12 一周前须自行服用叶酸。

本案的焦点在于,病人在医生的指示下服用叶酸这个行为能否归咎于医生单独的一个实施行为。被告辩解,医生无法得知病人是否已经服用叶酸,所以医生无法指示或控制病人执行该步骤。美国印第安纳州南区地方法院认为,在利用 ALITMA®治疗疾病的过程中,叶酸起到了举足轻重的作用,对治疗的效果起着直接并具体的影响。而且,服用说明书里面记载:服用叶酸对病人的治疗非常重要,它减轻了副作用的影响。最后,药物说明书中不仅强调了服用叶酸的重要性,而且指示了病人何时服用叶酸以及服用的计量。综合这些因素可以看出,为了达到方法专利的效果,给予叶酸这个步骤是必须的,而且还明示了病人服用叶酸的方法及时间。因此,医生指示或控制了病人服用叶酸这个步骤,因此可以视为单一的行为实施体直接侵权涉案专利。在认定了直接侵权的基础上,可以进一步认定被告的诱导侵权责任。

在 Akamai 案终审判决前,判断分离侵权的通用法则是在满足代理关系或合同关系的条件下认定"指示或控制"。在 Akamai 案终审判决后,美国联邦巡回上诉法院降低了"指示或控制"的适用标准,除了一贯的"代理或合约关系"考虑因素以外,新增了以下判断标准:当被诉侵权人决定了实施专利方法步骤时的具体动作或是该动作的利益获得者时,并且建立了实施动作的方式或时间点时,可以认定直接侵权。

之后,合同的解读将是审理专利侵权案件的重点。因为它能用于判断共同侵权行为之间是否存在"控制或指示",合同是否"迫使"被控制方实施侵权步骤。美国联邦巡回上诉法院进一步指出分析合同时需要考虑的因素:(1)合同"指示"被控制方去实施侵权步骤的强烈程度;(2)合同的条款是否大致和代理关系保持一致,例如,选择控制方以后是否有权终止合同,还有合同的补偿责任条款(能否暗示在代理关系中控制方占主导地位)。

(三)律师提示

被诉侵权人很难通过利用客户或用户等第三方实施专利的某些步骤避免侵权责任。除了代理或合约关系以外,当被诉侵权人决定了实施专利方法步骤时的具体动作或是该动作的利益获得者,并且建立了实施动作的方式或时间点时,可以认定直接侵权。因此,合同在认定专利共同侵权中有举足轻重的作用。在起草合同的时候应注意合同的措辞。合同应该明确最终的目的,但可以避免写明指示或控制个人如何实施某些步骤从而实现这些最终目的。这样,一旦诉讼不可避免,可以通过研究合同的条款以迅速建立有利的诉讼地位。

四、权利人的售后限制条款无法阻却专利权用尽

(一)要点解读

专利权国际用尽,是指专利权人或其被许可人在一国境外售出其专利产品后,专利权人对其专利权的控制即告用尽,购买者可以将专利产品进口到该国境内以及随后在该国境内使用、销售、许诺销售。专利权售后限制,是指专利产品首次销售时,专利权人或其被许可人设置销售限制条款对其售后专利产品加以控制,以达到排除专利权权利用尽原则适用的目的。现有国际条约中没有专利权权利用尽的规定。专利权的权利用尽问题是各个国家内部的事情,由各国根据其内部的情况自行决定。

在美国,2017 年,美国联邦最高法院在 Lexmark v. Impression Products 案中认为,专利权用尽适用于专利产品的国内外销售,推翻了美国联邦巡回上诉法院认为外国销售没有用尽美国专利所有人权利的先例。一旦专利所有人或其授权的被许可人出售其专利产品,就会用尽其在该产品上的所有专利权;无论专利所有人或其授权的被许可人试图对买方施加任何合同限

制。因此,权利人与买受人之间的销售合同若存在售后禁止条款,在专利产品卖出后,若买受人违反了售后限制条款,权利人无法援引专利权保护。此时,可能会存在权利人因存在违反合同而应承担违约责任的情况。

(二)相关案例

Lexmark v. Impression Products 案

Lexmark 是美国领先的激光打印机和硒鼓开发商。Lexmark 拥有多项涵盖其墨盒及其使用的专利。在出售打印机墨盒时,Lexmark 为买家提供了两种选择:一种是买家以全价购买墨盒(以下简称为 Regular Cartridge),不受任何限制墨盒重复使用或转售的销售条款的约束;另一种是买家以约20%的折扣价格购买墨盒(以下简称为 Return Program Cartridge),[1]但必须受到单次使用和不转售的明确限制,即碳粉用完之后,买家不得重复使用墨盒,也不得将空墨盒提供给除 Lexmark 以外的任何人。

其中,对于 Return Program Cartridge,其芯片与打印机链接,芯片和打印机能通过监控墨粉量来防止使用重新填充的 Return Program Cartridge。对于 Regular Cartridge,买家可以补充墨粉并重复使用墨粉盒。

后来,各种公司收集用过的墨盒(包括上述两类墨盒),更换墨盒芯片,[2]重新填充墨粉,并将它们出售给 Impression Products 等经销商,以便向消费者营销用于 Lexmark 打印机。

然后,Impression Products 收购了空墨盒,包括 Return Program Cartridge。未经 Lexmark 的许可,Impression Products 将其重新装满,在美国转售,对于在国外出售的墨盒,Impression Products 将其进口到美国继而销售。

---

[1] Return Program 的好处:(1)保护 Lexmark 产品的质量和声誉;(2)返回计划为 Lexmark 自己的回收和再制造计划提供便利;(3)退货计划是 Lexmark 防范盗版和灰色市场供应商的一部分。Lexmark 的墨盒是“区域化”的,不同地区芯片的内部设置不同。一次性使用后回收墨盒可减少第三方灰色市场活动的机会。区域化使第三方更难以利用在一个市场以更低价格销售的产品来削弱另一个价格较高的市场的销售。即使在某个区域内,一次性许可也限制了未经授权的重复使用的机会。

[2] 为了规避这项技术措施,第三方已经修改了 Lexmark 的微芯片并创造了他们自己的“未经授权的替代”微芯片,当安装在 Return Program Cartridge 中时,此芯片会欺骗打印机以允许重复使用该墨盒。

针对涵盖墨盒的大量专利，Lexmark 以 Impression Products[1]违反《美国专利法》第 271 条(a)[2]侵犯其专利权，向美国俄亥俄州南部地区法院起诉。针对最终用户直接侵犯的小部分专利，Lexmark 认为 Impression Products 违反《美国专利法》第 271 条(c)[3]的规定，应当承担帮助侵权责任。

其中，针对 Lexmark 在美国境内销售的 Return Program Cartridge，其限制条件是禁止转售和重复使用。针对 Lexmark 在美国境外销售的 Return Program Cartridge 和 Regular Cartridge，Lexmark 未授权任何单位和个人将这些墨盒进口到美国或在美国销售及使用。

1. 美国地区法院判决

(1)依据 Quanta 案，[4]专利持有人不得援引《美国专利法》对其专利产品的售后使用施加限制。Return Program 无效。

(2)授权出售给购买者购买用于日常生活需要，权利人的专利权已经用尽。

(3)依据 Jazz Photo 案，[5]对于在境内销售 Return Program 墨盒是合法的，但是在国外销售 Return Program 墨盒是侵权的。

美国联邦巡回上诉法院判决对于在境内销售的 Return Program 墨盒，依

---

[1] 事实上，除了 Impression Products，还有其他被告，在四年的诉讼中，大多数被告同意与 Lexmark 进行和解，导致地区法院作出同意判决，并规定永久禁令。在其他情况下，法院通过藐视法庭诉讼或违约判决强制实施 Lexmark 的专利权。Impression Products 是剩下的唯一被告。

[2] See 35 U. S. C. 271 Infringement of patent(a) Except as otherwise provided in thistitle, whoever without authority makes, uses, offers to sell, or sells any patented invention, within the United-States, or imports into the United States any patentedinvention during the term of the patent therefor, infringes the patent.

[3] See 35 U. S. C. 271 Infringement of patent(c) Whoever offers to sell or sells withintheUnited States or imports into the United States a component of a patented machine, manufacture, combination, or composition, or a material or apparatus for usein practicing a patented process, constituting a material part of the invention, knowing the same to beespecially made or especially adapted for use in aninfringement of such patent, and not a staple article orcommodity of commerce suitable for substantial noninfringing use, shall be liable as a contributoryinfringer.

[4] 依据 Quanta Computer, Inc. v. LG Electronics, Inc. (2008)案，该案认为关于权利用尽原则的使用，授权出售实质上体现方法专利的产品，会用尽专利持有人的权利，并阻止专利持有人援引专利法控制该产品的售后使用。

[5] 依据 Jazz Photo Corp. v. United States International Trade Commission, 264 F. 3d 1094 (Fed. Cir. 2001)案，专利权人在“首次销售”中收回他们的所有利润，而随后的产品销售不算专利侵权。在美国境外合法销售专利产品并没有导致美国国内专利权用尽。

据 Mallinckrodt 案,[1]法院认为专利权人可以在销售专利产品的同时保留部分权利并通过提起专利侵权诉讼行使权利。

对于在境外销售的 Return Program 墨盒,依据 Jazz Photo 案,认为专利权人将专利产品销售至海外时,销售行为并不导致其专利权权利用尽。

2. 美国联邦最高法院判决

2017 年 5 月 30 日,美国联邦最高法院推翻了美国联邦巡回上诉法院的裁决,改变了专利权用尽抗辩的范围。美国联邦最高法院认为,专利权用尽适用于专利产品的国内外销售,推翻了美国联邦巡回上诉法院认为外国销售没有用尽美国专利所有人权利的先例。此外,美国联邦最高法院认为,一旦专利所有人或其授权的被许可人出售其专利产品,就会用尽其在该产品上的所有专利权;无论专利所有人或其授权的被许可人试图对买方施加任何合同限制。

(1)在美国联邦最高法院的裁决书中,归纳了此案的焦点问题

①专利权人在明确限制购买者重复使用或转售产品的权利的情况下,是否可以通过侵权诉讼强制执行该限制?

②专利权人是否通过在美国境外的地方(《美国专利法》并不适用)销售其产品来用尽其专利权?

美国联邦最高法院认为,无论专利权人意图施加任何限制,专利权人对专利产品的出售都用尽了其在该产品上的所有专利权。因此,即使根据美国合同法,Lexmark 与其客户签订的合同中的限制是明确的和可强制执行的。但《美国专利法》没有赋予 Lexmark 在其选择出售的产品中保留专利权的权利,不得通过专利侵权诉讼执行合同。

理由:专利用尽原则标志着专利权服从英美法系中的关于让与限制的原则。《美国专利法》通过允许发明者为他们的发明获得经济回报促进创新。一旦专利权人出售某一物品,他就获得了这种奖励,《美国专利法》没有为限制该物品的使用和享有提供任何依据。允许进一步的限制将与“普通法拒绝允许限制动产转让”相抵触。

---

[1] 依据 Mallinckrodt, Inc. v. Medipart, Inc., 976 F. 2d 700 (Fed. Cir. 1992)案,美国联邦巡回上诉法院认为,在不涉及价格修正或捆绑的情况下,专利权人可以自由限制客户对产品的使用,只要这些限制没有严重阻碍竞争。此裁决已于 2017 年 6 月被美国联邦最高法院否决。

其中,Lexmark 的辩解:由于《美国专利法》的属地主义,在美国获得专利保护不代表在美国以外能够获得专利保护。所以,专利权人在海外销售的价格与在美国销售的价格可能不一样;海外销售的价格因为没有《美国专利法》的保护,可能无法回收相同的报酬。既然权利耗尽的理由是专利权人在销售时可以获得报酬,但因为在海外销售未必能获得足够报酬,所以不该适用耗尽原则——《美国专利法》不保证特定的价格。

美国联邦最高法院回答:《美国专利法》仅确保专利权人在其专利垄断范围之内的每一个专利产品中获得一种奖励,无论其是否认为是满意的赔偿方式。

(2)关于美国联邦巡回上诉法院错误判决的原因

用尽原则是对专利侵权法规的解释,专利侵权法规禁止任何人"未经授权"从专利权人处使用或销售专利物品。根据联邦巡回法院的说法,"权利用尽"反映了一项默认规则——销售一件商品就是"假定授予购买者使用和转售的权利"。如果专利权人明确限制购买者的这些权利,专利权人可以通过专利侵权诉讼强制执行这一限制。

事实上,权利用尽原则并不是伴随销售而来的权利的推定,而是对专利权人权利范围的限制。《美国专利法》赋予专利权人有限的排除权,而权利用尽原则使这一权利消失。购买者有权使用、销售或者进口一个产品,因为这些是与所有权一起出现的权利,而不是因为他从专利权人购买了这些权利。

美国联邦最高法院解释说,许可即使包括对被许可人的合同限制,也会引起与销售专利产品不同的问题。法律试图允许在获得授权出售后,商业中的有形物品可以自由转让和进一步销售。这是专利权用尽的基础。许可证并不存在同样的问题,因为许可证是"关于改变专利权人垄断的轮廓",而不是"将所有权传给产品"。合同限制可能仍然适用于保留对被许可人的专利侵权索赔,当事人需要注意,一旦被许可人进行专利产品的授权销售,专利权就用尽了。

(三)律师提示

专利权权利用尽原则包括国内用尽原则和国际用尽原则,国际用尽原则中涉及专利产品的平行进口问题。不是所有国家都承认专利权国际用尽原则，在实际的商业活动中，需要提前了解目标国家或地区的相关法律法规，尽可能地保证商业活动合法，以避免不必要的诉讼和损失。

售后限制条款不能阻却专利权用尽，但是专利权人有可能通过合同约定的方式保护专利实施的限制。美国联邦最高法院保留了即使没有专利侵权索赔的可能性，也可能存在违约索赔的可能性。因此在起草销售合同时应进一步考虑列入条款，以更好地支持可能的违约索赔，因为专利侵权索赔已不复存在。此外，通过供应链的多个层面销售产品的企业，必须仔细考虑何时可能会出现专利权权利用尽的情况，因为在供应链的早期很可能会发现专利权已经用尽。因此，起草合同时应详细具体，以便保证更有力的合同索赔。

五、仅存在主观蓄意足以认定故意侵权并处惩罚性赔偿

（一）要点解读

《美国专利法》第 284 条规定："法院在得出有利于请求方的结论后，应判给请求方足以补偿其所受侵犯的赔偿金（无论如何不能少于侵权人使用该发明所应付出的合理使用费），附加法院确定的利息和成本。当陪审团未确定赔偿金的，法院应估定赔偿金。不论由陪审团确定还是由法院估定，法院均可以将损害赔偿金增加到原确定或估定数额的 3 倍。根据本款增加的损害赔偿金不适用于本编第 154 条（d）规定的临时权利。法院在确定损害赔偿金，或者根据具体情况确定什么是合理的使用费时，可以接受专家的证词作为帮助。"根据司法实践，若法院判决被告故意侵权专利权时，则可依此规定请求 3 倍的提高赔偿金。对于何谓故意侵权，美国联邦巡回上诉法院在 2007 年的 Seagate 案中，对《美国专利法》第 284 条的适用建立了两步法的检测标准：[1]

第一步，从客观出发，专利权人必须以清楚且具说服力的标准证明被诉侵权人客观上轻率疏忽，即尽管行为有高度可能性会侵害专利，侵权人仍然肆意为之。这个时候不需要考虑侵权人的主观想法。相应地，如果被诉侵权人在侵权诉讼中对于专利有效性或不侵权能提出实质性的质疑，就不会被认定为客观上轻率疏忽。也就是说，就算被告在行为时并不知道此项抗

〔1〕 参见杨智杰：《美国专利蓄意侵权认定标准改变：2016 年美国最高法院 Halo Electronics v. Pulse Electronics 案》，载《北美智权报》第 163 期。

辩，只要在诉讼中能提出有理的抗辩，就可以主张并非客观上轻率疏忽。

第二步，在证明客观上轻率疏忽后，专利权人必须以同样的标准证明被告“明知或应知”该侵权风险。只有当专利权人满足了上述两步法的举证，美国地区法院才会行使其裁量权，决定是否要提高赔偿金。

2016 年 6 月，美国联邦最高法院一并审理 Halo Electronics v. Pulse Electronics 案以及 Stryker Corp. v. Zimmer, Inc. 案，推翻了 Seagate 案的上述判例。美国联邦最高法院认为美国地区法院对于什么情况下可判赔 3 倍赔偿金应当有自由裁量权，而且举证程度也同时放宽，对于故意侵权的判断标准只须从主观一个方面判断就可以：只要行为当时被告“明知或应知”其可能侵权专利权，就足以认定故意侵权。

（二）相关案例

Halo Electronics v. Pulse Electronics Inc. 案

2016 年美国联邦最高法院判决的 Halo Electronics v. Pulse Electronics 案，源自两个上诉案件：一个是 Halo Electronics v. Pulse Electronics 案，另一个是 Stryker v. Zimmer 案。

第一个案件的原告是 Halo Electronics（以下简称 Halo 公司），拥有一项电子方面的专利。被告 Pulse Electronics（以下简称 Pulse 公司）也是一家电子公司。Halo 公司发现被告销售其专利产品以后，曾经给被告写过两封信，提出要将其专利许可给被告。被告咨询了自己的工程师，工程师认为原告的专利是无效专利，故拒绝购买原告的专利，并继续销售被诉侵权产品。

2007 年，Halo 公司在美国内华达州地区法院起诉被告侵权。陪审团认定 Pulse 公司构成侵权，而且认为有高度可能性构成故意侵权。但是美国地区法院却不同意根据《美国专利法》第 284 条判赔 3 倍惩罚性赔偿金，认为 Halo 公司没有达到 Seagate 案中第一步所要求的“客观上轻率疏忽”的标准。美国联邦巡回上诉法院支持了美国地区法院的判决。

第二个案件中的原告、被告双方是医疗领域整形外科的竞争对手。被告 Zimmer 公司抄袭 Stryker 公司的产品，希望快速抢占伤口冲洗器的市场。2010 年原告 Stryker 公司诉被告专利侵权。美国地区法院认定被告构成故意侵权，判决3倍损害赔偿金，理由是被告直接抄袭原告的产品。在上诉中，美国联邦巡回上诉法院撤销了美国地区法院3倍赔偿金的判决，理由是被告提出了“合理的抗辩”（原告的专利缺乏创造性）。

美国联邦最高法院于2016年6月13日对该案作出终审判决。九位大法官全体达成一致意见，判决推翻了美国联邦巡回上诉法院的Seagate案判决所建立的标准：

1. 美国地区法院对是否提高赔偿金拥有自由裁量权

首先，美国联邦最高法院认为，《美国专利法》第284条并未具体规定提高赔偿金的适用条件，同时法条中的“may”暗示法官应该有裁量权。美国地区法院行使其裁量权时，虽然应该考虑侵权行为的恶劣程度，但是采取的标准不应过于僵硬。Seagate案的标准认为，只有在恶劣案件中才适合提高赔偿金。但是其采取的标准过度僵硬，严重阻碍了美国地区法院法定裁量权的行使。

2. 仅主观上存在蓄意足以认定故意侵权

首先，美国联邦最高法院指出，Seagate案中的“客观上轻率疏忽”标准对美国地区法院的裁量权施加了太多限制。美国联邦最高法院指出，在2014年联邦最高法院的Octane Fitness案中，处理的是《美国专利法》第285条律师费用赔偿的问题，虽然与此处第284条的问题不同，但背后的法理很类似。《美国专利法》第285条的条文只写“在例外情况下”，可赔偿胜诉方律师费，但过去法院对《美国专利法》第285条也要求客观和主观两个要件都必须具备，才能够赔偿胜诉方律师费用。而Octane Fitness案判决认为，只要有主观上的恶意就可以判给律师费用。同理，美国联邦最高法院认为，在提高赔偿金的标准上，只要侵权人具备主观上的蓄意就足以判决提高赔偿金，不需要讨论其侵权行为是否客观上轻率疏忽。[1]

3. 相信专利无效或其他抗辩不应影响故意侵权的认定

美国联邦最高法院认为，Seagate标准最严重的错误就是允许侵权人在诉讼中提出可信的抗辩（即便不成立），就可以不构成“客观上轻率疏忽”。但实际上，该侵权人在实际行为时可能根本没想过那个抗辩，或者并非因为相信该抗辩事由才继续进行侵害行为。因此，美国联邦最高法院认为，应允

〔1〕 参见判决书：Halo Electronics, Inc. v. Pulse Electronics, Inc., No. 14－1513, 579 U.S.。

许美国地区法院在行使裁量权时考虑每一个个案的具体情境,来决定是否提高赔偿金,而不用采取 Seagate 案过度僵硬的公式。

4. 故意侵权的举证责任标准为一般标准

针对专利权人所负的举证责任,是否一定要达到清楚且具说服力的程度?美国联邦最高法院认为不必。同样地,美国联邦最高法院再次比较了 2014 年涉及《美国专利法》第 285 条律师费用赔偿的 Octane Fitness 案。原本美国联邦巡回上诉法院也要求在判赔律师费用时必须采取清楚且具说服力的举证,但美国联邦最高法院认为,从第 285 条中看不出来需要求提高举证责任标准,而推翻美国联邦巡回上诉法院的标准。同样地,一般的专利侵权案件的举证责任,只要达到"证据优势程度"即可。由于《美国专利法》第 284 条没有规定明确的举证责任,故也不需要提高举证责任。

美国联邦最高法院 2016 年 6 月针对 Halo Electronics v. Pulse Electronics 案做出推翻 Seagate 案的见解,很大程度上降低了故意侵权 3 倍惩罚性赔偿金的标准。总结来说,行为人不能在事后于诉讼中提出看似合理的抗辩,就认为其不构成故意侵权。是否为故意侵权,主要是在为侵害行为时的认知。其次,举证责任标准降低。可以预期,未来在美国构成故意侵权的可能性将明显提高。

(三)律师提示

美国对于恶意侵犯专利权提高赔偿的认定开始摈弃客观行为上的考量,仅须认定存在主观直接故意或间接故意即可,而且主观的认定标准有所降低。这一举措更与大多数国家对于恶意侵权赔偿的认定标准接轨。但是,仍须注意的是,尽管专利侵权本身采用的是严格责任制,即与普通的民事侵权不同,专利侵权责任的追责不考虑侵权人的过错,但是被控侵权人可以主张合法来源等抗辩来免除赔偿责任。

六、懈怠规则在诉讼时效内不能禁止损害赔偿要求

(一)要点解读

懈怠(以下称 laches)是指当事人在主张或实现其权利方面的疏忽、懈怠或有不合理的拖延。懈怠规则是衡平法上的一项制度,即如果原告疏于主

张其权利或者有不合理的拖延，而其疏忽和拖延已经损害了对方当事人的利益，则衡平法院可以拒绝原告提出的救济请求。懈怠规则的成立需满足两个条件：一是必须在提起法律程序或进行起诉上有不合理的懈怠；二是懈怠的后果必须导致批予济助不合理或不公平。凡有依赖懈怠的抗辩理由者需要关注两点，即延误的时间及在其间所作行为的性质（如显示默许侵权的行为，而该权利正是原告现在通过诉讼要求主张的），仅仅懈怠不足够证明该抗辩理由。

《美国专利法》第 286 条第 1 款规定："除法律另有规定外，对在提起侵权诉讼或者在诉讼中提起侵权反诉 6 年以前实施的任何侵权行为，不能获得赔偿金。"即专利权人对于起诉前 6 年内的侵权行为可以请求赔偿。《美国专利法》的诉讼时效是 6 年。

2017 年，美国联邦最高法院通过 SCA v. FirstQualit 案确认 laches 抗辩不能用于禁止专利侵权损害的赔偿责任，专利权人可以在专利保护期内（美国发明专利的保护期限是自专利申请日起 20 年）的任意时间提起诉讼，并可以获得起诉前 6 年内侵权行为的赔偿。

（二）相关案例

SCA v. First Quality 案

2003 年，SCA Hygiene Products Aktiebolag 以及 SCA Personal Care, Inc.（以下简称 SCA）向 First Quality Baby Products，LLC、First Quality Hygienic，Inc.、First Quality Products，Inc. 和 First Quality Retail Services，LLC（以下合并简称 First Quality）发出警告信，指控其成人尿失禁产品侵犯了 SCA 的一项专利（NO. 6375646）。First Quality 回应称自己的专利早于 SCA 的专利并使其无效。2004 年，SCA 向美国专利商标局对该专利申请复审。2007 年，美国专利商标局重新审查后确认 SCA 专利有效。SCA 于 2010 年起诉 First Quality 专利侵权。

1. 美国肯塔基州西区地区法院判决

由于 SCA 不合理地拖延了诉讼，First Quality 向美国肯塔基州西区地区法院提出简易判决，美国地区法院以禁止反言[1]和反垄断为由准予简易判决。

2. 美国联邦巡回上诉法院判决

2015年9月18日，美国联邦巡回上诉法院根据其1992年在A. C. Aukerman Co. v. r. l. Chaides Constr. Co.案中的裁决，确认了美国肯塔基州西区地区法院关于laches的裁决。因为SCA本应能够在美国专利商标局重新审查后进行诉讼，而且SCA没有证据能证明其拖延是合理的。随后，在SCA的申请下，美国联邦巡回上诉法院以全席审理的方式重新审理了该案，以便考虑到美国联邦最高法院在Petrella案中的裁决（该裁决认为laches抗辩不能禁止版权诉讼中提出的损害赔偿要求），重新考虑Aukerman案。美国联邦巡回上诉法院认为，援引laches的抗辩适用于专利侵权诉讼中损害赔偿的索赔。并有以下观点：

（1）《美国专利法》的时效期与《美国版权法》（Copyright Law of the United States）不同，因为《美国专利法》不包含诉讼时效；

（2）《美国专利法》在第282条中规定了laches作为辩护理由；

（3）在1952年《美国专利法》之前的既定惯例允许以laches抗辩，而1952年的法案没有改变这一点。

SCA在申请调案复审令的请愿书中认为，美国联邦巡回上诉法院的决定与美国联邦最高法院在Petrella案的裁决相冲突，即根据《美国版权法》，在法定时效期限内提出的损害赔偿要求，即使最初的违规行为可能多年前发生过。SCA还辩称，美国联邦巡回上诉法院的决定使用了与美国联邦最

---

〔1〕 禁止反言原则是英美法系国家的一般契约理论，其基本内涵是“My word is my bond”——言行一致，不得出尔反尔。英美法系国家传统的契约理论：合同成立、变更均须有对价（consideration），才能产生强制执行之效力。可是实践中大量存在着这样的现象：某人许诺赠与他人物品或答应他人无偿为其做某事，但不久又反悔而使受诺人遭受损失。受诺人受到损失后却无法律依据阻却权利人权利的行使。20世纪40年代以前，英美法系国家的法官解决这一问题的方法是法律天平平衡的砝码，一是在衡平法上采用禁反言，二是尽其所能寻找有效的约因。这种方法往往产生牵强附会，徒增人们对法律公正性的怀疑。1877年英国法官卡恩斯勋爵（Lord Cairns）审理Hughes v. Metropolitan Railway Co.案时就提出了禁止反言的观念，但并未引起人们的重视。直至1947年，卡恩斯勋爵的观念被英国大法官丹宁（Lord Denning）传承，并将其确立为一个法律原则。禁止反言是国际法及普通法上的一项法律原则。若第三方因委托人之陈述产生对代理人的依赖，则委托人不得否定其先前陈述的委托代理关系。然而，如果代理自述跟委托人有代理关系，并不能适用于“禁止反言”原则。

高法院先例不一致的推定。

3. 美国联邦最高法院判决

2017年3月21日，联邦最高法院以7:1的裁决撤销了美国联邦巡回上诉法院的裁决。美国联邦最高法院认为，laches的目的是保护被告不受陈旧索赔的影响，这与法律规定的时效目的相同。法律与公平的融合使两者发生冲突。为解决这一冲突，美国联邦最高法院认为，诉讼时效反映了关于提起诉讼时间的立法判决，法院不能根据laches原则推翻这一判决。美国联邦最高法院将这一推理适用于《美国专利法》，认为《美国专利法》的6年损害赔偿时效是类似的立法判决。因此，在提起诉讼的6年内，laches不能禁止损害赔偿要求。

美国联邦最高法院随后针对美国联邦巡回上诉法院上述三个观点进行了说明。首先，美国联邦最高法院审查了《美国专利法》的损害赔偿限制期不是真正的诉讼时效的论点。美国联邦最高法院不认同，因为每个新的版权侵权诉讼都是根据其自身的诉讼时效来判断的，允许当事人以与《美国专利法》的损害赔偿限制期相同的方式收回过去3年的损害赔偿。

其次，美国联邦最高法院审查了美国联邦巡回上诉法院关于《美国专利法》有规定，而《美国版权法》没有的论点。美国联邦最高法院并不认可这一论点，因为美国联邦巡回上诉法院未能在《美国专利法》中明确指出laches的措辞。

最后，美国联邦最高法院审查了美国联邦巡回上诉法院所依据的历史案例，以显示在诉讼时效范围内援引诉讼的具体专利做法。美国联邦最高法院认为，一般的历史规则禁止在损害赔偿限制期内对救济进行抗辩，《美国专利法》中没有相反的惯例。

因此，美国联邦最高法院将Petrella案应用于《美国专利法》，并在6年损害赔偿限制期内取消了laches抗辩。

(三)律师提示

专利维权的“懈怠”在业界尤其被美国的非实施实体充分利用来获得高额赔偿。这些专利权人会故意等待潜在侵权人做了重大投资，且投资到了转换成本过高时，再提起侵权诉讼。美国联邦最高法院从立法的协调性以及立法目的等更高的角度确认“懈怠”战术有效。因此，当中国企业在美国面对任何专利侵权警告而随后再无进展的案件时，切不可掉以轻心，因为专利权人很有可能在引诱被侵权人，在放长线钓“大鱼”。

七、当事人无须以明确和有说服力的证据即可要求败诉方承担律师费

（一）要点解读

1946 年以前，《美国专利法》没有规定在专利诉讼中将律师费判给败诉方。相反，相关法律规定诉讼当事人支付自己的律师费。

1946 年，美国国会修订了《美国专利法》，增加了一项可自由支配的费用转移条款；随后编纂《美国专利法》第 70 条，规定：“法院可酌情在任何专利案件的判决作出时，判定胜诉方获得合理的律师费。”法院认为，律师费用的承担不是对未能赢得专利侵权诉讼的处罚，而是只有在特殊情况下才适用。

6 年后，美国国会修订了费用转移条款，并将其重新归为《美国专利法》第 285 条。美国国会和法院一致认为，重新修订并没有实质性地改变该法条的含义。在《美国专利法》第 285 条颁布后的 30 年里，法院以自由裁量的方式适用该条——因为它们适用了第 70 条——评估各种因素，以确定某一案件是否足够“例外”，从而有理由使败诉方支付律师费用。

1982 年，美国国会设立了美国联邦巡回上诉法院，并赋予其在专利案件中的专属上诉管辖权。在随后的 20 年中，美国联邦巡回上诉法院指示美国地区法院在根据第 285 条确定费用时考虑整体情况。

然而，2005 年，美国联邦巡回上诉法院放弃了这种整体、公平的方法，转而采用更严格和机械的方式。在 Brooks Furniture Mfg. , Inc. v. Dutailier Int'l, Inc. 案中，美国联邦巡回上诉法院认为，只有在诉讼中发生一些重大不当行为，如故意侵权、欺诈或不公平地获取专利行为、诉讼期间的不当行为、报复的或无根据的诉讼、违反美国《联邦民事诉讼规则》（Federal Rules of Civil Procedare）第 11 条的行为或类似违法行为，才能要求败诉方承担律师费用。美国联邦巡回上诉法院认为，只有在诉讼是出于主观恶意的情况下，以及客观上毫无根据时，才可以对专利权人施加“费用”。诉讼只有在同时满足上述两种情况时才是客观无根据的。没有合理的诉讼当事人可以相信

它会成功。其中,这里面存在一个推定,即对一项已正式授予的专利的侵权索赔是本着诚意主张的。上述情况必须以明确和令人信服的证据加以证明。

2014 年美国联邦最高法院在 Octane Fitness,LLC v. ICON Health & Fitness, Inc. 案中纠正了上述方式,废止 Brooks Furniture Mfg. 案。美国联邦最高法院认为:(1)在《美国专利法》的费用转移条款的含义范围内,“例外情况”只是在考虑到管辖法律和案件事实的情况下,就一方当事人诉讼地位的实质性优势或者案件诉讼的不合理方式而体现出来的。(2)专利诉讼当事人无须以明确和有说服力的证据以便要求败诉方承担律师费用。

(二)相关案例

Octane Fitness,LLC v. ICON Health & Fitness,Inc. 案

Octane Fitness,LLC(以下简称 Octane)和 ICON Health & Fitness,Inc.(以下简称 ICON)都是运动设备的制造商。ICON 有一个专利号为 6019710 的专利(以下简称 710 专利),该专利公开了一种椭圆运动机,允许进行调整,以适应用户的各个步幅路径。但从未在商业上销售该专利产品。Octane 生产健身器材,包括被称为 Q45 和 Q47 的椭圆机。2011 年,ICON 起诉 Octane,声称 Q45 和 Q47 侵犯了 710 专利的若干权利要求。

1. 美国地区法院观点

美国地区法院批准了 Octane 的简易判决动议,认为 Octane 的产品没有侵犯 ICON 的专利。随后 Octane 根据《美国专利法》第 285 条提出原告承担律师费的动议。美国地区法院采用 Brooks Furniture 案标准,驳回了 Octane 的动议。美国地区法院认为,Octane 既不能表明 ICON 的主张在客观上是毫无根据的,也不能表明 ICON 主观上的恶意。至于客观上的诉讼无意义,美国地区法院驳回了 Octane 的论点(看一眼 Octane 的产品就知道其不侵犯 ICON的专利)。美国地区法院解释说,虽然它拒绝了 ICON 的侵权论点,但这些论点既不是“无意义的”,也不是“客观上毫无根据的”。美国地区法院也没有发现 ICON 的主观恶意。美国地区法院认为 Octane 两方面的举证不能证明本案属于例外情况,一是 ICON 是一家从未将 710 专利商业化的更大公司;二是两个 ICON 销售主管之间的电子邮件交流表明 ICON 提起侵权诉讼是商业战略。

2. 美国联邦巡回上诉法院观点

ICON 对不侵权的判决提出上诉，Octane 对拒绝律师费转移的裁决提出了交叉上诉。美国联邦巡回上诉法院驳回了 Octane 的论点，即美国地区法院“采用了过于严格的标准，拒绝根据《美国专利法》第 285 条认定该案件为例外情况”。此外，美国联邦巡回上诉法院拒绝重新审查“例外情况”的既定标准。

3. 美国联邦最高法院观点

2014 年，美国联邦最高法院签发调卷令，认为 Brooks Furniture 案给定的“例外情况”标准过于僵化，妨碍了法定授予美国地区法院的自由裁量权。

(1)《美国专利法》第 285 条对美国地区法院判定律师费转移的自由裁量权规定了唯一的限制：权利保留给“例外”案件。由于《美国专利法》没有给“例外”定义，因此该术语的解释符合其通常含义。

1952 年，当美国国会在《美国专利法》第 285 条中使用这个词时，“exceptional”是指“不寻常的”“罕见的”或“不寻常的”。因此，“exceptional”案件只是从当事人诉讼立场的实质性优势(既考虑到管辖法律，也考虑案件事实)，或者是通过案件诉讼的不合理方式体现出来。美国地区法院可考虑到整体情况，在个案行使自由裁量权时，确定案件是否属于“例外情况”。

Brooks Furniture 案规定两类案件可视为例外情况。第一类是涉及重大不当行为的案件，似乎主要指严重到可独立制裁的行为。但这并不是合理的标准。在少数情况下，一方当事人的不合理行为，虽然不能独立地予以制裁，但其行为属于例外情况，美国地区法院可以判定败诉方承担律师费用。第二类是美国地区法院必须认定诉讼在客观上毫无根据且主观上具有恶意。但是，如果某一案件具有主观上恶意或特别毫无根据的索赔的情况之一的，就可能会使其与一般案件区分开来，成为“例外情况”。

Brooks Furniture 案指定的标准似乎使《美国专利法》第 285 条在很大程度上是多余的。在涉及不当行为或恶意的案件中法院本就有判决律师费用转移的固有权利。

(2)在 Brooks Furniture 案中，美国联邦巡回上诉法院将努艾尔—本宁顿规则[1]的例外规定"虚假"诉讼引入《美国专利法》第285条,ICON认为,要求主观恶意+客观无依据的标准遵循的"虚假"诉讼的原则。但"虚假"诉讼规定在《美国专利法》第285条中没有其根源,在确定一个案件是否为"例外情况",从而证明在专利诉讼中判定败诉方承担律师费是否合理的方面,是否符合"虚假"诉讼的要求没有什么意义。

在努艾尔—本宁顿规则下,当事人从事旨在影响政府决策的行为(包括诉讼),不承担反垄断责任。这一原则为"虚假"诉讼划出了一个狭窄的例外,以避免妨碍行使美国宪法第一修正案赋予的向政府请愿的权利。根据"虚假"诉讼的要求,表面上旨在影响政府决策的行为,如果仅仅是虚假地掩护直接干涉竞争对手业务关系的企图,就不符合努艾尔—本宁顿规则豁免的资格。"虚假"诉讼要求诉讼在客观上是毫无依据的,否则不能将该诉讼定为虚假诉讼。换言之,原告必须提出毫无根据的索赔,试图阻止竞争(恶意)。但是,在专利诉讼作为请愿行为同样受到保护的情况下,在"例外"案件中由败诉方承担律师费用不会削弱权利人的诉讼权利,不需要设置如此严格的标准。反托拉斯责任的威胁以及随之而来的3倍损害赔偿,比仅仅承担律师费更明显地削弱了权利人诉讼权利的行使。

(3)美国联邦最高法院拒绝认可美国联邦巡回上诉法院的观点——专利诉讼当事人必须通过"明确和令人信服的证据",确立他们援引《美国专利法》第285条要求败诉方承担律师费用的权利。因为没有任何条款可以证明如此高标准的证明是合理的。《美国专利法》第285条要求进行简单的自由裁量调查,它没有规定具体的举证责任,更没有规定如此高的举证责任。

---

[1] 努艾尔—本宁顿规则(Noerr – Pennington),是指来自美国联邦最高法院的东部铁路主管联席会诉努艾尔汽运公司和联合采矿工人诉本宁顿两个判例中确立的规则。该规则认为鼓动立法或实施法律的联合行动不构成违反反托拉斯法。前一个案件涉及铁路系统游说州的立法机关和行政机关采取抑制其竞争者——从事长途货运业务的汽车运输公司的运动,法院认为尽管铁路系统要求政府采取行动的动机是为了减少来自汽车运输业的竞争的事实存在,但其游说并没有违背美国《保护贸易和商业不受非法限制与垄断之害法》(Ar Act to Protect Trade and Commerce against Unlawful Restraints and Monopilies,以下简称《谢尔曼法》),因为游说向政府提供了制定合理政策的必要信息;同时,对游说进行限制可能会侵犯宪法第一条修正案所保护的言论自由权。在第二个案件中,法院认为,影响行政机关的相似努力也不构成违反《谢尔曼法》,即使其中包括了欺骗或虚伪供述这样不道德的行为。近来在加州汽车运输公司诉卡车无限公司一案中,法院发展了该规则,认为影响管理机构如州际商业委员会的行为也是合法的。

美国联邦最高法院也没有将类似的费用转移法规解释为要求这种举证责任。事实上,专利侵权诉讼的证据标准为证据优势,这是美国民事诉讼中普遍适用的标准,因为它允许双方以大致平等的方式分担错误风险。

美国联邦最高法院将该案发回重审,2017 年,美国联邦巡回上诉法院判定 Icon 承担律师费。

(三)律师提示

当原告即专利权人败诉时,美国地区法院享有判定败诉的专利权人承担被诉侵权方律师费的自由裁量权。这一规定,将胜诉方可获得律师费的认定标准放宽,不再需要证明败诉的专利权人在客观上毫无根据且主观上具有恶意,或者涉及足以独立制裁的重大不当行为才可以请求败诉方承担律师费。该判决的生效,一方面可以抑制专利流氓利用滥诉和妄诉行为投机谋利,另一方面也是为了警示专利权人,在起诉专利侵权的时候需要更加慎重。目前在中国,专利侵权滥诉行为给被滥诉者造成经济损失的,可以向法院起诉要求专利权人承担赔偿责任。

八、美国专利审查与上诉委员会启动"涵盖商业方法"重审程序或双方复审程序且包括全部权利要求时,专利侵权诉讼应暂停

(一)要点解读

美国专利商标局是授予美国专利和注册商标的联邦机构。2011 年,《美国发明法案》(America Invents Act)规定,在美国专利商标局下设美国专利审查与上诉委员会(以下简称 PTAB),由其审理当事人提起的专利无效和申诉请求。设立 PTAB 的主要目的在于通过其提高审理程序的便捷高效性。当前 PTAB 的主要职能有以下三方面:一是单方复审程序;二是双方复审程序(以下简称 IPR 复审);三是授权后复审程序。此外,还有一个过渡性的"涵盖商业方法"的重审程序(以下简称 CBM,重审)。美国是司法终局制,专利无效和侵权问题可以在同一法院一并审理,美国联邦巡回上诉法院和 PTAB 都可以判断专利无效问题。PTAB 根据《美国专利法》授予的行政权审查专利效力问题,而美国联邦巡回上诉法院也根据司法权对专利效力问题进行判断。关于 PTAB 程序与司法程序之间的关系,2014 年,美国联邦巡回上诉法院通过 Virtual Agility Inc. v. Salesforce. com 案明确:若当事人选择向 PTAB 申请对涉案专利进行复审,PTAB 启动 CBM 重审或 IPR 复审且包括全部权利要求时,美国地区法院的专利诉讼应当暂停,等待专利复审结果。

(二)相关案例

Virtual Agility Inc. v. Salesforce. com 案

2014 年,在 Virtual Agility v. Salesforce. com 第 2014 - 1232 号专利诉讼案中,美国联邦巡回上诉法院对在 CBM 重审程序的情况下,何时应当同意暂停美国地区法院的专利侵权诉讼的问题上首次发表意见。这个案例对将来以存在 CBM 重审和 IPR 复审为由申请暂停美国地区法院诉讼的案例有非常大的影响。美国联邦巡回上诉法院阐述了以下规则供律师和美国地区法院参考,笔者也想借此探讨一下美国联邦巡回上诉法院制定这些规则的思路:

(1)申请人(诉讼中的被告)应尽早提出暂停审理的申请,甚至应该早于美国 PTAB 作出是否启动 CBM 重审或 IPR 复审程序的决定之前提出。这主要是因为法官在作出是否暂停审理的裁定时参考的案件状态是指被告提出暂停审理申请时的案件状态。

(2)如果 PTAB 决定启动 CBM 重审或 IPR 复审,并且相关审理程序涵盖了涉案专利的全部权利要求,法官应当同意暂停审理的请求,并应认为这有利反驳了原告的一贯主张:CBM 重审或 IPR 复审不会使问题简单化,因为即使仅有一项权利要求有效,整个诉讼仍将持续。

(3)专利权人的代理律师不应再以 CBM 重审或 IPR 复审程序宣告专利无效的可能性小为由主张拒绝暂停诉讼的申请,因为这是对 PTAB 不当的"附带攻击"。

(4)如果申请人在 CBM 重审或 IPR 复审程序中提出修改权利要求,法院应当将此作为同意暂停审理的一个重要参考因素,因为如果不暂停审理,将来权利要求语言的修改可能会使诉讼中的权利要求解释过程复杂化。

(5)申请人(原告)不申请法院签发临时救济措施也应当成为法院考虑支持暂停审理的理由之一,因为这明显驳斥了原告一贯的主张:原告处境非常被动,如果暂停审理将对专利权人产生明显不利。

(6)专利权人的延迟起诉也将成为支持暂停审理的理由,因为这明显驳斥了原告一贯的主张:延迟审理将对专利权人产生明显不利(与理由5类似)。

(7)法院不应过分重视原告通常辩称的暂停审理将导致证人年龄过大而导致的采证难。

1. 关于CBM重审及IPR复审程序

自从《美国发明法案》产生IPR复审和CBM复审程序以后,这两个程序受到被告的欢迎,经常用于专利诉讼中。通过这两种程序,申请人可以向PTAB(而不是向法院)提出无效专利的请求。这两种程序有很多相似的地方(虽然CBM重审局限于涵盖商业方法的专利),但同时也有区别之处。例如,不同的禁止反悔效果以及不同的无效理由。司法实践是,被告通常会请求PTAB启动IPR复审或CBM重审程序,并同时向美国地区法院请求在IPR复审或CBM重审程序未决前暂停美国地区法院案子的审理。暂停审理的部分理由是避免同时进行所造成的多项程序重复以及节约司法成本。很多美国地区法院已经对这类暂停审理的请求作出裁定,同意的裁定居多,反对的意见较少。在Virtual Agility一案中,美国联邦巡回上诉法院改判了美国地区法院关于拒绝以CBM重审程序未决为由暂停审理的裁定。

2. 关于Virtual Agility案

Virtual Agility一案的关键事实在于各个程序的日期。在2013年5月24日(多个被告被诉专利侵权4个月后),被告之一Salesforce.com针对涉案专利的全部权利要求请求CBM重审程序,并于几天后,向法院提出了暂停审理的请求。2013年8月,法院举行了调查取证会议,定于2014年4月进行马克曼听证,于2014年11月进行陪审员的确定程序。在2013年11月,PTAB同意启动CBM重审程序,理由是权利要求很有可能违反《美国专利法》第101条以及第102条而无效,并定于2014年7月进行CBM重审。

在2014年1月,美国地区法院拒绝了暂停审理的请求。关于法院是否应当以存在CBM重审为由暂停审理的问题,《美国发明法案》规定了"四大标准":

标准一:批准(或拒绝)暂停审理本身能否使问题及审理简单化;

标准二:调查取证程序是否结束、庭审日期是否确定;

标准三:批准(或拒绝)暂停审理的裁定是否会明显有利于请求方,并明显不利于被请求方；

标准四：批准（或拒绝）暂停审理的裁定是否会明显减轻诉讼双方的诉讼负担以及法院的审理负担。

对于以 IPR 复审为由申请暂停审理的情况，《美国发明法案》也有相似的规定。

美国巡回法院认为美国地区法院误读了上述的“四大标准”，对其裁定改判，具体分析理由如下：

（1）关于“标准一”（问题和审理是否简单化）及“标准四”（是否减轻诉讼负担）：美国地区法院认定“标准一”不支持暂停审理，因为无法确信 PTAB“很有可能”宣告权利要求无效（即使 PTAB 已经在决定启动 CBM 重审时表示涉案专利的权利要求很有可能被无效）。对于“标准四”，美国地区法院认定该标准仅仅稍微倾向暂停审理。美国联邦巡回上诉法院不同意美国地区法院的意见，认为“标准四”明显、强烈倾向于暂停审理。美国联邦巡回上诉法院认为美国地区法院自己做出 CBM 重审程序宣告争议权利要求无效的可能性很小的判断这一举动是错误的，这明显是对 PTAB 启动 CBM 重审的决定的“附带攻击”。如果执行美国地区法院这一裁定，将会产生严重的实质性问题。美国联邦巡回上诉法院认为手头上的证据明显支持暂停审理的请求，因为 PTAB 同意对涉案专利的所有权利要求进行复审，这意味着 CBM 重审有可能免除整个诉讼，使问题简单化。美国联邦巡回上诉法院并不完全依赖上述理由改判初审法院的裁定，另一个重要的改判理由是暂停审理避免了将来诉讼中不必要的对权利要求解释的争议（修改后的权利要求表述可能避免了双方对权利要求解释的不一致）。

（2）关于“标准二”（诉讼案件的状态）：“标准二”是地区法院认定的唯一支持暂停审理的标准，理由是双方尚未提交权利要求侵权对比表，调查取证仍在 6 个月之后，陪审员确定程序也定在 2014 年 11 月。关于这一点，美国联邦巡回上诉法院同意地区法院的裁定，但认为“地区法院认定的‘案件状态’的时间不对”。理由：美国地区法院考虑的“案件状态”是以法院审理暂停诉讼请求的时间为标准，这是不正确的。“案件状态”应当是申请人提出暂停审理请求时的“案件状态”。虽然美国地区法院是在 PTAB 作出是否启动 CBM 重审的决定之后才拒绝暂停审理这一做法是正确的，但是其考虑的时间应当是被告提出暂停审理申请的时间（也可同时考虑 PTAB 决定是否启动 CBM 重审的时间)。不管是这两个时间的哪个,根据“标准二”,美国联邦巡回上诉法院都认为应当同意暂停审理的请求。

(3)关于“标准三”(是否对原告明显不利/对被告过于有利):美国地区法院认为“标准三”充分支持拒绝暂停审理的请求,理由是双方是直接的竞争关系,因此如果延迟专利维权,原告会在市场份额等方面遭受不可弥补的巨大损失。在审理中,美国地区法院没有考虑原告是否申请法院临时救济措施,认为这仅仅是原告的诉讼权利和策略,不能以此作为审判的依据。美国联邦巡回上诉法院不同意美国地区法院的意见。首先,美国联邦巡回上诉法院不认可关于证明双方是直接的竞争对手关系的证据。其次,美国联邦巡回上诉法院不认为暂停审理会明显不利于原告,因为如果原告能在诉讼中胜出,最终能获得经济赔偿和可能的救济措施。而且,原告并不申请临时救济措施,这与原告的辩称(需要尽快救济)相矛盾。最后,美国联邦巡回上诉法院注意到原告是在知道或应当知道其专利被侵犯之日起 1 年之后才提出,这明显反驳了原告的辩称(拖延审理过程对原告明显不合理)。

除此以外,美国联邦巡回上诉法院不认可暂停审理将导致证人证言遗失对原告非常不利的辩称,认为 60 岁以上或 70 岁以上的证人并不会“老”到无法采证的程度,并问了一个很有趣的问题:“从什么时候开始 60 岁就变得这么老了?”美国联邦巡回上诉法院也不认为暂停审理给予被告明显的“战术”优势。Salesforce. com 在诉讼一开始就请求 CBM 重审程序并马上提出暂停审理的动议。这表明被告没有拖延诉讼的动机。鉴于缺乏证据证明双方的直接竞争关系、原告延迟提起诉讼以及没有请求临时救济措施,美国联邦巡回上诉法院认定“标准三”支持暂停审理的请求。

综上所述,从美国联邦巡回上诉法院对 Virtual Agility 案的分析可见,如果暂停审理的申请提出的时间较早,或 PTAB 程序涵盖涉案专利的全部权利要求(或部分权利要求),法院应当充分考虑并同意暂停审理的申请。

(三)律师提示

PTAB 程序具有审判效率高、权利要求被撤率高、费用相对低廉的优点。随着针对中国企业的“337 调查”、美国专利诉讼的增加,中国企业应当重视和妥善利用 PTAB 程序。其中 IPR 复审程序允许任何第三方提出复审 IPR

程序申请,通过引用现有技术文献来挑战一项已授权专利的有效性。但是,若 IPR 复审程序的申请者是相关专利诉讼被控侵权人,IPR 复审程序必须于该专利诉讼起诉状送达 1 年之内提起此 IPR 复审程序,这一措施主要是为了避免被控侵权人利用 IPR 复审程序拖延相关诉讼程序。

九、专利侵权诉讼由被告所在地或被告有长期固定营业场所的侵权行为地法院管辖

(一)要点解读

2017 年 5 月 22 日,针对 TC Heartland 公司和 Kraft Foods Group Brands 公司的管辖权异议的二审案。美国联邦最高法院的这一纸判决反转了美国联邦巡回上诉法院的先前判决,改变了美国专利侵权诉讼长达 30 年的"择地起诉"的诉讼规则,将对美国专利诉讼特别是"专利流氓"之诉产生重大影响。

(二)相关案例

TC Heartland 诉 Kraft Foods Group Brands 案

2014 年,卡夫亨氏公司旗下卡夫食品集团品牌公司(以下简称 Kraft-Foods 公司)在特拉华地区联邦地区法院起诉 TC Heartland 公司侵犯其关于风味混合饮料中的"液体增味剂"的 8603557B2 号及 8511472 号美国专利。

被告 TC Heartland 随即向美国特拉华州地区法院提出动议,请求将该案移送自己住所地的法院,即美国印第安纳州南区地区法院来审理,理由是被告除了在特拉华州销售侵权产品以外,与该州没有任何联系。受理案件的特拉华州地区法院以及后来的美国联邦巡回上诉法院均不支持 TC Heartland 的诉求,都以 TC Heartland 在特拉华州有产品销售行为,该州的地区法院因此对被告有属人管辖权为由,拒绝了 TC Heartland 的请求。

2017 年 5 月 22 日,针对 TC Heartland 公司和 Kraft Foods 公司的管辖权异议的二审案,美国联邦最高法院法官以 8:0 的结果达成一致意见,最终推翻美国联邦巡回上诉法院的判决,重申:"专利侵权的民事诉讼可以在被告住所地的司法管辖区,或在侵权行为发生地且有被告在此有长期固定的营业场所的司法管辖区提起。"而且,美国联邦最高法院再次确认,这里的被告

“住所地”仅指被告公司注册地。

这一裁决体现了美国专利侵权案件管辖制度的变更。美国司法制度和司法程序法规定了专利侵权案件管辖的制度，即专利侵权案件由被告住所地的司法管辖区，或被告实施侵权行为且有经营性固定营业地的司法管辖区的联邦地区法院管辖。同时，针对一般民事案件的管辖，只要法院对被告有属人管辖权，该法院所在的州就视为被告的“住所地”。

关于两个管辖条款的关系，早在1957年美国联邦最高法院在Fourco Glass Co. v. Transmirra Products Corp. 案中就形成判决，认定专利侵权案件由被告住所地的司法管辖区，或被告实施侵权行为且有经营性固定营业地的司法管辖区的联邦地区法院管辖。一般民事案件管辖条款不视为补充或者修正。

两个条款一直相安无事，但是在1988年美国国会对一般民事案件管辖条款进行修改以后，问题就来了。1988年美国国会在上述的一般管辖条款原文前加入了“[f]or the purposes of venue under this chapter”（本案例中所称的“管辖”）字样。美国联邦巡回上诉法院将这一修改解读为是对专利侵权案件管辖条款“住所地”的重新定义。也就是说，美国联邦巡回上诉法院认为，不管是专利侵权诉讼，还是其他的民事诉讼，只要法院对被告有属人管辖权，该法院所在的州就视为被告的“住所地”，也就有案件的管辖权。美国联邦巡回上诉法院将这种解释在1990年的VE Holding Corp. v. Johnson Gas Appliance Co. 案中正式确立下来，之后的将近30年里，美国的专利侵权诉讼一直适用“属人管辖”的法则。

美国的属人管辖权分为普通的属人管辖以及特殊的属人管辖权。针对前者，只要满足下面三个要件之一，就认定法院对被告有绝对的属人管辖权：法院所在的州是被告的住所地、被告明示同意法院管辖、文书送达的时候被告刚好出现在这个州。如果不满足上面三个条件之一，法官则会进一步判断是否属于特殊的属人管辖权。这个判断一般应满足“最少联系”原则，判断一般分两步走：(1)被告是否自愿和这个州发生联系；(2)这种主动的联系和原告的权利主张是否有关联性。从美国的司法实践看，被告的产品销售地、被告的经销商所在地或被告选择使用某个州作为交通中转地等均足以让法官认定满足“最少联系”原则，从而认定法院对被告有特定的属人管辖权。确定了哪个州有管辖权之后，根据诉讼标的管辖原则，该州的地区法院就当然的有权受理专利侵权案件了。

因此，不难看出，在美国联邦巡回上诉法院的 VE Holding Corp. v. Johnson Gas Appliance Co. 案后，专利侵权案件的管辖规定其实是宽松了很多，原告有了很大的空间挑选起诉的法院，包括在被告公司的“住所地”“营业地”“任一侵权产品销售地”等地提起诉讼。在此后长达近 30 年的时间内，美国的非专利实施主体们凭借着这一“择地起诉”的诉讼规则，在明显偏向专利权人的美国地区法院大肆起诉，也使美国得州东区地区法院获得了“专利流氓天堂”的称号。

美国联邦最高法院 2016 年决定重审该案，且不认为美国国会修改了专利侵权案件管辖中“住所地”的定义。

美国联邦最高法院的 8 位法官对此达成一致意见，用一纸判决反转了美国联邦巡回上诉法院的判决。美国专利案件管辖问题回到了原点：专利侵权案的原告可以在被告公司注册地，或被告实施侵权行为且在该地有长期固定的营业场所地提起诉讼。

美国联邦最高法院的判决对美国专利侵权诉讼有深远的影响。专利权人不再有宽泛的选择权来选择起诉的法院，因此会失去“主场”的优势，而且对于位于不同州的不同侵权人的起诉会更困难。另一边，涉嫌侵权人不太可能像以前一样在远隔“十万八千里”的州被起诉。而美国的非专利实施主体则是受影响最大的一个群体，法律的钟摆正在偏离专利权人，他们将无法选择偏向专利权人的美国地区法院起诉，这将大大抑制非专利实施主体的大肆滥诉。

（三）律师提示

长期以来，美国得州东区地区法院以青睐专利权人而著名，成为美国投机专利权人的主战场。然而，自 TC Heartland 案之后，美国得州东区地区法院可能辉煌不再，而美国特拉华州作为众多大型企业，其中不乏中国企业在美国分公司的注册地，有望看到专利诉讼案件的数量上升。因此，中国企业在美国注册分公司或设立总部，除了考虑市场竞争、税收政策等重要因素外，还需要考虑该地的司法环境，不要在对外国公司有明显不利倾向的法院（和陪审团）所在地注册分公司或设立总部，避免在该地成为经常被告。

后　记

广东君龙律师事务所从2014年开始探索公司化、一体化管理，专注于知识产权领域的法律服务。我们始终相信团队的力量，相信专业的力量，因此一直坚持走律师专业化和团队化道路。本书是广东君龙律师事务所集体智慧的结晶，能够出版成书让我们备感荣耀。

感谢为本书作出贡献的下列同仁：陈亚萍、马守涛、张巍巍、庄宇霖、张馨、朱爱军、尚振东、胡梦思、彭燕妮、李杰、唐艾斯、朱鹏、史晓如、张华、李骁等，她/他们在工作之余，热情地投入本书的创作中，为本书的成稿贡献了各自的智慧、时间与精力；叶琪星、骆程程、刘亚萌、彭博也为本书排版、统稿付出了辛勤劳动，在此一并感谢。同时也感谢我们的家人对律师事务所工作的默默支持。另外，本书得以顺利面世，得益于深圳市律师协会提供的出版机会和大力支持，特此表示衷心的感谢！

愿广东君龙律师事务所在律师专业化和团队化的道路上越走越顺，实现跨越式发展；愿本所的律师和非律师同仁们积极发挥各自的优势，活出各自精彩的人生。愿更多的有识之士加入我们，一起为推动中国的知识产权保护事业和创新律师服务业贡献价值，为中国的法治建设贡献力量。

丁建春　张　丽

图书在版编目（CIP）数据

专利保护攻防实战手册 / 丁建春，张丽主编．-- 北京：法律出版社，2020
（深圳律师实务丛书）
ISBN 978-7-5197-4380-2

Ⅰ．①专… Ⅱ．①丁… ②张… Ⅲ．①专利－保护－研究－中国 Ⅳ．①D923.424

中国版本图书馆 CIP 数据核字（2020）第 057720 号

专利保护攻防实战手册
ZHUANLI BAOHU GONGFANG SHIZHAN SHOUCE

丁建春　张　丽　主编

策划编辑　程　岳
责任编辑　程　岳　朱轶佳
装帧设计　汪奇峰

出版　法律出版社
总发行　中国法律图书有限公司
经销　新华书店
印刷　中煤（北京）印务有限公司
责任印制　胡晓雅

编辑统筹　司法实务出版分社
开本　710 毫米×1000 毫米　1/16
印张　19.5
字数　306 千
版本　2020 年 5 月第 1 版
印次　2020 年 5 月第 1 次印刷

法律出版社/北京市丰台区莲花池西里 7 号（100073）
网址/www.lawpress.com.cn
投稿邮箱/info@lawpress.com.cn
举报维权邮箱/jbwq@lawpress.com.cn
销售热线/400-660-8393
咨询电话/010-63939796

中国法律图书有限公司/北京市丰台区莲花池西里 7 号（100073）
全国各地中法图分、子公司销售电话：
统一销售客服/400-660-8393/6393
第一法律书店/010-83938432/8433　西安分公司/029-85330678　重庆分公司/023-67453036
上海分公司/021-62071639/1636　深圳分公司/0755-83072995

书号：ISBN 978-7-5197-4380-2　**定价：**66.00 元